2018年

广西蓝皮书

广西经济形势分析与预测

ANALYSIS AND FORECAST ON GUANGXI'S ECONOMY

广西社会科学院 编

广西人民出版社

图书在版编目（CIP）数据

广西经济形势分析与预测 / 广西社会科学院编 . — 南宁：广西人民出版社，2019.8

（2018年广西蓝皮书）

ISBN 978-7-219-10982-3

Ⅰ . ①广… Ⅱ . ①广… Ⅲ . ①区域经济—经济发展趋势—研究报告—广西—2017 ②区域经济—经济预测—研究报告—广西—2018 Ⅳ . ① F127.67

中国版本图书馆 CIP 数据核字（2020）第 033174 号

GUANGXI JINGJI XINGSHI FENXI YU YUCE

广西经济形势分析与预测

广西社会科学院　编

策　　划　温六零

责任编辑　周娜娜

责任校对　廖　献

装帧设计　子　浩

责任排版　施兴彦

出版发行　广西人民出版社

社　　址　广西南宁市桂春路 6 号

邮　　编　530021

印　　刷　广西桂川民族印刷有限公司

开　　本　787mm×1092mm　1 / 16

印　　张　14.75

字　　数　280 千字

版　　次　2019 年 8 月　第 1 版

印　　次　2019 年 8 月　第 1 次印刷

书　　号　ISBN 978-7-219-10982-3

定　　价　38.00 元

2018 年广西蓝皮书编委会名单

主 任　陈立生

副主任　谢林城　刘建军　黄天贵

委 员　（按姓氏笔画为序）

王建平　韦朝晖　邓　坚　冯海英
刘东燕　吴　坚　陈红升　陈洁莲
林智荣　周可达　冼少华　姚　华
黄红星　蒋　斌　覃　娟　覃卫军
覃子沣　曾家华　解桂海　廖　欣

本书编委会名单

主 编　姚　华

副主编　邵雷鹏　毛　艳　柯丽菲

编 辑　韦艳南　郑　绘

2017年对于广西经济社会发展而言,是值得深入分析、很有意义的一年。在2017年,习近平总书记视察广西,对广西明确提出"扎实推动经济持续健康发展、扎实推进现代特色农业建设、扎实推进民生建设和脱贫攻坚、扎实推进生态环境保护建设、扎实建设坚强有力的领导班子"的新要求。同年,党的十九大胜利召开,描绘了建设社会主义现代化强国,实现中华民族伟大复兴中国梦的宏伟目标,广西经济社会发展从此站在一个全新的起点上。

致力于为社会各界从宏观层面了解广西经济社会发展的现状,以及从中观乃至微观层面了解广西经济社会的方方面面,从1999年起,广西社会科学院数量经济研究所每年均编撰广西经济蓝皮书,迄今已有十余个年头,目的是向全社会提供更为真实、权威的数据材料,更为专业的分析与研判。在给社会各界提供参考的同时,也力求在广西经济社会发展这一波澜壮阔的历史进程中,留下属于年代的思考和印记。

本书是广西社会科学院数量经济研究所在广西区内相关部门、高校和科研机构大力协助和通力合作下,展示2017年广西经济社会发展各个层面的研究成果。我们不仅回顾了2017年广西经济运行的总体态势,还就高质量发展、科技创新、三农与居民收入分配问题、特色产业发展等社会普遍关注的热点问题进行了研究，力求我们的研究成果对社会各界了解2017年广西经济社会发展的方方面面有所帮助，也希望我们提出的思路和建议能成为各级党委、政府的决策参考。

本书在编撰过程中，得到了广西统计局、广西科技厅、柳州市发展改革委、钦州学院、南宁学院、广西财经学院、广西科技大学等单位的大力支持。给予我们各种帮助和支持的同志还包括蒙云龙、张立杰、王媚游、东方、钟振清、陆艳、吴建生、刘会民、农贵林、庞程、谢品、杜晋海、彭丝娜、许登峰、莫嘉凌、丘映含、周后红、邓海涛、张艳雯、陆琼妍、冼锦龙、唐富万、容莉莉、林海军、李亮、车津程、廖倩、赵嬉林、魏虎虎、何杨丽、凌春燕、何真、黄浩洲等，在此一并表示感谢！

此外，在广西社会科学院数量经济研究所编撰广西经济蓝皮书十余年的过程中，亦得到社会各方及区内外各位专家、朋友和出版单位及读者的大力支持。回顾我们一路走来的历程，不胜感慨，不胜感激！我们将常怀感恩之心，感谢各部门、各界人士对我们的支持与厚爱！你们的支持永远是我们前进的动力！

目录

2018年广西蓝皮书·
广西经济形势分析与预测

ANALYSIS AND FORECAST
ON GUANGXI'S ECONOMY

BLUE
BOOK

广西经济形势分析与预测

广西社会科学院 编

主报告

ANALYSIS AND FORECAST ON GUANGXI'S ECONOMY

经济运行平稳　稳中提质增效

——2017 年全区经济运行情况分析

联合课题组

2017 年，面对依然错综复杂的国内外形势和持续较大的经济下行压力，全区各级各部门在自治区党委、政府的正确领导下，深入学习贯彻党的十九大精神，全面落实习近平总书记对广西工作的重要指示，坚持稳中求进的工作总基调，牢固树立新发展理念，以提高发展质量和效益为中心，以供给侧结构性改革为主线，着力稳增长、促改革、调结构、惠民生、防风险，全区经济增速近 7 年来首次止跌企稳，服务业成为经济增长第一动力，经济结构进一步优化，质量效益继续提高，民生持续改善，经济运行呈现总体稳定、稳中提质、稳中增效的良好态势。

一、全区经济运行平稳

2017 年，广西针对经济运行中的难点和薄弱环节，在 2016 年出台"降成本 41 条"政策措施的基础上，再次出台提质增效"新 28 条"，多措并举降低企业综合成本，稳增长取得明显成效，突出表现为宏观经济、三次产业、三大需求、三大区域经济均保持稳定发展。

（一）宏观经济稳

2017 年，广西生产总值达 20396.25 亿元，比上年增长 7.3%，增速比全国平均水平高 0.4 个百分点，分别比一季度、上半年、前三季度高 1.0 个百分点、0.1 个百分点和 0.3 个百分点，与上年持平，为自 2011 年以来生产总值年度增速首次止住回落态势。除 2017 年一季度外，近两年生产总值增速已有 7 个季度稳定运行在 7.0%~7.3% 区间内，企稳态势明显。

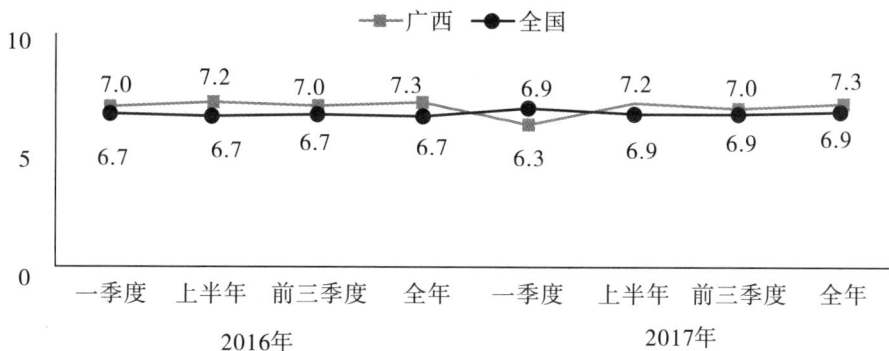

图 1   2016—2017 年广西生产总值增速与全国对比（单位：%）

（二）三次产业稳，第一产业、第三产业增长提速

2017 年，全区第一产业增加值 2906.87 亿元，比上年增长 4.1%；第二产业增加值 9297.84 亿元，增长 6.6%，其中，工业增加值 7663.71 亿元，增长 6.8%；第三产业增加值 8191.54 亿元，增长 9.2%。与上年相比增速呈现"2 升 1 回落"，全区第一产业增速比上年提高 0.7 个百分点，第二产业增速回落 0.8 个百分点，第三产业增速提高 0.6 个百分点。三次产业增速均高于全国平均水平，第一产业高 0.2 个百分点，第二产业高 0.5 个百分点，第三产业高 1.2 个百分点。

1. 农业生产增速创近五年新高。

2017 年，全区农林牧渔业增加值 2993.22 亿元，比上年增长 4.3%，增速比上年提高 0.7 个百分点，为近五年来新高。与 2016 年相比，内部行业增速呈现"2 升 2 回落"。"升"的行业：种植业增长 5.3%，增速比上年提高 0.6 个百分点；畜牧业增长 1.3%，提高 2.6 个百分点。"回落"的行业：渔业增长 4.1%，增速比上年回落 0.3 个百分点；林业增长 4.7%，回落 1.2 个百分点。主要农产品中，园林水果 1701.3 万吨，蔬菜及食用菌 3087.93 万吨，产量均创近年新纪录，分别比上年增长 11.5% 和 5.4%，"双高"基地建设促使糖料蔗扭转连续三年下降的势头，产量 7286.02 万吨，比上年增长 2.2%。全区完成植树造林 235.80 千公顷，竹材木材采伐运输量 3700 万立方米，比上年增长 10%。生猪出栏比上年增长 2.3%，猪肉增长 2.1%，家禽出栏下降 0.9%，猪牛羊禽肉增长 1.1%，水产品增长 4.6%。

2. 工业生产逐步回升。

2017 年，全区规模以上工业增加值比上年增长 7.1%，呈逐步回升态势，增速比一季度、上半年和前三季度分别提高 1.3 个百分点、0.1 个百分点和

0.4 个百分点，比上年回落 0.4 个百分点，比全国平均水平高 0.5 个百分点。工业对生产总值增长的贡献率为 35.6%，拉动经济增长 2.6 个百分点。

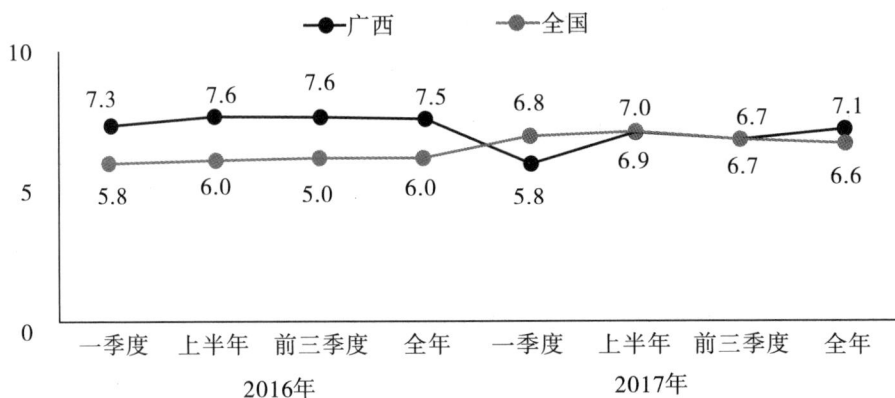

图 2　2016—2017 年广西规模以上工业增加值增速与全国比较（单位：%）

主要行业较快增长。计算机通信和其他电子设备制造业比上年增长 19.7%，增速比上年提高 8.4 个百分点；电力行业增长 11.4%，提高 6.1 个百分点；木材加工业增长 17.5%，提高 6.1 个百分点；农副食品加工业增加值增长 6.4%，提高 1.9 个百分点；有色金属冶炼和压延加工业增长 14.1%。主要产品产量保持增长。十种有色金属产量 230 万吨，比上年增长 27.4%，增速比上年提高 12.6 个百分点；氧化铝产量 1045.80 万吨，增长 15.4%；电解铝产量 120.55 万吨，增长 53.9%；汽车产量 248.61 万辆，增长 1.3%。工程机械产销两旺，建筑工程用机械年产 3.05 万台，比上年增长 48.6%。成品糖产量 935.96 万吨，由上年下降 0.7% 转为增长 4.4%；精制食用植物油产量 343.89 万吨，由下降 1.6% 转为增长 5.2%；铁合金产量 521.15 万吨，由下降 3.2% 转为增长 0.9%。工业生产用电恢复性增长。全年工业用电量比上年增长 4.2%，增速比上年提高 5.5 个百分点。

3. 服务业发展持续向好。

2017 年，全区服务业增加值比上年增长 9.2%，增速比上年提高 0.6 个百分点，比前三季度提高 0.4 个百分点，为经济稳增长做出了突出贡献。

与上年相比，服务业各行业增加值增速"5 升 2 回落"，增速提升的，一是营利性服务业高速增长。全年全区营利性服务业增加值比上年增长 25.5%，增速比上年提高 11.8 个百分点，对服务业增长的贡献率为 40.1%，成为服务业增长的主要力量，对生产总值增长的贡献率为 20.1%，拉动生产总值增长 1.5 个百分点，对经济增长的贡献仅次于工业。电信业、其他营利性服务业共同发力推动营利性服务业高速增长，分别拉动营利性服务业增长 9.9 个百分点、15.6 个百分点。2017 年 1—11 月，全区规模以上其他营利性服务业营业收入同比增长 37.3%，增速高于全国 18.2 个百分点，连续 4 个月居全国第一位。

二是房地产业较快增长。全年全区房地产业增加值比上年增长 7.5%，增速比上年提高 0.7 个百分点。在促进房地产市场平稳健康发展的长效调控机制和消费群体刚性需求的双重影响下，房地产业进一步去库存，商品房销售面积比上年增长 22.7%，增速比上年提高 3.1 个百分点。

三是交通运输、仓储和邮政业持续向好。全年全区交通运输、仓储和邮政业增加值比上年增长 6.5%，增速比上年提高 2.0 个百分点。铁路客货运输周转量比上年增长 8.1%，增速比上年提高 4.3 个百分点；公路客货运输周转量增长 9.0%，提高 3.3 个百分点；水路客货运输周转量增长 8.6%，提高 3.2 个百分点；民航旅客吞吐量增长 19.9%，提高 10.3 个百分点；邮电业务总量增长 76.7%，提高 23.3 个百分点，其中，快递业务量增长 39.0%。

四是批发零售业稳定增长。全年全区批发和零售业增加值比上年增长 6.5%，增速比上年提高 0.1 个百分点。其中，批发业销售额增长 13.8%，提高 2.8 个百分点；零售业销售额增长 14.3%，回落 0.2 个百分点。

五是住宿餐饮业平稳增长。全年全区住宿和餐饮业增加值比上年增长 6.4%，增速比上年提高 0.4 个百分点。其中，住宿业营业额增长 13.8%，提高 3.4 个百分点；餐饮业营业额增长 16.3%，提高 1.2 个百分点。

增速回落的行业是金融业和非营利性服务业。全年全区金融业增加值比上年增长 8.8%，增速比上年回落 2.1 个百分点；2017 年 12 月末，全区金融机构本外币各项存款余额比上年末增长 9.5%，本外币各项贷款余额增长 12.5%。全年全区非营利性服务业增加值比上年增长 4.2%，增速比上年回落 2.2 个百分点。

（三）三大需求稳，内外贸双双提速

1. 投资保持平稳增长态势。

2017 年，全区固定资产投资 19908.27 亿元，比上年增长 12.8%，增速与上年持平，比全国平均水平高 5.6 个百分点。

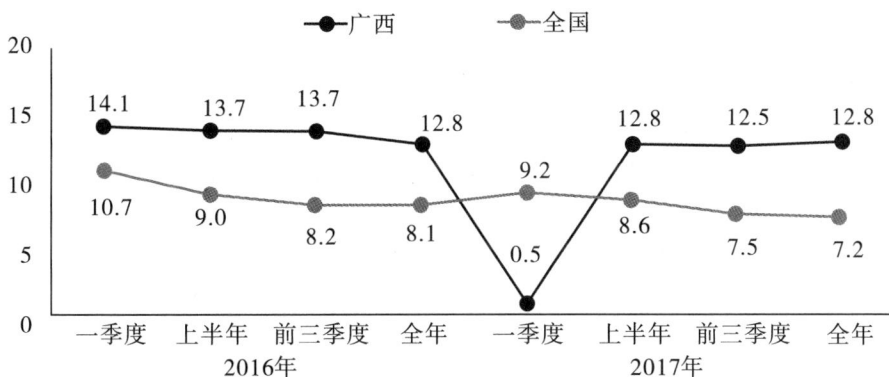

图 3　2016—2017 年广西固定资产投资增速与全国比较（单位:%）

　　第一产业投资高速增长，第三产业投资贡献突出。全年全区第一产业投资比上年增长 26.7%，增速比全部投资快 13.9 个百分点；第三产业投资增长 15.0%，拉动全部投资增长 8.7 个百分点，贡献率高达 67.6%。大型投资项目占比提高。全年全区 5000 万元以上项目 5639 个，比上年增加 1569 个，完成投资 6695.89 亿元，比上年增长 35.5%，占全部项目投资比重为 38.8%，比上年提高 6.4 个百分点。工业投资、民间投资逐步回升。全年全区工业投资比上年增长 6.7%，增速比上年提高 6.5 个百分点；民间投资增长 8.5%，提高 1.0 个百分点。高技术产业投资是亮点。全年全区高技术产业投资比上年增长 17.6%，比全部投资增速快 4.8 个百分点，其中高技术制造业投资增长 32.5%，比全部制造业投资快 24.8 个百分点。基础设施建设投资较快增长。全年全区基础设施建设投资比上年增长 13.7%，快于全部投资 0.9 个百分点，占全部投资的比重为 33.8%，比上年提高 0.3 个百分点。

　　2. 消费品市场稳定回升。

　　2017 年，全区社会消费品零售总额 7813.03 亿元，比上年增长 11.2%，增速比上年提高 0.5 个百分点，比前三季度提高 0.2 个百分点，比全国平均水平高 1.0 个百分点。按消费类型分，餐饮收入 748.11 亿元，比上年增长 12.0%；商品零售 7064.92 亿元，增长 11.1%。消费升级类商品销售增长较快，建筑及装潢材料类商品零售额比上年增长 23.3%，体育娱乐用品类增长 17.2%，中西药品类增长 16.2%，家具类增长 10.8%，汽车类增长 10.4%，家用电器和音像器材类增长 8.5%，石油及制品类增长 5.5%。

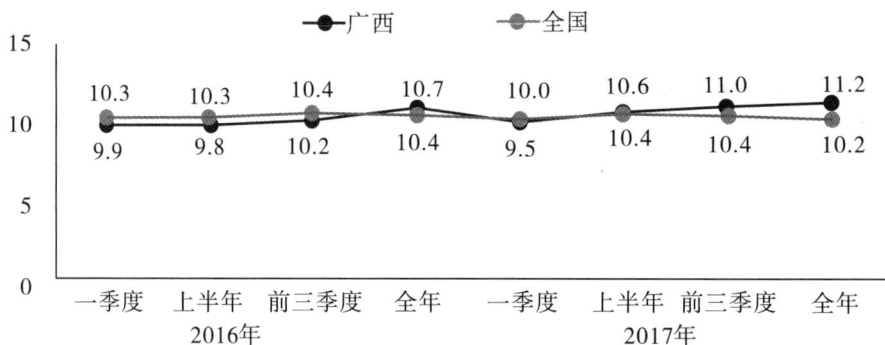

图 4　2016—2017 年广西社会消费品零售总额增速与全国比较（单位：%）

　　3. 进出口快速增长。

　　2017 年，广西外贸再创历史新高，超额完成全年目标，取得了喜人的成绩。2017 年，全区进出口总额 3866.34 亿元，由比上年下降 0.5% 转为比上年增长 22.6%，增速高于全国平均水平 8.4 个百分点。其中，出口 1855.20 亿元，增长 22.3%；进口 2011.14 亿元，增长 22.9%。

2017年广西外贸进出口呈现四大特点：一是贸易方式更趋合理，对边境贸易依赖降低，一般贸易方式进出口1423.59亿元，增幅达70.4%，成为拉动外贸增长的重要引擎。二是民营企业占据主导地位，民营企业进出口1651.42亿元，增长24.4%，民营企业进出口占全区进出口比重达42.7%，分别比国有企业和外商投资企业高26.6个百分点和18.0个百分点。三是东盟、美国、中国香港等主要市场增势良好，市场布局更加多元化，2017年广西对东盟进出口1893.85亿元，比上年增长3.7%。对美国、中国香港和欧盟进出口分别增长54.5%、43.1%和49.0%，对拉丁美洲、大洋洲和非洲三大新兴市场进出口分别增长67.6%、42.8%和1.2倍。四是出口商品结构不断优化，机电产品比上年增长31.8%，高新技术产品增长40.6%。

（四）区域运行稳，北部湾经济区和桂西资源富集区增长较快

2017年，广西北部湾经济区四市生产总值比上年增长8.3%，增速比上年提高0.5个百分点，高于全区经济增速1.0个百分点，对全区经济贡献率达39.3%。

桂西资源富集区生产总值增长8.7%，增速比上年提高1.1个百分点，高于全区经济增速1.4个百分点，对全区经济贡献率为15.9%。

珠江—西江经济带广西七市生产总值比上年增长7.9%，增速比上年提高0.6个百分点，高于全区经济增速0.6个百分点。

二、稳中提质增效

2017年，全区上下在保持经济稳定增长、继续做大的同时，不断提高增长的质量和效益、着力做强，在结构优化、动力转换、质量提升、民生改善、生态建设等方面均取得新成效。

（一）经济结构向优

三次产业结构进一步优化，服务业成为经济增长第一动力。2017年，全区三次产业结构为14.2∶45.6∶40.2，与2016年相比，第一产业比重下降1.1个百分点，第二产业提高0.5个百分点，第三产业提高0.6个百分点；与2012年相比，第一产业比重下降2.4个百分点，第二产业下降2.4个百分点，第三产业提高4.8个百分点。其中，第三产业增加值占生产总值比重为40.2%，为2004年以来的最高水平；第三产业对生产总值增长的贡献率达49.8%，比上年提高4.1个百分点。

供给侧结构性改革取得积极进展，"三去一降一补"成效明显。去产能有力推进，2017年，共取缔"地条钢"产能541万吨，化解煤炭产能246万吨，吊销"僵尸企业"945户。去杠杆稳步推进，年末广西银行业金融机构不良贷款率1.71%，比年初下降0.21个百分点。去库存化周期缩短，2017年12月末，全区商品房待售面积 1598.85 万平方米，比上年下降 9.8％，按 2016 年全区商品房销售面积推算，当前全区去库存化周期为 4.6 个月，比 2016 年底缩短 1.4 个月。降成本成效突出，2017 年 1—11 月，全区规模以上工业企业每百元主营业务成本 86.27 元，比上年同期减少 0.28 元。短板领域投资加快。全年文化体育娱乐业、农林牧渔业、水利环境公共设施管理业投资比上年分别增长 38.3％、26.7％和 21.7％，分别快于全部投资 25.5 个百分点、13.9 个百分点和 8.9 个百分点。

农业供给侧改革初见成效。示范区以点带面推进生产规模化扩大。农业部门数据显示，2017 年，全区柑橘总产量跃居全国第一，芒果、柿子、蚕茧产量保持全国首位；园林水果总产量排第四；蔬菜维持第五，广西是全国重要的秋冬菜生产基地。产业结构内部调整优化。近年来，全区粮、蔗、果、菜、茶、桑、菌等 10 大种养产业和富硒、生态循环、休闲 3 个新兴产业等"10＋3"特色农业产业结构持续优化调整，粮食、甘蔗种植面积下降，经济作物、果园面积增加，结构优化助推种植业持续较快发展，2014—2016 年，种植业产值年均增速在 5％左右。新型经营主体带动一二三产业融合发展。截至 2017 年底，全区农家乐约 4800 个，乡村旅游点 1320 多个，规模休闲农业园 756 个，年接待游客 6300 多万人次，产业总收入 230 亿元，比上年增长 20％。"三品一标"优质农产品推广成效明显。品牌农业的发展，极大地提升了广西农业的地位。中国政府与欧盟首次互认的地理标志农产品共 35 个，广西百色芒果和桂平西山茶名列其中；百色芒果、荔浦芋、钦州大蚝、南宁香蕉等 4 个品牌入选 2017 年中国百强农产品区域公用品牌。

（二）新动能持续增加

新登记市场主体快速增长。随着"放管服"改革深入推进，市场主体持续活跃并迅猛发展，2017 年，全区新登记各类市场主体 47.37 万户，比上年增长 13.2％，平均每天诞生 1300 户左右。新建投产企业大幅增长。全年全区新建投产上规企业 1143 家，比上年增长 31.2％；其中工业企业 254 家，比上年增加 51 家，增长 24.5％。新技术产业增速领先。全年高技术产业增加值增长 15.4％，高于规模以上工业增加值增速 8.3 个百分点。装备制造业增势良好。装备制造业增加值增长 9.2％，高于规模以上工业增加值增速 2.1 个百分点。新产品快速增长。电子元件增长 41.5％，新能源汽车产量 3.62 万辆，运动型多用途乘用车（SUV）和轿车达到最大生产能力，以宝骏为主的 SUV 全年产量 64.96 万辆，城市轨道车辆产量 108 辆。

传统产业二次创业取得积极成效。"十二五"期间，广西先后出台铝产业、糖业和机械工业等产业二次创业实施方案，百色煤电铝一体化促进工业电价每千瓦时从 0.6 元下降至不到 0.4 元，每吨电解铝降低成本 2000 元；"双高"蔗料平均亩产比同期"非双高"蔗料高 2.7 吨，糖料蔗收获环节机械化率达 16% 以上；贵港、柳州、南宁等地新能源汽车产业发展风起云涌，工程用机械快速增长，推动越来越多的传统产业在转型升级中涅槃重生。2017 年，有色金属冶炼和压延加工业增加值增长 14.1%，拉动全区工业增加值增长 0.9 个百分点；制糖业增加值增长 3.9%，拉动全区工业增加值增长 0.1 个百分点。

（三）质量效益向好

财政收入平稳增长。得益于经济持续平稳运行，全区财政增收基础进一步巩固。2017 年，全区财政收入 2604.21 亿元，比上年增长 6.1%，增速比上年提高 0.9 个百分点。其中，一般公共预算收入 1615.03 亿元，增长 3.8%。全区一般公共预算支出 4912.89 亿元，增长 10.6%。

企业效益持续向好。2017 年 1—11 月，全区规模以上工业企业实现利润总额 1251.70 亿元，同比增长 28.6%，增速比上年同期提高 2.6 个百分点。实现主营业务收入 21478.7 亿元，同比增长 13.2%；成本费用利润率为 6.3%，比上年同期提高 0.8 个百分点，比 1—10 月提高 0.5 个百分点。

（四）民生保障向实

就业目标超额完成。在服务业较快发展和创业创新带动下，就业形势好于预期。2017 年，全区城镇新增就业 44.61 万人，失业人员再就业 10.43 万人，就业困难人员实现就业 3.66 万人，分别完成全年目标的 127.5%、114.6% 和 122.0%。新增农村劳动力转移就业 72.37 万人次，完成全年目标的 108.8%。12 月末，城镇登记失业率 2.2%，低于年度控制目标（4.5%）2.3 个百分点。

居民收入增速加快。2017 年，全区居民人均可支配收入 19905 元，比上年名义增长 8.7%，扣除价格因素实际增长 7.0%，增速比上年加快 0.2 个百分点。按常住地分，城镇居民人均可支配收入 30502 元，比上年名义增长 7.7%，扣除价格因素实际增长 5.7%，增速比上年加快 0.2 个百分点；农村居民人均可支配收入 11325 元，比上年名义增长 9.3%，扣除价格因素实际增长 8.1%，增速比上年加快 0.5 个百分点。城乡居民人均收入倍差 2.69∶1，比上年缩小 0.04。

物价温和上涨。2017 年，全区居民消费价格（CPI）比上年上涨 1.6%，涨幅与上年持平，与全国持平。其中，城市上涨 1.9%，农村上涨 1.1%。12 月份，全区居民消费价格同比上涨 2.4%，比 11 月份提高 0.2 个百分点。

民生支出快速增长。2017 年，全区民生支出 3996.26 亿元，比上年增长 13.7%，占一般公共预算支出的比重达 81.3%，比上年提高 2.2 个百分点。其中扶贫、城乡社区事务、社会保障和就业、污染防治等领域的支出比上年分别增长 53.4％、48.0％、24.7％和 13.2％，均快于一般公共预算支出增速。

脱贫攻坚深入推进。2017 年，全区投入财政扶贫资金 256.15 亿元，整合各类涉农资金 129.68 亿元，产业、教育、健康、就业等各类扶贫政策得到切实落实。组织 52.3 万名干部结对帮扶贫困户、9000 多家单位结对帮扶贫困村，实现 900 个贫困村出列和 6 个贫困县摘帽。开工建设易地扶贫搬迁项目 549 个，搬迁入住 25.69 万人。在 54 个贫困县新增现代特色农业示范区 140 个，5000 个贫困村全部成立村民合作社。

（五）生态保护较好

绿色发展成效明显。2017 年，国家统计局、国家发展改革委、环境保护部、中央组织部首次联合发布 2016 年度生态文明建设评价结果公报，广西绿色发展指数在全国 31 个省区市中名列第 12 位，在西部 12 个省区市中名列第 3 位。在绿色发展指数中，广西的资源利用指数、环境质量指数、生态保护指数分别排全国第 8 位、4 位和 12 位。2017 年度，广西的资源利用、环境质量、生态保护仍将保持较好的成绩。

节能降耗完成目标。全年全区万元生产总值能耗比上年下降 3.2％，万元工业增加值能耗下降 4％以上，顺利完成全年任务目标。

三、经济运行中存在的突出问题

（一）农业大而不强

广西第一产业占生产总值比重超过 14.1％，比全国平均水平高 5.5 个百分点，第一产业大而不强、大而不优的问题比较突出。一是现代农业水平不高。农业部门资料显示，广西农业机械化总体水平比全国平均水平低 13 个百分点，生产的规模化、标准化程度有待提高；同时，分散经营导致原料在品种、品质、规格、数量等方面受到制约，农产品加工深度不够，农业附加值不高。二是农业基础设施条件薄弱，抵御自然灾害能力不够强。广西农业生产以传统农业为主，种植、养殖规模小而分散，抗灾抗病能力较差，不利于生产的提高和稳定。

（二）工业稳定增长的基础尚不稳固

当前，影响广西工业增长因素仍较多：一是市场需求回暖缓慢，有效需求仍显不足，经济下行压力犹存。二是实体企业困难较多，如融资难问题依然突出、原材料及人力成本持续增加。三是转型步伐仍较缓慢。广西尚未完成从依赖高耗能行业发展到以先进制造业为主导的转换，新兴工业产业、信息技术、医药工程技术等技术附加值高、符合产业转型升级方向的产业并未在广西工业结构中居主导地位。旧动能在弱化，新动能仍在积聚中，使工业经济受产品价格波动影响较大，地区之间发展不平衡、两极分化严重。

传统工业产品抵御市场风险能力较低。广西氧化铝、电解铝、铝材等产品增长较快与价格水平大幅上升有很大关系，水泥、粗钢、生铁、钢材、化学药品原药，既是受环保约束较大的产品，也是市场风险能力较低的产品。2017年，广西有色冶炼、黑色冶炼、建材、化工等行业总产值增长拉动全区增长4.4个百分点，在广西传统工业产品供过于求的格局尚未根本改善的情况下，主要工业品价格持续增长，缺乏有力支撑将影响工业经济持续稳定增长。

旧动能弱化，新动能仍在积聚。停产半停产企业较多。全年全区停产半停产企业552家，占全部规模以上工业的5.8%，下拉全区工业总产值增长5.3个百分点。从区域看，主要集中在南宁、柳州、桂林和玉林，占停产半停产企业数的54.2%；从行业上看，主要集中在农副食品、化工、木材加工、建材、黑色冶炼等行业，占停产半停产企业数的45%以上。广西推行的铝业、糖业、机械工业等产业二次创业虽然取得积极成效，高端铝材、新能源汽车、精制糖等产能在积累，但推动工业经济结构转型仍需加力。

各市工业经济增长分化明显。2017年，工业增加值保持稳定且增长较快的有钦州市（12.8%）、贵港市（12.2%）、北海市（11.9%）、崇左市（10.8%）、百色市（10.1%）、南宁市（9.9%）；工业增加值下降的有桂林市（－1.5%）、贺州市（－3.8%），反映个别地方在年关将近的时候，抓工业生产的力度有所弱化，成效不明显。

（三）服务业发展仍相对滞后

服务业规模小，对经济增长的贡献率低于全国平均水平。2016年，广西第三产业占生产总值比重低于全国12个百分点，排全国末位。2017年，服务业虽然加快发展，但占生产总值比重为39.9%，比全国低11.7个百分点。

规模以上其他营利性服务业企业总体规模小。2017年1—11月，广西规模以上其他营利性服务业营业收入总量在全国排第19位，仅占全国的0.6%。14个市中，除了南宁、柳州、桂林3个市的规模以上其他营利性服务业企业数量超过100家以外，其他11个市的企业数量均在60家以下，最少的仅有15家。

新兴服务业占比低，支撑力不足。广西金融、信息传输、软件和信息技术服务等新兴产业发展落后，2016年，广西金融业增加值占生产总值比重为6.2%，低于全国2个百分点；信息传输、软件和信息技术服务业增加值占生产总值比重为1.8%，低于全国1.1个百分点。

（四）投资后劲仍需增强

民间投资和工业投资仍低位运行。受投资回报率低、融资渠道不畅等因素制约，民营企业投资意愿不强。2017年，全区民间投资比上年增长8.5%，虽然从月度走势来看有回升迹象，但增速低于全部投资4.3个百分点，其中占比近半（47.2%）的工业民间投资仅增长 5.4%，低于全部投资 7.4 个百分点。全年工业投资比上年增长 6.7%，低于全部投资增速 6.1 个百分点，其中工业企业技术改造投资仅增长 1.3%。

新开工投资项目比上年减少。全年全区新开工投资项目比上年减少 710 个，完成投资 11344.10 亿元，比上年增长 7.0%，增速比上年回落 16.5 个百分点，占全部投资的比重为 65.9%，比上年下降 4.7 个百分点。

投资实际到位资金仍然趋紧。全年全区投资实际到位资金比上年增长 10.2%，比全部投资增速低 2.6 个百分点，资金约束仍存。

房地产开发投资持续放缓。受全国房地产行业政策进一步收紧、房企资金流动性下降、银行按揭贷款利率上行和年末大项目投资力度减弱等因素影响，全区房地产开发投资增速连续 8 个月呈现回落态势。全年全区房地产开发投资比上年增长 11.9%，增速比上年回落 13.7 个百分点。

四、工作建议

2018 年是贯彻党的十九大精神开局之年，是我国改革开放 40 周年，也是自治区成立 60 周年，实现经济开好局、起好步至关重要。

（一）加快推进供给侧结构性改革

2016 年 12 月底召开的 2017 年中央经济工作会议明确提出，将"着力振兴实体经济"作为 2017 年深化供给侧结构性改革的四项重点任务之一。这是党中央在深入分析当前我国经济运行面临的突出矛盾和问题的基础上，为解决中国经济"重大结构性失衡"而做出的重大战略性部署。为此，必须从解决一系列"错配"入手，通过供给侧结构性改革为实体经济拓展生存和发展的空间。

一是开展"三品"工程。聚焦供给结构与需求结构之间的错配，从既有产能和新增产能入手，实施传统产业"去劣增优补短"行动，开展增品种、提品质、创品牌的"三品"工程，丰富产品和服务品种，提高生活服务品质，推出一批工业制造业品牌，推动供给结构升级，缓解供需矛盾，提升实体经济价值链。

二是加大"僵尸企业"的清理力度。建议成立自治区处置"僵尸企业"协调小组，由自治区政府分管领导任组长，分管副秘书长、国资委主任为副组长，自治区有关部门领导任成员，主要负责"僵尸企业"处置的统筹协调、政策支持、业务指导和考核评价等工作。按"提升改造一批、转移搬迁一批、兼并重组一批、关闭退出一批"的思路，一企一策处置"僵尸企业"。"提升改造一批"即对内部管理有问题的"僵尸企业"，可通过加强管理、防控风险等手段提高企业经营效益和运行效率，尽快使企业扭亏为盈；技术不符合能耗、环保、质量、安全等标准的"僵尸企业"，可通过技术改造、技术创新、产品升级推动企业转型发展。"转移搬迁一批"指产能过剩、市场波动造成亏损的"僵尸企业"，可通过支持产能过剩行业优势企业"走出去"，开展国际产能合作，使企业在比较优势中获利；不符合结构调整方向的"僵尸企业"，可通过调整和优化产业布局，推进企业向沿海沿江搬迁、退城进园，使企业资源集中、降低成本、协同发展。"兼并重组一批"指无法实施提升改造、转移搬迁，自身能力不足的"僵尸企业"，可通过与其他大型优势企业重组，带动企业渡过难关；无法通过市场方式兼并重组的企业，可申请破产重整，在法院指导下，引进战略投资者进行重整或者与债权人协商达成和解，使企业重生；在推进兼并重组过程中，可充分利用兼并重组基金、剥离无效低效资产等手段，提高企业兼并重组概率。"关闭退出一批"指确实没有扭亏希望的"僵尸企业"，应依法关闭退出，有净资产的"僵尸企业"，通过企业内部清算后，到工商部门办理解散注销手续；资不抵债的企业，按照《中华人民共和国企业破产法》申请依法破产，在法院指导下，依法依规开展破产清算、安置职工，使企业顺利退出市场。

三是增加优质增量供给。重点实施传统支柱产业的"增品种、提品质"计划，开发适应智能化、高端化、多样化、体验式需求导向的新品种新品质，以优质增量供给优化供给结构，为传统工业实体拓展空间。实施品牌培育与品牌升级计划，支持柳工、玉柴、上汽通用五菱、东风柳汽、南南铝等龙头骨干企业做大做强现有品牌、创建新业态的新品牌；鼓励中小微企业从供给端入手，实施品牌引领，打造优品名品等。同时，增加落后地区和农村的优质基础设施与公共服务供给，强化自主品牌消费宣传，着力推动供给总量、供给结构更好地适应需求总量、需求结构的发展变化。

（二）进一步降低实体经济成本

一是进一步降低物流成本。建议将公路物流作为降低物流成本的突破口，大力引进东部地区知名企业，实施"公路港""货车帮"等项目，构造公路物流生态圈。可有意识地选择柳州、防城港等城市的公路物流园区开展"公路港""货车帮"试点，通过引入战略投资者进行升级改造，产生示范效应后再向全区推广。针对北海港、防城港集装箱货物集中到钦州港出港后，两地物流成本加大的问题，可对物流企业成本的超出部分进行补贴，所需经费由自治区财政及北部湾港务集团配套解决。加快广西电子口岸建设。加大投入建设海关智能途中监管、广西加工贸易综合服务信息平台等一批实体项目，加快中国—东盟电子口岸公共平台（即广西电子口岸平台升级版）在中国—东盟信息港框架体系下的落地实施，加快推进广西电子口岸物流联动系统二期项目建设。加强港口管理业务能力建设，通过全程网办、北部湾同港通办等方式，提高港口行政效率和服务水平，推进标准化管理。研发应用口岸管理、查验等各类软件，提高口岸管理信息化水平。加强区内各市与北部湾、西江黄金水道各口岸监管平台建设，完善口岸综合服务体系和口岸联络协调机制，推动区域通关协作，促进粤桂黔云通关一体化。

二是降低企业用能用地成本。加快电力体制改革，进一步扩大直购电交易比重，到2020年，直购电交易比重由2017年的20%左右提高到40%左右。鼓励百矿集团、神华集团北海基地等有条件的企业或园区开展局域网建设，降低用电成本。推动售电公司代理中小用户开展电力直接交易。除重视降低工业用电成本外，可参照江苏省的做法，降低一般工商业及其他用电类别（中小化肥生产用电除外）各电压等级电价每千瓦时平均3.62分钱；3年内对新增工商业电力用户临接电费，按现行收费标准的25%执行。进一步降低冷链物流企业的电费，对小型冷链物流企业用电按工业用电标准给予优惠。进一步降低用气成本。加快大用户直供气改革，鼓励天然气大型用户直接向上游供气企业购买天然气，减少中间环节和费用。进一步完善天然气定价机制，加强输配价格监管。进一步降低企业用地成本。清理各类土地收益中的计提资金，对于省以下各级政府自定、附加于工业用地上的各项计提资金，应全部予以取消。参考黑龙江省的做法，对新产业工业项目用地中生产服务、行政办公、生活服务设施建筑面积占项目总建筑面积比例不超过15%的，仍按工业用途管理。

三是进一步减少涉企收费。进一步加大降低涉企收费力度，建议开展降低涉企收费专项大行动，重点是减少和规范行政机关、事业单位、代行政府职能的社会团体收取的涉企行政事业性费用和政府性基金，行政审批前置、涉及市场监管和准入以及其他具有强制垄断性的涉企经营服务性收费，中介、行业协会商会涉企收费等，力争实现政府性基金和涉企行政事业性收费"零收费"。全面推行涉企收费清单制。建议加快建立完善《广西壮族自治区行政事业性收费项目目录清单》《广西壮族自治区涉企行政事业性收费目录清单》《广西壮族自治区政府性基金目录清单》，将所有涉企单位收费项目、收费标准、收费对象以及审批依据进行公示，并在政府网站和部门网站对外公开，做到收费有据、收费透明，让企业有本"明白账"。促进中介服务市场有序竞争。加快编制并公布推行《广西壮族自治区行政审批中介服务项目清单》，中介服务收费一律实行市场调节价管理。

（三）围绕产业链打造创新链

创新资源的聚集最终还是要为产业发展服务，以产业链为核心打造创新要素集聚的创新链，推动创新链与产业链的双向互动，才能更好地推动创新要素与产业的深度融合，进而更为高效地推动新旧动能转换。这是因为，将创新链镶嵌于产业链的各个环节，如包括上游的研发、中端的制造、后端的销售等都要引入知识和技术创新，从而使得创新链成为依附于产业链的价值增值活动，产业链的每一个环节或节点上都可能成为创新的爆发点。另外，创新链与产业链的双向互动和融合，不但直接提升了产业链的价值链，而且横向扩展了产业链。为此，可考虑转换思路，围绕产业链打造集聚创新要素的链状平台，集中优势资源向产业链的缺链和短板倾斜，吸引最急需的创新要素，"把好钢用到刀刃上"。

为此建议：

一是进行管理创新，实行"链长制"。当前广西重点工业产业主要由工业和信息化等部门主抓，但产业链条的延伸往往是跨部门、跨领域，仅靠一个部门管理难以协调和统筹，这也是产业链条出现"缺环"的原因之一。可借鉴"河长制"的经验，实行"链长制"。具体来说，对于某些广西重点发展的新兴产业、重点改造提升的传统产业，如新能源汽车、蔗糖等，由主管部门的主要领导担任该产业链"链长"。赋予"链长"相应的沟通协调和管理权限，按照"强龙头，补链条，聚集群"的要求，统筹解决产业链发展中的重大问题，特别是解决相关创新资源沿产业链的集聚问题，推动产业发展壮大。

二是加强与东部地区创新资源的对接。可将重点放在三类创新资源上：推广国家海洋局海洋四所落户北海的经验，鼓励国家级科研院所、重点试验室等到广西设立分支机构，利用国家级的科技资源推动广西重点产业发展；积极对接军队科研机构、企业等，可考虑在龙港新区等园区设立军民融合产业园，重点发展航空航天、北斗导航、海洋装备等高端产业。支持国防科技工业成果信息与推广转化平台建设，完善军民规划、项目和成果转化对接机制，打通军民科技成果双向转移转化渠道；围绕广西汽车、机器人、有色金属等产业发展的需求，积极与发达地区高校、科研机构合作，采取校地共建、院（所）共建、联盟共建等方式，建设新型研发机构，或在广西设立新型研发机构的分支机构。可考虑借鉴广东省做法，择优给予新型研发机构不少于100万元的一次性建设经费支持，还可以从新购科研仪器设备补助、上年研发经费支出补助、创办企业补助等方面对新型研发机构给予资金支持。

三是推动产业链与创新链的融合互动。从提升产业技术创新能力和核心竞争力的目标出发，鼓励核心企业、龙头企业进行产业链整合，构建以核心企业为主导、中小企业为配套的多层产业群，实现"补链、强链、延链"。引导创新资源向产业链上下游企业集聚，注重引导大型企业与中小企业在技术开发、技术应用等方面形成协同效应。紧紧围绕产业链发展需要布局创新链，科技部门应加强与产业部门的合作，梳理、凝练出一批产业发展急需的关键技术和共性技术，形成技术创新链条，并以企业为主体，围绕上下游产业链，引导发达地区创新资源进入，建设一批企业重点实验室、工程中心、企业技术中心，以及引进各类新型研发机构，推动研发机构链式发展。

四是支持重点产业建立产业技术创新战略联盟。具有地域背景的创新联盟同时还是增强所在地域区位优势、参与全球创新基地竞争的重要手段。要积极创造条件，支持有能力的龙头企业创建或与东部地区高等院校、科研机构联合组建广西重点产业技术创新战略联盟。可按照优势互补、利益共享、风险共担、共同发展的原则，以企业为主体和龙头，根据广西重点产业的发展水平与实际情况，与东部地区甚至国外高等院校、科研机构通过联营、参股、合作等形式，组建各种形式的产业技术创新战略联盟。鼓励联盟主体围绕产业技术创新的关键问题，开展技术合作。鼓励产业技术创新联盟各主体通过融资拆借、互相担保、采购让利、基础设施和基础平台共享共用以及对外集约化采购的多种运转模式，加强联盟内部联系，不断发展壮大。

（四）进一步优化营商环境

一是要重视解决政策"最后一公里"问题。此次优化营商大会出台了系列政策，我们认为非常及时，也将在下一步广西优化营商环境过程中发挥重要作用。但在调研中我们发现，政策执行的"最后一公里"已经成为突出的问题。不少国家、自治区政策针对性强、含金量高，但常出现"中梗阻"，主要是没出台实施细则，基层的具体办事部门也无法落实。鉴于此，要抓紧出台与政策相配套的实施细则，特别是要尽快出台高新技术企业享受15%的税收优惠政策和研发费用加计扣除政策，授权工业园区直接办理节能、消防、建设、安监、气象等行政管理审批事项的实施意见，降电费、水费的企业名录及实施细则等。要加强政策落实的督促检查，建立政策落实情况年度督促检查的长效机制。对那些停留在文件上没有执行和在执行过程中打了折扣、变了形的政策，认真分析找出原因，完善和强化抓落实的制度保障。要发挥好第三方评估的作用，找出政策落实的薄弱点，提出意见建议，从而促进政策措施尽快落到实处、见到实效。要加强政策的适时调整，深入基层跟踪政策落实情况，及时发现并掌握苗头性、趋势性问题并进行调整。

二是提高审批效率。对于审批权限较为集中的区直有关部门，可尝试设立"行政审批处"，如无条件单独设立的可挂靠在办公室，实现行政审批权向一个处室集中。各地市及开发区、园区等，也应按照行政审批权尽可能向一个部门集中的思路进行改革，探索设立"行政审批局"。依托广西云计算中心，打造统一的广西行政审批网。探索以手机 App 的方式推行电子政务，使办事人员和企业可以在任何时间、任何地点选择合适的方式获取各项服务。按照"让信息多跑路，让群众少跑腿"的要求，加强各类数据库的对接。

三是建议开展各市营商环境评估及排位工作。当前北京等省市已经开展营商环境的第三方评价及排位，从实施的效果来看对优化营商环境起到重要作用。建议广西对标国际营商环境评价指标体系，重点从办理施工许可、开办企业、获得信贷、纳税、物流等方面，构建符合广西实际的营商环境评价指标体系及评价机制。可委托第三方持续开展各市营商环境的年度评估工作并发布营商环境评估报告，充分发挥评估倒逼作用，推进各市营商环境优化。

四是要加快研究人才新政策。2017年以来，西安、武汉等20多个二三线城市乃至北京、上海等一线城市，密集出台人才政策，将"人才争夺战"推入白热化的阶段，人才政策已经成为各地优化营商环境的主要抓手。建议广西参考外省做法，加快研究相关人才政策。除了继续引进领军人才，还应将重点放在吸引本科以上学历以及技能型的应届毕业生，到广西各市寻求发展机会。可考虑出台高端人才公寓和单位自建人才安居保障房相结合的住房政策，对企业引才给予补贴的"高薪引高人"政策等。除了物质方面的政策，应重视"以事业留人"，用更有前景的职业发展空间和职业上升通道，让人才能够在广西得到更好的岗位并被委以重任。

五是开展重大项目直接落地改革试点。建议借鉴东莞等地经验，开展以企业依法承诺制、备案制和事后监管制为主要内容的重大项目直接落地改革试点。企业获得项目用地后，只需填报承诺书，并经政府审查承诺书内容公示后，就可开工建设。竣工后，再接受政府的全面验收，如有问题则追究责任。这样以解决企业报建审批时限过长的问题。

执笔： 姚　华　周　旻　陈禹静　陆国坤　林道珠　廖明霞
　　　　何杨丽　蔺　龙　凌春燕　陈晓毅　扈剑晖

广西经济形势分析与预测

广西社会科学院 编

研究报告篇

2018年

广西蓝皮书

广西经济形势
分析与预测

研究报告篇

构建广西高质量发展统计指标体系研究及实证分析

广西统计局课题组

习近平总书记在党的十九大报告中指出："我国经济已由高速增长阶段转向高质量发展阶段，正处在转变发展方式、优化经济结构、转换增长动力的攻关期，建设现代化经济体系是跨越关口的迫切要求和我国发展的战略目标。"这是根据我国经济发展国际国内环境变化，特别是我国发展条件和发展阶段变化做出的重大判断，是针对我国经济结构存在的突出矛盾和问题、经济发展质量和效益整体偏低、国际竞争力有待进一步提高等提出的战略性举措。中央经济工作会议明确指出，加快形成推动高质量发展的指标体系、政策体系、标准体系、统计体系、绩效评价、政绩考核，创建和完善制度环境，推动我国经济在实现高质量发展上不断取得新进展。高质量发展，集中体现了坚持以提高发展质量和效益为中心，是为了更好满足人民日益增长的美好生活需要的发展，是体现新发展理念的发展。

高质量发展进程如何、水平高低，迫切需要有一个监测评价指标体系。按照建设现代化经济体系和实现高质量发展的有关要求，加快研究建立一个考核评价、推动高质量发展的统计指标体系，这是一个十分紧迫的重要课题。

一、构建高质量发展测评统计指标体系的设想

（一）统计指标体系构建的基本原则

本文高质量发展测评统计指标体系设计的总体思路，是充分应用统计指标及指标体系设计的原理，紧密围绕"创新、协调、绿色、开放、共享"新发展理念，推动实现创新更强劲、发展更协调、生态更美丽、开放更全面、成果更公平的高质量发展。指标体系构建遵循以下基本原则：

一是政策性、导向性原则。设计统计指标和指标体系首先要有理论和政策依据，也就是说，我们研究提出这样一个评价统计指标体系的主要理论及政策依据，主要是基于党的十九大报告提出的高质量发展的这一重要论断及新发展理念，其目的是推动各级各地各部门切实贯彻新发展理念，正确反映、引导经济社会发展预期，具有较强的针对性、前瞻性和引领性，力求发挥导向作用。

二是整体性、系统性原则。设计统计指标和指标体系要将密切相关的指标有机结合起来，从各种指标不同性质的数量特征来共同反映高质量发展这个现象总体的综合数量表现。此外，还要考虑系统层次性的问题，这就要研究建立一个总体系，总体系下分设子体系或若干层级指标，涵盖经济、社会、生态文明等方面的内容，综合反映各方面高质量发展的成果或进程，同时，指标选取兼顾相互独立性和内在逻辑性。

三是统一性、客观性原则。所谓的统一性，就是设计的统计指标要明确相应的概念及口径范围，规定其计量方法、分类方法和计算公式等。这样的指标及体系才能客观真实反映经济发展和生态文明建设的各个方面，对发展质量提出客观务实的要求。

四是可量化、可操作性原则。统计指标是社会经济范畴，但并不是任何社会经济范畴都可以作为统计指标。因此，设计反映高质量发展统计指标，务必要考虑可测度可计数这条原则。同时，还要选择合适的调查方式或搜集资料的渠道，尽可能选择数据可采集、可获得的指标，测算及分析方法简便易行。

基于上述设计的基本原则考量，我们提出如下测评的具体统计指标体系及其主要内容。

（二）高质量发展测评统计指标体系主要内容

坚持新发展理念是新时代坚持和发展中国特色社会主义的基本方略之一，是致力于破解发展难题、增强发展动力、厚植发展优势的治本之策，是实现更高质量、更有效率、更加公平、更可持续发展的必由之路。国家发展和改革委员会副主任、国家统计局局长宁吉喆表示，加快形成推动高质量发展统计指标体系是一个十分重要的工作，就是要研究建立"创新、协调、绿色、开放、共享"的统计指标体系，测算计算方法和评价方法。按照中央和国家对高质量发展的总体思路和要求，基于上述统计指标体系构建的基本原则，我们提出建立以反映新发展理念的高质量发展统计指标体系，包含一级指标、二级指标、三级指标三个层次。一级指标即是创新发展、协调发展、绿色发展、开放发展、共享发展5个发展指数；二级指标根据各发展理念的内涵、特征等反映发展理念的维度，设置指标14个；三级指标从不同方面衡量某一维度的发展状况和成果，设置指标78个。高质量发展测评指标体系主要内容如下：

1. 创新发展指数。

创新是引领发展的第一动力。把创新摆在新发展理念之首，进一步确立了创新发展在国家发展全局中的核心地位。现代国家竞争，根本是创新能力的竞争。只有依靠创新发展，才能有力推动经济发展方式从规模速度型粗放增长转向质量效率型集约增长，经济结构从增量扩能为主转向调整存量、做优增量并举，发展动力从主要依靠资源和低成本劳动力等要素投入转向主要依靠创新驱动。目前世界上公认的创新型国家有20个左右，这些创新型国家的共同特征是，创新综合指数明显高于其他国家，科技进步贡献率在70%以上，研发投入占生产总值的比例一般在2%以上，对外技术依存度指标一般在30%以下。

根据创新发展的内涵特征，设置了创新环境、创新投入、创新产出3个二级指标，18个三级指标。创新环境二级指标，主要反映驱动创新能力发展所必备的人力、财力及环境要素，选取的指标是城镇单位就业人员中科学研究和技术服务业人员比重、科技人员人均年收入、互联网普及率、科技拨款占财政拨款的比重、对外技术依存度等5个三级指标。创新投入二级指标，主要反映创新劳动投入、经费投入、企业创新活动等方面的情况，共选取每万人R&D（研究与试验发展）人员全时当量、研究与试验发展经费支出占生产总值比重、基础研究人员人均经费、R&D经费内部支出与主营业务收入之比、有创新活动的企业所占比重等5个三级指标。创新产出二级指标，主要反映科技进步、研发效率、提质增效、结构优化等方面的情况，选取的指标是科技进步贡献率、全要素生产率、每万人科技论文数、每万名R&D人员专利授权数、发明专利授权数占专利授权数的比重、每万名科技活动人员技术市场成交额、新产品销售收入占主营业务收入比重、高技术产品出口额占货物出口额比重等8个三级指标（详见表1）。

表 1　创新发展指标体系

一级指标	二级指标	三级指标	指标含义
创新发展指数	创新环境	1. 科技人员人均年收入	反映我国科技人员收入情况
		2. 互联网普及率	衡量一个国家或地区的信息化发达程度
		3. 科技拨款占财政拨款的比重	反映政府对创新的直接投入力度及引导作用
		4. 城镇单位就业人员中科学研究和技术服务业人员比重	反映我国劳动力中创新人力资源情况
		* 5. 对外技术依存度	一国的技术创新对国外技术依赖程度
	创新投入	6. 每万人 R&D 人员全时当量	反映自主创新人力的投入规模和强度
		7. 研究与试验发展经费支出占生产总值比重	是反映国家或地区科技投入水平的核心指标
		8. 基础研究人员人均经费	反映在加强原始创新能力上所做的努力
		9. R&D 经费内部支出与主营业务收入之比	反映创新活动主体的经费投入情况
		10. 有创新活动的企业所占比重	反映企业创新的活跃程度
	创新产出	* 11. 科技进步贡献率	衡量科技竞争实力和科技转化为现实生产力的综合性指标
		* 12. 全要素生产率	反映技术进步、组织创新、专业化与生产创新等非物质要素投入对产出的影响
		13. 每万人科技论文数	反映研发活动的产出水平和效率
		14. 每万名 R&D 人员专利授权数	反映研发活动的产出水平和效率
		15. 发明专利授权数占专利授权数的比重	是反映专利质量的关键指标
		16. 每万名科技活动人员技术市场成交额	反映技术转移和科技成果转化的总体规模
		17. 新产品销售收入占主营业务收入比重	反映创新对产品结构调整的效果
		18. 高技术产品出口额占货物出口额比重	创新对产业国际竞争力的影响效果

注："＊"表示由于缺乏数据或数据公布时间滞后，未能进行实际测评的指标。下同。

2. 协调发展指数。

协调是持续健康发展的内在要求。坚持协调发展，就是要着力解决我国长期存在的发展不平衡问题，着力形成平衡发展结构，增强发展的平衡性、包容性、可持续性，实现整体功能最大化。因此，协调发展必须坚持统筹兼顾，实现区域发展协同、产业结构协同、城乡发展协同、生产要素协同。

根据协调发展的内涵和要求，设置了区域协调发展、结构协调发展、城乡协调发展、要素协调发展 4 个二级指标，13 个三级指标。区域协调发展二级指标，主要从经济与人口分布、区域发展财政支持、人均经济总量等方面反映地区间协调发展情况，共选取经济总量与人口总量差异率、人均一般公共预算支出差异率、人均生产总值差异率等 3 个三级指标；结构协调发展二级指标，主要从产业结构、就业结构、税收结构、工业结构上反映经济结构是否与高质量发展相协调，共选取产业结构与就业结构偏离度、税收收入占地方财政收入比重、装备制造业比重等 3 个三级指标；城乡协调发展二级指标，主要反映城镇化、工业化、城乡收入和公共服务等方面情况，共选取城乡收入差异率、城镇化率与产业结构差异率、城乡公共服务均等化等 3 个三级指标；要素协调发展二级指标，主要反映劳动力的结构、教育等情况，表明生产要素是否有力支撑高质量发展，共选取私企信贷占生产总值比重、劳动力占总人口比重、人均财政教育支出差异率、人均受教育年限等 4 个三级指标（详见表 2）。

表 2 协调发展指标体系

一级指标	二级指标	三级指标	指标含义
协调发展指数	区域协调	1. 经济总量与人口总量差异率	反映区域内经济发展和人口集聚的协同性
		2. 人均一般公共预算支出差异率	从预算支出角度反映区域发展的支持力度
		3. 人均生产总值差异率	从人均水平反映区域内经济发展的协同性
	结构协调	4. 产业结构与就业结构偏离度	反映经济结构与就业结构的协同性
		5. 税收收入占地方财政收入比重	从财税收入结构反映经济发展质量
		6. 装备制造业比重	反映在实施制造强国战略中的发展潜力
	城乡协调	7. 城乡收入差异率	反映城乡收入差距变动
		8. 城镇化率与产业结构差异率	反映城镇化与非农化的协调性
		9. 城乡公共服务均等化	从医疗条件上反映城乡公共服务的差异变动
	要素协调	*10. 私企信贷占生产总值比重	反映资本配置效率
		11. 劳动力占总人口比重	反映支撑协调发展的劳动力资源储备
		12. 人均财政教育支出差异率	反映劳动力素养提高的财政支持
		13. 人均受教育年限	反映地区劳动力的素质差异

3. 绿色发展指数。

绿色发展是永续发展的必要条件，是人民对美好生活向往的重要体现。绿色发展是要解决好人与自然和谐共生问题。坚持绿色发展，就要树立和践行绿水青山就是金山银山的理念，坚持全面节约集约和高效利用资源，加大环境治理力度，实行最严格的生态环境保护制度，像对待生命一样对待生态环境，倡导绿色生活，使蓝天常现、青山常在、绿水长流，坚定走绿色和可持续发展道路。

根据绿色发展的内涵，指标体系设置了资源利用、环境治理和生态保护 3个二级指标，16 个三级指标。资源利用主要包括单位生产总值能耗、单位生产总值能耗降低率、单位生产总值用水量、单位生产总值用水量降低率、水资源重复利用率等 5 个三级指标。环境治理包括工业固体废物综合利用率、生活垃圾无害化处理率、城市污水处理率、农村卫生厕所普及率、二氧化硫排放量降低率等 5 个三级指标。生态保护主要包括森林覆盖率、森林蓄积量、人均耕地面积、人均公园绿地面积、自然保护区面积占辖区面积比重、湿地总面积占土地面积比重等 6 个三级指标（详见表 3）。

表 3　绿色发展指标体系

一级指标	二级指标	三级指标	指标含义
绿色发展指数	资源利用	1. 单位生产总值能耗	反映经济活动中对能源的利用程度，体现能源消费水平和节能降耗状况
		2. 单位生产总值能耗降低率	反映地区能源消耗降低情况
		3. 单位生产总值用水量	反映一个地区经济活动中对水资源的利用程度
		4. 单位生产总值用水量降低率	反映地区单位生产总值用水与上年对比情况
		5. 水资源重复利用率	反映水资源利用效率
	环境治理	6. 工业固体废物综合利用率	反映工业固体废物利用情况
		7. 生活垃圾无害化处理率	反映生活垃圾处理情况
		8. 城市污水处理率	反映城市污水处理情况
		9. 农村卫生厕所普及率	反映农村卫生厕所普及情况
		10. 二氧化硫排放量降低率	反映二氧化硫减排情况
	生态保护	11. 森林覆盖率	反映地区森林资源和林地占有的实际水平
		12. 森林蓄积量	反映地区森林资源的丰富程度
		13. 人均耕地面积	反映耕地资源集约、利用情况
		14. 人均公园绿地面积	反映城市人均公园绿地情况
		15. 自然保护区面积占辖区面积比重	反映地区自然保护区面积占比
		16. 湿地总面积占土地面积比重	反映地区湿地面积占比情况

4. 开放发展指数。

开放是中华民族繁荣发展的必由之路。营造公平有序的基础环境是开放发展的前提和支撑；充分发挥市场在资源配置中的决定性作用和政府调控作用，有效激发劳动、知识、技术、资本等要素的活力是提升对外发展水平的关键因素。充分利用国际和国内两种资源、两个市场，积极参与全球经济治理和产品供给是扩大投资规模、促进贸易优化的必然选择。

根据开放发展的内涵特征，开放发展指标的选择主要从对外贸易的结构，利用外资和对外投资、口岸开放程度选取指标，设置了贸易优化、要素流动2个二级指标，13个三级指标。贸易优化二级指标，主要反映贸易结构优化升级方面的情况，共选取进出口总额与生产总值之比、贸易均衡度、外商投资企业投资额占全国比重、外商投资企业出口占出口额比重、装备制造业出口额占全部制造业出口额比重、加工贸易进出口额占进出口总额比重、服务进出口额占进出口总额比重等7个三级指标；要素流动二级指标，主要反映外商经济、资本流动、口岸开放布局等方面情况，共选取营商环境便利度指数、外商经济贡献率、人均实际利用外资、非金融企业对外直接投资额占全国比重、人均国际旅游外汇收入、外国游客占入境过夜游客比重等6个三级指标（详见表4）。

表 4　开放发展指标体系

一级指标	二级指标	三级指标	指标含义
开放发展指数	贸易优化	1. 进出口总额与生产总值之比	反映地区贸易对国际市场的依赖程度
		2. 贸易均衡度	反映地区对外贸易均衡度
		3. 外商投资企业投资额占全国比重	反映各地区外商企业投资占比情况
		4. 外商投资企业出口占出口额比重	反映外商投资企业出口占比情况
		* 5. 装备制造业出口额占全部制造业出口额比重	反映对外贸易出口结构和层次
		* 6. 加工贸易进出口额占进出口总额比重	反映对外贸易结构和层次
		* 7. 服务进出口额占进出口总额比重	反映对外贸易结构和层次
	要素流动	* 8. 营商环境便利度指数	反映地区营商环境改善程度
		* 9. 外商经济贡献率	反映外商经济对地区经济的贡献
		10. 人均实际利用外资	反映利用外资的规模和水平
		11. 非金融企业对外直接投资额占全国比重	反映地区对外投资的实力
		12. 人均国际旅游外汇收入	反映入境旅游的综合水平
		13. 外国游客占入境过夜游客比重	反映口岸开放的程度和深度

5. 共享发展指数。

共享是中国特色社会主义的本质要求。坚持共享发展，就是要解决好社会公平正义问题，增加公共服务供给，提高公共服务共建能力和共享水平，使人民群众不仅能共享改革发展的物质文化成果，还能共享优质的教育、就业、医疗、社保等基本公共服务，人民群众获得感增强，消除贫困、改善民生、逐步实现共同富裕。

根据共享发展的内涵特征，共享发展指标体系选取涵盖公共服务支出、教育、医疗卫生、收入、社会保障、交通、文化等与人民生活和发展成果息息相关的指标，设置了公共服务共享、发展成果共享 2 个二级指标，18 个三级指标。公共服务共享主要反映地区公共服务供给水平和共享水平，选取人均公共服务支出、每十万人口高等教育平均在校生数、在校生与专任教师之比、每万人口医疗卫生机构床位数、每千人口卫生技术人员数、人均医疗保健支出占消费支出比重、每万人拥有公共交通车辆、人均拥有公共图书馆藏量 8 个三级指标。发展成果共享二级指标，主要反映人民群众对经济发展和社会发展成果的共享，选取人口平均预期寿命、居民人均可支配收入与人均生产总值之比、恩格尔系数、基尼系数、农村贫困人口占农村人口比重、基本养老保险覆盖率、城镇基本医疗保险覆盖率、人均城市道路面积、移动电话普及率、有线广播电视用户数占家庭总户数比重 10 个三级指标（详见表 5）。

表 5　共享发展指标体系

一级指标	二级指标	三级指标	指标含义
共享发展指数	公共服务共享	1. 人均公共服务支出	反映财政支出中公共服务支出情况
		2. 每十万人口高等教育平均在校生数	反映接受高等教育人数水平
		3. 在校生与专任教师之比	反映学生人数与教师人数对比情况
		4. 每万人口医疗卫生机构床位数	反映医疗卫生设施水平
		5. 每千人口卫生技术人员数	反映医疗卫生服务水平
		6. 人均医疗保健支出占消费支出比重	反映人均医疗消费水平
		7. 每万人拥有公共交通车辆	反映城市交通服务情况
		8. 人均拥有公共图书馆藏量	反映文化设施水平

续表

一级指标	二级指标	三级指标	指标含义
共享发展指数	发展成果共享	9. 人口平均预期寿命	反映生活质量提高、医疗卫生服务水平
		10. 居民人均可支配收入与人均生产总值之比	反映居民收入与人均创造的生产总值之比
		11. 恩格尔系数	反映居民生活质量、富裕程度
		* 12. 基尼系数	反映地区居民收入分配差异状况
		13. 农村贫困人口占农村人口比重	反映脱贫攻坚成效
		14. 基本养老保险覆盖率	反映社会保障覆盖程度
		15. 城镇基本医疗保险覆盖率	反映社会保障覆盖程度
		16. 人均城市道路面积	反映城市公共设施共享水平
		17. 移动电话普及率	反映通信服务共享水平
		18. 有线广播电视用户数占家庭总户数比重	反映文化服务共享水平

二、高质量发展实证测评及结果分析

（一）高质量发展指数计算步骤

1. 测评指标标准化。

计算公式为：

正向型指标：$Y_i = \dfrac{X_i - X_{i,\,min}}{X_{i,\,max} - X_{i,\,min}} \times 40 + 60$

逆向型指标：$Y_i = \dfrac{X_{i,\,max} - X_i}{X_{i,\,max} - X_{i,\,min}} \times 40 + 60$

上述公式中，通过标准化消除指标间不同单位影响，进行无量纲化对比分析，Y_i 为第 i 个测评指标（三级指标）的标准化值，区间为 $[60, 100]$，X_i 为第 i 个指标在报告期的实际值，$X_{i,\,max}$ 为第 i 个指标在各地区报告期中的最大值，$X_{i,\,min}$ 为第 i 个指标在地区报告期中的最小值。

2. 分级综合评价指数。

以二级指标为例，其综合评价指数计算公式为：

$$F_2 = \sum_{i=1}^{n} y_i \times w_i$$

其中：F_2 表示二级指标评价指数，y_i 表示三级的第 i 个测评指标的标准值，w_i 表示第 i 测评指标的权重。

将三级指标的标准化值与相应的权重相乘，加总得到相应二级指标的综合评价指数；将二级指标综合评价指数与相应的权重相乘，加总得到一级指标的综合评价指数；将一级指标综合评价指数与相应的权重相乘，加总得到高质量发展综合评价指数。各级综合评价指数取值区间均为 [60, 100]。

（二）广西高质量发展情况分析

广西近几年高质量发展水平有所提升，但整体上还是处于相对落后区间，始终在低位徘徊，尤其表现在创新发展和共享发展方面，推动高质量发展任重道远。2016年广西高质量发展综合测评值为72.6，比2010年提高了0.4个点，位次从2010年的第25位上升到第23位。从5个一级指标测评看，广西高质量发展状况表现出"一高四低"的特征，绿色发展水平较高，协调发展和开放发展处于中后位次，创新发展和共享发展则存在明显短板。

——创新发展方面：广西创新发展总体能力不强，突出表现在创新投入不足，创新环境不够优化，创新转化成效不明显。2016年，广西创新发展测评值66.4，仅比2010年提高0.4个点，排全国第26位（详见表6）。从3个二级指标情况看：

一是创新投入相对弱化，指数排位比2010年倒退3位，排全国第27位。广西创新投入明显不足，不仅体现在政府层面，也体现在企业层面，研发投入强度的两个关键指标均比2010年低，说明创新发展的内在支撑力减弱，也是创新投入指数排位后退的主要原因。2016年，广西研究与试验发展（R&D）经费支出占生产总值比重仅为0.65%，比2010年回落0.01个百分点，比全国平均水平低1.46个百分点，排在全国第26位；企业R&D经费内部支出与主营业务收入之比仅为0.37%，即每万元主营业务收入中，用于科研创新的只有37元，比2010年还少29元，比全国平均水平低57元，排在全国第28位。此外，投入R&D活动时间少，企业创新活跃程度低，每万人R&D人员全时当量、有创新活动的企业比重均处于落后水平，分别排全国第22位和第23位。

二是创新环境不够优化，2010年指数排全国第23位，2016年下滑到全国第25位。主要是科技人员薪酬待遇、互联网普及率、科研人员比重的提升幅度相对较低，财力不足的情况下，对科技创新的支持力度偏弱。广西科技人员人均年收入从2010年的3.62万元提高到6.89万元，不仅明显低于东部地区，而且在西部也是处于落后水平，西部有8个省（区、市）超过7万元，而广西仅比内蒙古高。互联网普及率仍然偏低，仅为46.1%，而全国超过50%就有19个省份。在城镇单位就业人员中，科学研究和技术服务从业人员的比重为2.22%，仅比2010年提高0.01个百分点，是21个提高的省份中，提高幅度最低的。科技拨款占财政拨款的比重为1.02%，不足全国平均水平的一半，比

2010 年略有下降，而全国有 16 个省份均有所提高。

三是创新产出虽然有所改善，指数排全国第 15 位，比 2010 年位次前进 7 位，但市场成效尚未充分体现。近年来，广西为深入实施创新驱动发展战略抢占发展新高地，通过加大资金投入，出台激励政策等举措，在各方面取得了一定的效果。2016 年，广西每万名 R&D 人员专利授权数为 4227 件，发明专利授权数占专利授权数的比重 34.72%，两项指标均比 2010 年有大幅提高，排在全国前 10 位，是创新产出排位前进的主要因素。但技术转换成效不明显，人均技术市场成交合同金额 70.26 元，仅为东部平均水平的 2.7%；新产品销售收入占比仅为 8.9%，高技术产品出口比重为 15.7%，均只达到全国平均水平的一半。

广西与创新发展先进省份相比还存在明显差距。2016 年，创新发展指数排在全国前 15 位的省（区、市）中，东部地区有 8 个，中部和西部地区各有 3 个，东北地区的辽宁排第 14 位。西部的重庆不仅在创新环境优化、创新投入强度上进一步改善，而且创新产出上有明显提升，新产品销售收入比重和高技术产品出口比重均排在全国前 5 位，陕西凭借雄厚的教育科技资源和条件，不仅在科技论文、专利授权、技术成果含金量上名列前茅，而且高技术产品出口比重提升到全国第 1 位。在创新发展的 15 项三级指标中，广西仅有 2 项指标排在全国前 10 位，有 2 项指标排在中间 10 位，有 10 项指标排在后 9 位，排名最低的三个指标分别是 R&D 经费支出占生产总值比重、企业 R&D 经费支出占主营业务收入比重和 R&D 人员发表科技论文数。

创新是实现高质量发展最重要的因素，是最具决定性的条件，广西作为欠发达地区，需要实施创新驱动发展战略，必须高度重视创新发展上面临的困难和问题。创新投入不足，一是广西经济基础薄弱，企业发展能力不足，自身投入能力有限；二是资金来源单一，主要依靠政府资金支持和企业自筹，缺乏诸如风险资金等社会创新资本，或者说社会创新资本使用成本高；三是缺乏具有明显预期经济效益的创新项目，难以吸收足够的资金支持。人力因素制约，广西 R&D 人员全时当量偏少，既说明科技人员少，也说明科技人员投入科研创新活动的时间相对较短，或者说能全时投入创新活动的科技人员更少，同时各领域也缺乏科技创新领军人物。产学研结合成效不明显，一方面高校科研院所的很多项目属于基础性研究，很难形成市场经济效益，另一方面企业可能难以从高校科研院所获得真正好的创新成果，或者说缺乏有效机制，高校科研院所的人才很难对企业创新活动给予足够有效的支持。

表6 2016年部分地区创新发展测评结果情况

地区	创新发展指数	排位	其中					
			创新环境指数	排位	创新投入指数	排位	创新产出指数	排位
北　京	90.5	1	95.4	1	90.7	1	85.9	1
上　海	85.9	2	91.3	2	84.1	6	82.8	2
广　东	82.6	3	84.7	3	86.9	5	76.7	6
天　津	82.0	4	82.4	4	87.5	4	76.5	7
浙　江	80.9	5	77.9	5	87.8	3	77.2	5
江　苏	79.6	6	75.2	6	87.8	2	75.9	8
重　庆	75.0	7	68.4	13	74.5	11	81.4	3
陕　西	74.0	8	69.0	11	74.6	10	77.9	4
安　徽	73.8	9	71.7	8	76.2	8	73.5	12
湖　北	73.3	10	71.1	9	75.3	9	73.3	13
四　川	71.6	11	67.1	17	72.8	14	74.7	9
福　建	71.4	12	72.1	7	73.9	13	68.5	17
山　东	71.2	13	68.0	14	77.9	7	67.7	20
辽　宁	70.1	14	69.7	10	70.4	17	70.3	16
湖　南	69.7	15	63.3	28	74.2	12	71.3	14
广　西	66.4	26	64.4	25	64.1	27	70.5	15

——协调发展方面：广西经济发展的协调性进一步增强，城乡协调有所提高，但在结构调整和要素配置上，与高质量发展的要求还存在较大差距。2016年，广西协调发展测评指数74.3，比2010年提高1.0个点，排全国第23位（详见表7）。从4个二级指标看：

一是区域内部协调性有所增强，但外部支撑力不足，区域协调指数排位比2010年倒退9位，排全国第16位。广西经济总量与人口总量差异率、人均生产总值差异率均比2010年下降，表明广西内在经济和人口的协调性在不断增强，但在支持区域协调发展的重要支撑指标财政投入上有明显的差距，广西人口总量排全国第11位，而人均一般公共预算支出仅排全国第27位，在西部排倒数第1位。因此从人均角度看，广西在国家推进地区协调发展中，可能获得的直接财政支持力度是最小的，是造成区域协调发展排位后退的主要原因。

二是城乡发展差异逐步缩小，城乡协调指数排位从 2010 年的第 23 位提高到第 19 位。主要是城镇和农村收入差距逐步缩小，城乡收入差异 2.73，在全国排第 9 位，比 2010 年差异缩小 1.02 个点，是全国差异率减少幅度最大的省（区、市）；城乡公共服务均等化 1.78，排全国第 5 位，城镇和农村公共服务均等程度较好。城镇化率与产业结构差异率为 0.57，比 2010 年提高 0.08 个点，城镇人口比重和非农产业结构匹配度逐步提高，但差距仍较明显，城镇化率比二、三产业比重低 36.6 个百分点，排全国第 23 位。

三是产业结构调整有所优化，结构协调指数排位从 2010 年的第 23 位提高到第 21 位，但支撑高质量发展的产业基础仍较薄弱。广西产业结构与就业结构偏离度 23.21，比 2010 年下降 1.2 个点，但两者之间偏离度仍然较大，第一产业从业人口比重达到 50.1%，而第一产业增加值比重为 15.3%，说明产业发展和劳动力流动配置仍不合理，大部分从业人员尚未转移到非农产业上。广西装备制造业比重为 28.3%，比 2010 年提高 2.4 个百分点，排全国第 15 位，在西部地区中低于重庆和四川，最重要的汽车制造业，其产品结构仍较低端，产业竞争力仍显不足，广西装备制造业转型升级面临技术、资金、人才基础薄弱问题，推动制造业成为广西工业高质量发展的重要依托依然任重道远。工业是税收的重要来源，税收结构比例也反映了广西工业整体实力不强，税收收入占地方财政收入比重为 66.6%，仅排全国第 21 位。

四是广西在区域竞争发展中，劳动力配置处于劣势，要素协调指数排位 2010 年和 2016 年均为第 26 位。在人口红利逐渐减弱的情况下，劳动力资源和劳动力质量越来越成为区域竞争发展的重要因素，是决定地区高质量发展的重要软实力。2016 年广西劳动力占总人口比重为 69.0%，排全国第 28 位，并且由于广东等周边发达省份在薪酬、发展空间上具有较为明显的比较优势，广西一直是劳动力外流的主要省份，劳动力资源不足也越来越影响到广西发展。劳动力素质整体水平不高，广西劳动力平均受教育年限为 8.8 年，排全国第 21 位，换句话说，劳动力仅有初中文化水平，地方发展的智力不足。此外，广西人均财政教育支出仅排在全国第 21 位，教育投入不足也制约了劳动力素质的提高。

与协调发展先进省份相比，广西仍处于较落后水平。2016 年，协调发展指数排前 15 位的省（区、市）主要集中在东部地区，东部地区有 10 个，中部地区有 4 个，西部只有重庆排在全国前列，是西部地区中协调发展情况最好的地区。在协调发展的 12 项三级指标中，广西仅有 2 项指标排在全国前 10 位，有 2 项指标排在中间 10 位，有 8 项指标排在后 9 位，其中劳动力比重排位仅高于贵州。

整体情况看，广西协调发展水平落后主要源自城乡、结构和要素方面的不协调。城镇居民与农村居民收入的绝对差距仍在不断增大，广西是全国脱贫攻坚主战场之一，贫困发生面广，贫困程度深，农业基础设施薄弱，贫困状况亟待改善，给广西的经济建设和社会发展带来了极大的压力。产业结构仍然不够合理，供给结构远不能适应日益升级的需求结构，供需矛盾比较突出；由于全区产业结构水平低，未能广泛加入国际产业生产的"垂直"分工，根据经济发展规律，在国际经济市场化的环境中，产业结构未能与国际产业结构接轨，就难以步入良性循环的轨道。广西人才总量少，高层次人才不足，而且分布不合理，作为市场经济主体的企业，人才难招难留的情况比较普遍，并且在日趋激烈的人才竞争中不具备明显的比较优势。

表7　2016年部分地区协调发展测评结果情况

地区	协调发展指数	排位	其中								
			区域协调指数	排位	结构协调指数	排位	城乡协调指数	排位	要素协调指数	排位
北　京	93.4	1	83.9	7	98.0	2	93.2	2	99.2	1
上　海	91.7	2	83.2	8	99.0	1	92.5	3	92.3	2
浙　江	86.0	3	86.7	1	90.8	3	87.4	4	78.3	8
天　津	85.1	4	70.9	26	81.5	8	98.5	1	90.8	3
江　苏	83.4	5	81.2	13	90.0	4	85.9	5	75.9	12
吉　林	81.3	6	85.8	3	78.2	13	82.2	12	78.6	6
福　建	81.1	7	86.6	2	81.4	9	84.6	6	70.8	18
海　南	79.7	8	85.2	4	78.5	12	80.8	13	73.8	14
黑龙江	79.5	9	80.5	15	75.7	18	83.5	9	78.5	7
广　东	79.1	10	67.8	28	89.0	5	80.8	14	79.0	5
湖　北	78.5	11	79.3	17	77.4	16	84.0	8	72.9	16
辽　宁	78.1	12	69.0	27	82.7	7	83.0	10	77.7	9
重　庆	77.5	13	71.9	25	83.7	6	84.3	7	69.6	20
河　北	77.1	14	82.1	10	77.6	14	80.3	15	67.6	23
江　西	77.1	15	85.0	5	77.5	15	78.2	18	66.6	25
广　西	74.3	23	80.4	16	71.9	21	77.9	19	65.9	26

——绿色发展方面：广西绿色发展取得积极进展，资源利用有所提高，特别是环境治理和生态保护领域保持较高水平。2016年广西绿色发展测评值为

81.6，排全国第 13 位，比 2010 年提升 5 个位次，是排位最高的一级指标，也是发展指数分值唯一超过 80 的一级指标（详见表 8）。从 3 个二级指标看：

一是资源利用有所提高，指数排位从 2010 年的第 23 位提高到第 18 位，5 个三级指标均不同程度提高，但由于广西工业结构的资源能源型特征，节能降耗压力依然较大，与其他省份相比，改善程度依然较低。2016 年广西万元生产总值能耗为 0.55 吨标准煤，单位生产总值能耗减低率为 3.6％，均比 2010 年有所改善，但能耗降低率仅排在全国第 27 位；万元生产总值用水量降低到 158.6 立方米，但用水量仍然高居全国第 4 位。

二是环境治理成效良好，指数排位为第 10 位，5 个三级指标四升一降。其中，生活垃圾无害化处理率 99.0％、城市污水处理率 92.1％、农村卫生厕所普及率 85.6％、二氧化硫排放量降低率 52.3％，均不同程度提升，但工业固体废物综合利用率不升反降，由 2010 年的 78.2％下降到 64.7％。

三是生态保护得到巩固，指数排位为第 9 位，主要得益于得天独厚的森林资源。广西森林面积达到 1200 多万公顷，森林覆盖率为 52.3％，排全国第 4 位，森林蓄积量排全国第 7 位。人均耕地面积为 1.36 亩，略高于 2010 年。但人均公园绿地面积、自然保护区面积比重、湿地面积比重，均排在全国 17 位以后。

与绿色发展先进省份相比，广西还存在不少差距。2016 年，绿色发展指数排前 13 位的省（区、市）中，东部地区有 8 个，中部和西部各有 2 个，吉林是东北三省中绿色发展情况最好的省份。在绿色发展的 16 项三级指标中，广西有 6 项指标排在全国前 10 位，有 6 项指标排在中间 10 位，有 4 项指标排在后 9 位，分别是单位生产总值能耗降低率、单位生产总值用水量、人均公园绿地面积和湿地面积比重。与同为西部的内蒙古相比，落后较大的指标是人均公园绿地面积、人均耕地面积和自然保护区面积比重。人均方面广西主要是受人口基数影响，2016 年，广西年末人口为 4838 万人，比内蒙古多 2318 万人；广西自然保护区为 78 个，比内蒙古少 104 个，保护区面积占辖区面积的比重为 5.5％，内蒙古比重则达到 10.7％。

广西绿色发展指数在全国排位相对靠前，说明广西除了有得天独厚的自然条件外，生态环境保护也比较重视，此外，工业发展相对欠发达，资源型工业结构虽然比重大但规模偏小，总体对环境影响破坏相对较小，所以绿色发展质量较高。广西具有较为明显的资源优势，但也要重视资源开发和生态环境保护之间的协调性，避免以高消耗、高浪费、高污染来博取经济增长，陷入高增长低效益的恶性循环，必须坚持走可持续的资源利用和环境质量改善相结合的发展道路。

表 8 2016 年部分地区绿色发展测评结果情况

地区	绿色发展指数	排位	其中					
			资源利用指数	排位	环境治理指数	排位	生态保护指数	排位
浙　江	84.7	1	88.2	5	95.5	2	72.2	11
广　东	84.5	2	87.2	9	92.4	5	75.1	6
北　京	83.7	3	88.7	4	94.3	4	69.9	20
福　建	83.6	4	87.5	8	89.4	9	74.9	8
天　津	83.2	5	91.6	1	95.0	3	65.3	29
上　海	82.8	6	86.4	13	97.2	1	67.0	26
吉　林	82.6	7	87.6	7	82.3	19	78.5	5
内蒙古	82.2	8	80.1	24	84.0	16	82.5	2
江　苏	82.1	9	87.1	10	92.4	6	68.6	24
山　东	82.0	10	87.8	6	90.0	8	69.8	21
河　南	82.0	11	89.8	3	91.9	7	66.3	28
湖　北	81.8	12	90.0	2	86.9	14	70.0	19
广　西	81.6	13	83.4	18	88.9	10	73.5	9

——开放发展方面：广西开放发展稳步推进，贸易优化略显成效，但要素流动不足、资源配置效益较低。2016 年，广西开放发展测评指数为 70.2，排全国第 21 位，位次与 2010 年持平（详见表 9）。从 2 个二级指标看：

一是贸易结构优化不明显，指数在全国排第 14 位保持不变。随着开放带动战略的深入实施，广西对外贸易规模有所扩大，出口贸易与进口贸易并驾齐驱、日趋平衡，但贸易结构优化升级整体上成效并不明显。2016 年，广西贸易均衡度达 0.04，排全国第 2 位，进出口总额与生产总值之比由 2010 年的 12.5% 提高到 17.3%，排全国第 12 位，但外商投资企业投资额占全国比重、外商投资企业出口占出口额比重均不同程度下降，分别排全国第 20 位、第 21 位。

二是要素流动不足，指数在全国排第 25 位。4 个三级指标一升三降，总体上反映了在广西对外开放发展过程中，劳动、资本、信息、技术等生产要素流动不足，综合利用效率较低。2016 年广西人均国际旅游外汇收入 44.9 美元，比 2010 年提高 1.64 倍，但人均实际利用外资仅 18 美元，排全国第 26 位；外国游客占入境过夜游客比重仅 0.52%，排全国第 24 位；非金融企业对外直接投资额占全国比重为 1%，排全国第 16 位。

与西部其他省份相比，广西开放发展水平仍然偏低。广西是西部地区唯一具有沿海、沿边、沿江区位优势的省区，同时享有民族区域自治、革命老区振兴等多项叠加政策，但2016年广西开放发展指数在西部地区10个省份仅排第5位，指数分别低于重庆5.2个点、陕西4.7个点、四川3.0个点、内蒙古1.4个点。与重庆市相比，2016年广西开放发展、贸易优化、要素流动指数在全国的排位分别落后重庆13个、2个和16个位次。从参与测算的8个三级指标看，除贸易均衡度略高于重庆市外，其余7个指标均明显落后，其中人均实际利用外资、人均国际旅游外汇收入分别低于重庆市356美元和10.7美元，外商投资企业出口占出口额比重、进出口总额与生产总值之比分别低于重庆市38.6个百分点和6.1个百分点。

总体而言，广西开放发展和对外合作相对区位优势而言还存在不少差距。广西出口产品基本上是劳动密集型产品，科技含量和附加值高的出口产品比重偏低，出口仍以外延式扩张为主，受市场波动和贸易政策影响大。境外从事资源开发的企业少，进口主要以采购等传统贸易为主，相对于"一带一路"沿线国家和地区的服务贸易来说，广西服务贸易发展滞后，出口仍以建筑、运输服务等传统服务为主，境外商业存在的服务出口收入比重和规模都还比较小。同时，广西对外直接投资比较分散，投资主体主要是中小企业，有实力的大型企业集团投资少，抵御市场波动的能力比较差。

表9　2016年部分地区开放发展测评结果情况

地区	开放发展指数	排位	其中			
			贸易优化指数	排位	要素流动指数	排位
上　海	97.4	1	96.3	1	98.5	1
天　津	88.4	2	83.1	4	93.3	2
北　京	84.8	3	77.6	11	91.4	3
广　东	84.2	4	90.0	2	78.9	4
江　苏	82.1	5	88.0	3	76.7	6
山　东	76.6	6	78.1	9	75.2	7
浙　江	75.9	7	73.4	15	78.2	5
重　庆	75.4	8	77.5	12	73.5	9
辽　宁	75.2	9	81.1	5	69.8	16
陕　西	74.9	10	80.5	6	69.7	18
福　建	74.8	11	77.1	13	72.7	11
河　南	74.0	12	78.8	7	69.6	19
四　川	73.2	13	78.2	8	68.5	21
山　西	71.8	14	77.8	10	66.3	23
内蒙古	71.6	15	69.6	21	73.4	10
广　西	70.2	21	75.1	14	65.7	25

——共享发展方面：广西共享发展不进反退、成效微弱，公共服务共享、发展成果共享不充分。2016 年，广西共享发展测评指数为 71.1，排全国第 28 位，比 2010 年后退 1 个位次，是唯一排位后退的一级指标，也是排位最靠后的一级指标（详见表 10）。从 2 个二级指标看：

一是公共服务共享不充分，指数在全国排第 28 位的落后位次仍未改变。大部分指标排位靠后，2016 年，广西在校生与专任教师之比为 18.98：1，排全国倒数第 1 位；每万人拥有公共交通车辆 9.77 标台，排全国第 26 位，后退 3 个位次；人均公共服务支出 7845 元，在全国排第 25 位；每万人口医疗卫生机构床位数为 4.64 个，排全国第 23 位；人均医疗保健支出占消费支出比重为 7.38%，排全国第 20 位；每十万人口高等教育平均在校生数 2279 人，排全国第 19 位；每千人口卫生技术人员数 5.99 人，排全国第 18 位；人均拥有公共图书馆藏量 0.56 册，排全国第 13 位。

二是发展成果共享不充分，指数在全国排第 26 位，比 2010 年后退 1 个位次。9 个三级指标均不同程度提高，但有 5 个指标排全国 26 位之后。其中，城镇基本医疗保险覆盖率 22.66%，排全国倒数第 1 位；恩格尔系数 34.42%、基本养老保险覆盖率 52.15%，均排全国第 27 位；农村贫困人口占农村人口比重 13.58%、移动电话普及率 78 部/百人，均排全国第 26 位；有线广播电视用户数占家庭总户数比重 43.82%，排全国第 17 位；人口平均寿命 75.11 岁，排全国第 14 位。总体反映了广西的基础设施、公共服务和人民生活水平与其他省份差距较大，社会保障、医疗卫生服务、教育体系仍需不断完善，脱贫攻坚仍需持续推进。

从全国排位情况看，在高质量发展的五个维度中，共享发展是广西表现最不尽如人意的一环。在公共服务共享方面，广西在教育、医疗、卫生等生活性基本公共服务上与全国平均水平存在较大的差距，民生和环境设施建设滞后、利用效率低下、群众满意度不高，广西基本公共服务受经济发展水平制约，表现为经济滞后型的勉强协调发展类别。在发展成果共享方面，社会保障覆盖面偏低，同时城乡收入绝对差距的扩大，制约了消费需求的扩张和升级，削弱了经济发展的共享性。总之，从共享发展的角度看，广西经济发展不平衡、不充分更为明显。

表 10　2016 年部分地区共享发展测评结果情况

地区	共享发展指数	排位	其中			
			公共服务共享指数	排位	发展成果共享指数	排位
北　京	91.9	1	91.2	1	92.6	1
上　海	85.9	2	83.6	2	87.7	3
浙　江	81.9	3	74.0	14	88.4	2
辽　宁	81.6	4	78.7	4	84.0	7
山　东	80.1	5	73.7	15	85.4	4
江　苏	79.7	6	74.9	12	83.7	8
黑龙江	79.3	7	77.6	7	80.6	11
天　津	79.2	8	77.9	6	80.3	13
陕　西	78.4	10	80.4	3	76.8	23
吉　林	78.4	11	78.0	5	78.7	16
重　庆	77.8	12	74.9	13	80.1	14
山　西	77.5	13	73.1	17	81.1	10
河　北	77.3	14	69.0	24	84.0	6
广　东	76.9	15	67.4	26	84.8	5
广　西	71.1	28	66.4	28	74.8	26

（三）结评

上述高质量发展统计指标体系构想，侧重从结构和要素上对指标进行了分层设计及深加工，充分体现了统计指标及指标体系设计的科学原理，通过 5 个一级发展指数、14 个二级指标、78 个三级指标综合体现了统计指标必须具备的数量性、综合性和具体性三个特点，具有较强的科学性、前瞻性和可操作性。这个指标体系能更好引导经济发展方式从规模速度型粗放增长向质量效益型集约发展转变，推动高质量发展从单一经济领域向经济、社会、环境、开放、民生等全方位多领域延伸，从实证测评结果情况看，比较科学、系统、全面、客观、合理地反映了地区高质量发展的进程和现状，较好发挥了统计监测的"晴雨表"和"指挥棒"的职能作用。不足之处是部分指标由于缺乏数据或数据公布时间滞后，未能进行实际测评；反映城乡协调发展、开放发展的指标还不够精确，如城乡公共服务均等化、产业国际竞争力等缺乏量化指标；供给侧上产业、产品的结构指标，由于缺乏统一划分标准未能充分考虑，如战略性新兴产业比重、高技术高附加值产品比重等。

三、加快广西高质量发展的对策建议

通过系列统计指标测评分析表明，推动广西高质量发展，必须以新发展理念为引领，切实做到崇尚创新、注重协调、倡导绿色、厚植开放、推进共享，才能推动广西实现更高质量、更有效率、更加公平、更可持续的发展。

（一）加大支持创新力度，优化创新环境

当前广西创新投入不足，人才紧缺，创新环境有待进一步改善。首先，要致力于推动创新平台的建设和发展。以政府投入和公共政策为杠杆，撬动更多社会资本和市场主体参与创新平台建设，引导各类平台良性有序发展，实现资源和服务的共享与衔接，为企业提供创新的良好环境。其次，要加大创新投入。创新投入如果仅靠地方财政支持就如杯水车薪，要落实好国家鼓励创新发展的各项优惠政策，鼓励企业加大创新投入，同时还要发挥金融的杠杆作用，为企业创新研发提供多元化融资渠道。要加大力度培育高新技术企业，推动高新技术企业上规模上水平，支持和引导企业加大技术攻关力度。再次，要强化创新导向的激励与考核，想方设法给予技术创新人员奖励激励，推动将自主创新、技术改造等指标纳入各级党政领导干部和国有企业考核体系。此外，还要完善创新人才工作机制，对高层次人才，要舍得开出优惠条件，推行多元化收入分配制度，在住房、子女教育等方面采取适当的政策倾斜，敞开广西的大门，为人才开辟绿色通道。

（二）增强协调共进能力，推进行稳致远

解决好协调共进发展，拓宽发展空间，增强发展后劲，才能推动广西经济社会发展的行稳致远。一是要着力推动区域协同，解决协调发展中不均衡问题。在实施"双核驱动"战略、构建"三区统筹"格局的区域协调发展中，重点推进珠江—西江经济带、左右江革命老区的建设，在政策制定上既要给予更大扶持力度，也要促进地方加强发展内生动力。二是要推进传统产业转型升级和先进制造业加快发展，解决协调发展的产业失衡问题。产业失衡是区域协调发展的结构性掣肘，在加快传统产业二次创业的同时，要加快先进制造业、战略性新兴产业发展，结合地方发展实际和条件，避免平均发力，实施重点突破、重点扶持、重点攻关，推动产业向高质量转型升级。三是要加快城乡一体化建设，提升城乡公共服务均等化水平。加快城乡一体化建设，短板是农村农业。要促进公共资源合理配置，推动产业发展、公共服务向农村延伸，提高农村社会保障覆盖率，引导生产要素更多流向涉农领域。以实施乡村振兴战略为契机，进一步加强农业农村基础设施建设，加大农村生态保护力度，改善农村生产生活条件。加快农村特色产业、生态农业发展，发展壮大县域经济。保护好特色古镇、传统村落和民俗风情，把乡村旅游加快培育成重要经济增长点。四是要强化要素合理配置，增强协调发展的智力支撑。广西人才分布不合理，高层次人才多集中党政机关、科研院校、国有企业和南宁、柳州、桂林等主要城市，要制定相关有力政策措施，一方面加强人才队伍建设，特别是在新一轮的人力资源争夺战中，要切实做好人才引进和人才驻留工作，另一方面要千方百计鼓励人才向非公经济领域、工业园区、沿海产业基地流动，向落后地区、边远地区靠拢。

（三）着力加快绿色发展步伐，增强生态优势

山清水秀生态美是广西的金字招牌，也是广西的优势所在。保护好、利用好、开发好优良生态，才能推动广西可持续发展。一是大力发展生态经济。加快传统产业和产业园区生态化改造，严格执行环境保护准入制度，推进创建节能环保生态工业园区，加快推进光伏、风电、生物质能等可再生能源项目建设，对资源消耗低、环境污染少的新能源产业，开辟环境影响评价绿色通道。二是抓好环境保护治理。实施好大气、水、土壤污染防治行动计划，推进河流、近岸海域综合治理，落实好围填海规划与管控措施。加强危险废物监管和安全处置，严厉查处倒卖、非法加工利用固体废物等环境违法行为。抓好森林、湿地和野生动植物保护，加强石漠化治理。加强农村农业环境综合整治，推进垃圾分类收集处置和减量化、资源化。三是严格环境监管执法。全面落实"河长制"，推行"湖长制"，完善"管、治、保"体系，确保各级河长工作机制运行顺畅。加大《中华人民共和国环境保护法》实施力度，始终保持严厉打击环境违法行为的高压态势，推动形成环保守法的新常态。严格落实排污许可制度，稳妥有序推进自治区以下环保机构监测监察执法垂直管理，加快生态环境损害赔偿制度改革。

（四）聚力推动开放发展，提升开放水平

与发达地区相比，广西开放型经济的规模偏小，加工贸易层次较低，对外投资要素流动不足，参与国际竞争能力不强，开放的广度、深度和质量有待进一步提升。广西要顺应我国经济深度融入世界经济的趋势和"一带一路"建设的新要求，围绕"三大定位"，全力实施开放带动战略，奋力完善"四维支撑、四沿联动"的开放新格局。一是加快通江达海出边出省的高速铁路、公路、港口、机场等交通设施建设，统筹推进各大口岸有序升级，加快共建中国—东盟信息港等信息服务枢纽，全面提升互联互通水平，为双向贸易发展提供便利的交通、物流体系和高效的国际通信网络。二是加大招商引资力度，充分利用外资，推进中马"两国双园"、中越跨境经济合作区、粤桂黔高铁经济带合作试验区等园区加快建设，推动广西与各国产业优势互补发展。三是推进外贸供给侧结构性改革，提高传统优势产品的质量、档次和创新要素比重，扩大装备制造、高新技术等产品和技术出口，积极培育保险、教育、文化、医疗等现代服务贸易，推动跨境电子商务、融资租赁、保税展示交易等新型业态集聚发展。

四是引导企业深耕国内市场与开拓国际市场并重，在广泛引进国内外先进产能、技术和管理经验的同时，积极推进与东盟国家共办产业园区，加快企业抱团发展海外基地，推动广西汽车、有色金属、工程机械、农业机械等优势产业和先进技术、服务"走出去"。五是加快实行准入前国民待遇加负面清单管理制度，深化沿边金融、口岸通关一体化、外商投资管理体制等改革，不断改善和优化营商环境。

（五）统筹推进共建共享，增进人民福祉

与全国各省相比，广西在公共服务、发展成果共享方面仍有不少短板。全区上下要统筹推进共建共享，从解决人民最关心、最直接、最现实的利益问题入手，从各地财力中拿出"真金白银"，还要充分发挥企业和社会组织的作用，鼓励社会资本参与公共服务供给，动员社会各界推进民生工作，形成人人参与、人人享有的机制，不断提升人民群众获得感和幸福感。一是抓财力保障。地方财政要向社会事业发展倾斜，向公共设施建设倾斜，向生态建设和环境保护倾斜，向扩大就业、完善社会保障体系、改善困难群众生活倾斜，不断提高民生支出的比重。二是持续提高居民收入，扩大中等收入群体，缩小居民收入差距，实现居民收入增长与经济发展同步。三是进一步扩大社会保障覆盖面，逐步提高社会保障待遇，完善最低生活保障制度，统筹社会救助体系，确保困难群众基本生活。四是加强教师队伍建设，合理配置公共教育资源，重点向农村、贫困地区、民族地区倾斜，加快缩小教育差距，推动义务教育均衡发展。五是继续深化医疗卫生体制改革，加强医药卫生人才培养，促进医疗资源向基层与农村流动。六是坚持精准扶贫，通过发展特色产业、改善办学条件、实施异地搬迁、开展医疗保险和救助、实行农村最低生活保障制度兜底等途径，使农村贫困人口共享发展成果。

课题组组长：韩祖海
课题组成员：周　旻　陆国坤　林道珠　廖明霞　何杨丽
　　　　　　蔺　龙　凌春燕　陈晓毅　扈剑晖

2018年
广西蓝皮书
广西经济形势
分析与预测
研究报告篇

广西科技创新"十三五"规划实施中期评估报告

郑　绘　车江旅

"十三五"以来，广西科技创新工作全面贯彻党的十九大精神，以习近平新时代中国特色社会主义思想为指导，围绕自治区党委、政府中心工作，按照科技创新规划工作部署，深入实施创新驱动发展战略，加快形成以创新为引领的经济体系和发展模式，打造九张创新发展名片，促进科技创新成果不断涌现，产业创新能力不断攀升，创新创业环境不断优化，科技创新对经济发展的支撑贡献不断提高，全区科技创新事业呈现出欣欣向荣、蓬勃发展的新态势。

一、总体实施成效

科技创新规划启动实施以来，规划确定的目标和任务部署得到了积极落实，科技创新事业进入新的发展阶段，科技创新能力显著增强，创新创业环境明显改善，创新型广西建设迈上新台阶。

（一）科技创新的战略地位提升到新高度

科技创新在全区发展全局中的战略地位提升到新高度。"创新驱动发展战略"成为"十三五"期间广西部署实施的四大战略之首（列入《广西壮族自治区国民经济和社会发展第十三个五年规划纲要》），自治区党委书记、自治区主席先后到自治区科技厅调研指导科技工作，新到任的鹿心社书记、孙大伟副书记也对科技创新工作十分重视；自治区党委十届六次全会、全区创新驱动发展大会、自治区第十一次党代会等重要会议对科技创新做出部署，解决了一些科技投入、人才引进和培养等长期想解决而没有解决的难题。

（二）创新驱动顶层设计形成新格局

构建了以《关于实施创新驱动发展战略的决定》等"1+8"文件为核心的政策体系，基本形成了创新驱动发展的顶层设计，设立50亿元的创新驱动发展专项资金，在科技成果、计划改革、人才培引等方面形成全方位的系统部署，并陆续出台了《广西科技重大专项管理办法》《广西重大科技创新基地建设管理办法》《广西壮族自治区高层次人才认定办法（试行）》《统筹推进一流大学和一流学科建设实施方案》等相关配套文件，使得科技管理工作系统化、科学化、规范化程度逐步提高，推动科技发展的措施之多、力度之大、成效之明显都是前所未有的。

（三）科技体制改革取得实质性新进展

"十三五"以来，科技体制改革直面多年积弊，动真碰硬，多点突破，纵深推进。在全国较早出台了自治区本级财政科技计划和科技项目管理改革方案，对分散在10多个部门的130多个科技专项进行优化整合，形成新五类计划体系，科技资源长期存在的分散、封闭、重复、低效等情况得到明显改善；首创并启动科技项目申报常态制等改革举措，在全国引起良好反响。

（四）科技创新能力迈上新台阶

科技进步贡献率达到51.61%，对经济社会发展的支撑力明显增强；高新技术企业数增长2.8倍，2017年底10个纳入统计的高新技术产业园区工业总产值达7860.78亿元，距离实现万亿目标仅一步之遥；成为全国首批3个特色型知识产权强省建设试点之一，全区拥有发明专利数增长7.1倍，每万人口发明专利拥有量增长6.8倍；在柴油发动机、铝合金、三维石墨烯制备、工业废水处理、杂交稻优质化育种、电工技术等多个领域取得一批国际先进水平的创新成果和成为国际标准，主持或参与的12个项目获国家科学技术奖。

（五）科技开放合作取得新突破

广西面向东盟的科技创新经验获得国家认可，在全国科技工作会议上做典型发言。成功承办中国—东盟博览会先进技术展、中国—东盟技术转移与创新合作大会等重要展会，与8个东盟国家正式建立了双边技术转移中心工作机制，中国—东盟技术转移协作网络辐射东盟国家和"一带一路"沿线国家，中医药大健康产业国际创新合作圈积极推进，成功引进南宁·中关村双创示范基地、国家海洋局第四研究所等一批高端科技平台，中国—东盟检验检测认证高技术服务集聚区建设加快推进。

二、发展指标实现情况

（一）指标情况

科技创新规划设定的发展目标中，主要指标有7个：

1. 全社会研究与试验发展经费支出占地区生产总值的比重。

2007年以来，广西全社会研究与试验发展经费（R&D经费）投入常年保持快速增长态势，但近年增长趋缓，甚至出现下降，R&D经费投入强度波动更为激烈。2016年广西共投入R&D经费117.7亿元，比上年增加11.8亿元，同比增长11.14%，增幅高于全国0.5个百分点（注：统计部门尚未公布2017年度数据）。R&D经费投入强度为0.65%，约为全国平均水平（2.11%）的30.81%，比上年提高了0.02个百分点，扭转了自2014年以来R&D经费投入强度连年下降的势头（2013年为0.75%，2014年为0.71%，2015年为0.63%）。而广西地区生产总值年度增长又一直保持着较快的势头。因此，要实现到"十三五"期末达到2%以上的目标，对于R&D经费投入强度长期缓慢增长的广西来说是一个严峻的挑战。

2. 高技术产业增加值占规模以上工业增加值的比重。

由于统计部门2015年以后不再对高技术产业增加值进行统计，因此，本指标已经无法进行跟踪监测和进度评价。

建议更换监测指标为高新技术产业园区工业总产值达到10000亿元。

2016年，全区高新技术产业园区达到9个，工业总产值6272.92亿元，同比增长42.71%。2017年，全区高新技术产业园区达到10个，工业总产值7860.78亿元，同比增长30.65%。全区高新技术产业园区工业总产值实现了较快增长，预计2020年能完成达到甚至超过10000亿元的发展目标。

3. 战略性新兴产业增加值占生产总值的比重。

2016年，广西战略性新兴产业新产品产值2176.7亿元，占全部规模以上工业的8.9%，比2015年提高3.5个百分点。据统计部门公布的数据，广西规模以上工业战略性新兴产业实现增加值占规模以上工业增加值的8.2%，比2015年提高2.6个百分点，战略性新兴产业产值和增加值比重均逐年提高。

4. 科技进步贡献率。

"十三五"时期是广西实施创新驱动发展战略的关键时间，是实现与全国同步全面建成小康社会、基本建成西南中南地区开放发展新的战略支点的攻坚期。自治区党委、政府高度重视科技创新工作，提出至"十三五"期末，广西R&D经费投入强度由2014年的0.71%提升到2.0%，尤其是2016年9月召开的全区创新驱动发展大会，设立了自治区创新驱动发展专项资金，2016—2020

年规模为 50 亿元，意味着"十三五"广西科技将迎来高速发展期，科技与经济的融合将更为深入，产业转型升级进一步加快。

我们采用索罗余值法进行计算：$a = Y - \alpha K - \beta L$ $Ea = a/Y \times 100\%$

其中：a 为科技进步增长速度；Y 为生产总值增长速度；K 为资金增长速度；L 为劳动增长速度；α 为资金产出弹性系数；β 为劳动力产出弹性系数；$\alpha + \beta = 1$。

广西科技进步贡献率 2016 年达 50.54%，2017 年达 51.61%。另外，受经济下行压力增大、产业转型升级加快等多因素影响，"十三五"期间广西固定资产投资将有所放缓，经济增长有望保持在中高速挡位，从业人员素质有所提高但总量平稳。综合考虑，"十三五"广西科技进步贡献率将比"十二五"高，但增长幅度应在 10 个百分点之内。综合以上分析，预计 2020 年广西科技进步贡献率达到 55.0% 的目标可以实现。

5. 万名就业人员中 R&D 人员。

2015 年，全区就业人员 2820 万人，全区研究与试验发展（R&D）人员全时当量为 38534 人年，万名就业人员 R&D 人员为 13.66 人年（科技创新规划印发时因统计数据未出使用的是预测值 15 人年）。2016 年，全区就业人员 2841 万人，全区 R&D 人员全时当量为 39903 人年，比 2015 年仅增长 3.6%。万名就业人员 R&D 人员达到 14.05 人年。

R&D 人员全时当量是国际上通用的、用于比较科技人力投入的指标，是指 R&D 全时人员（全年从事 R&D 活动累积工作时间占全部工作时间的 90% 及以上人员）工作量与非全时人员按实际工作时间折算的工作量之和。由于广西从事 R&D 人员相对较少，从事活动累积工作量也低，再加上存在统计口径和有效数据等难题，导致全区 R&D 人员全时当量增长缓慢。因此，要实现科技创新规划 2020 年万名就业人员中 R&D 人员全时当量达到 25 人年的目标存在较大难度。

6. 每万人口发明专利拥有量。

广西发明专利受理量、授权量和拥有量增长率等三项主要指标连续 4 年位居全国前列。全区发明专利受理量已突破 10 万件大关，2017 年末，全区有效发明专利拥有量为 18277 件，每万人口发明专利拥有量 2016—2017 两年累计增长 90.5%，达到 3.81 件，是"十二五"期末（2015 年末）的 1.94 倍。在全国的排名超越了多个省区，跃居第 18 位。经过近些年的努力，广西专利事业在规模数量方面拥有了坚实的基础，目前已经来到了向专利要质量要效益的重要转折点。由于国家知识产权局实施专利质量提升工程，提高了发明专利审查标准，自治区也相应实施专利质量提升工程，取消了追求发明专利数量的设区市专利绩效考核，取消了发明专利申请的资助。经过比对测算，建议将每万人口发明专利拥有量目标预期从 6 件调整为 5 件，2018—2020 年，年均增长 9.5%。

7. 技术合同成交额。

2016 年，广西技术输出和吸纳交易合同数合计达到 5298 项，合同交易额合计 102.9 亿元，其中技术交易额为 67.0 亿元；2016 年广西输出技术合同成交额为 34.14 亿元，比 2015 年增长 367%。2017 年，广西技术输出和吸纳交易合同数合计达到 5951 项，合同成交额为 117.71 亿元，其中技术交易额为 71.24 亿元，合同成交额和技术交易额分别比 2016 年度增长 14.38% 和 6.24%。2017 年广西输出技术合同成交额为 39.41 亿元。由于 2015 年国家修订促进科技成果转化法以后，科技成果转化积极性得到释放，科技成果交易登记制度逐步规范化，科技成果交易量和额度短时间内实现了大幅增长，因此，到 2016 年已完成科技创新规划设置目标。

（二）中期小结

总的来看，截至 2017 年 12 月，7 个主要指标中第 1 项和第 5 项指标实现情况不理想，其他指标均实现年度实施目标。具体实现情况详见表 1：

表 1　广西科技创新规划发展指标实现情况

序号	指标	2015 年	2016 年	2017 年	2020 年
1	全社会研究与试验发展经费支出占地区生产总值的比重（%）	0.63	0.65	统计数据未出	2.0
2	高技术产业增加值占规模以上工业增加值的比重（%）	8.6	不再统计	不再统计	25
	高新技术产业园区工业总产值（亿元）	4395.61	6272.92	7860.78	10000
3	战略性新兴产业增加值占生产总值的比重（%）	5.6	8.2	统计数据未出	15
4	科技进步对经济增长的贡献率（%）	48	50.54	51.61	55.0
5	万名就业人员中 R&D 人员（人年）	13.66	14.05	统计数据未出	25
6	每万人口发明专利拥有量（件）	2.0	3.0	3.81	5.0
7	技术合同成交额（亿元）	64.97	102.9	117.71	100

"高新技术产业园区工业总产值""战略性新兴产业增加值占生产总值的比重""科技进步对经济增长的贡献率"3 项指标，预计到 2020 年均能实现或超过科技创新规划提出的发展目标。"技术合同成交额"指标已提前超额完成科技创新规划发展目标要求。反映广西高新技术产业园区和战略性新兴产业发展

形势良好、科技进步对经济增长的贡献正在逐步增强。

"每万人口发明专利拥有量"则因专利要从追求数量向提高质量转变，对资助政策进行了调整。经过比对测算，建议将每万人口发明专利拥有量目标预期从 6 件调整为 5 件。

"全社会研究与试验发展经费支出占地区生产总值的比重"和"万名就业人员中 R&D 人员"两个指标虽然有所增长，但增长缓慢，反映了广西全社会 R&D 经费投入和 R&D 人员投入强度明显不足。由于这两个指标均未能实现年度分解目标，并且差距过大，要实现科技创新规划 2020 年设定的目标有很大难度。

三、重大科技专项实施情况

科技规划共部署实施 10 个重大专项，涉及智能制造、新能源汽车、石墨烯、金属基新材料、糖料蔗、非粮生物质能源、粮食与生物种业、生物技术与创新药物、生态环境治理和海洋工程装备等内容。

1. 推进重大科技专项采取的主要措施。

（1）夯基垒台，立柱架梁，管理组织机构日益健全。

自治区党委、政府成立了自治区科技教育发展工作领导小组负责审议重大专项的总体目标和实施方案，建立完善自治区财政科技计划管理厅际联席会议制度，成立了自治区科技创新发展办公室负责研究编制重大专项规划和实施方案，组建领域专家组，组织项目实施管理等工作，形成科技重大专项统筹协调与决策机制。

（2）谋篇布局，纲举目张，专项实施制度化设计日臻完善。

2017 年，出台了《广西科技重大专项管理办法》（桂科计字〔2017〕113号）、《广西科技重大专项经费管理办法（试行）》（桂财教〔2017〕80 号）等相关配套文件，从实施原则、组织管理、项目申报与立项管理、实施与监督、项目经费管理与项目验收、成果和知识产权管理等多个方面对科技重大专项的实施进行了具体规定，为重大专项的实施奠定了制度基础。

（3）有的放矢，精准发力，围绕打造"九张创新名片"部署配置创新资源。

在重大专项实施过程中以"三个坚持、五大突破、七项任务、九张名片"的创新发展思路，围绕打造传统优势产业、先进制造业、新一代信息技术、互联网经济、高性能新材料、生态环保、优势特色农业、海洋资源开发利用和大健康产业"九张创新名片"，积极做好科技重大专项顶层设计和项目库建设。全区在规划的基础上，积极征求专家意见，完善项目实施方案，进一步充实、拓展 10 个重大专项内容，绘就一张确保创新落地的重大专项实施路线图、工作表，带动优势领域科技攻关实现重大突破。

（4）靶向施策，革故鼎新，深化重大专项管理改革走在全国前列。

理顺重大科技专项和自治区科技计划之间的关系，避免重复交叉，提出重大专项支持的重点就是重大科学研究、重大科技攻关、重大新产品开发及成果转化。参照国家和先进省份经验，结合广西实际，对项目申请立项、组织实施、验收程序、绩效评估等过程进行科学的设置，使管理办法实施更具可操作性。明确了管理程序和主体责任。建立起首席专家负责制和协调联络机制。实行首席专家对项目实施负责，通过设立项目专员和联络员，加强项目工作组织协调以及项目承担单位之间定期交流，保障重大专项的顺利实施。

2. 专项推进情况。

科技重大专项聚焦打造广西创新发展名片，主要支持重大科学研究、重大科技攻关和重大新产品开发及成果转化，优先支持产学研联合、集成度高、关联度大、带动性强的项目。2017 年以来，总计立项 176 个项目（课题），总投资 85.68 亿元，安排资助创新资金 17.43 亿元。

（1）专项安排。

重大专项 1：智能制造装备和产品。

围绕大型智能化工程机械研发、数控加工中心以及核心智能测控装置等智能制造装备、大功率内燃机、航空航天应用装备及零部件、轨道交通装备等，开发移动机器人工作系统以及工业、特种和服务机器人等内容，启动立项了智能化轮式装载机技术研究与开发，智能化挖掘机关键技术研究及产品开发，远程特种服务型挖掘机关键技术研究及产品开发，超大跨径钢管混凝土拱桥的工程材料、设计、施工及装备的创新与示范，高能耐受型 SPD 防雷阀片的材料研究与产业化，基于人工智能的专业相机手持式稳定器云台关键技术研发及产业化，特种高压清洗机器人系统，特种作业移动机器人研发与示范应用等 26 个项目（课题），总投资 12.55 亿元，财政资助经费 25780 万元。

重大专项 2：新能源汽车。

通过推动核心制造技术攻关和关键零部件研发，突出抓好汽车制造技术，大力开发汽车新款式，提升质量品质，积极发展中型轿车、运动型多用途车、多功能乘用车等新车型，不断推出新产品适应市场需求，打造过硬产品，树立良好品牌；积极发展新能源汽车产业。已启动了新型节能环保国 VI 发动机开发、高效节能环保船电用柴油机研发、用于国 VI 柴油发动机尾气处理的铜基催化剂开发与应用、乘用车混批式混流智能制造车身关键工艺和装备技术研发 4 个项目，总投入 9.16 亿元，资助经费 10330 万元。2018 年围绕新型发动机研发、汽车制造技术与装备、汽车产业协同创新、新能源汽车研发 4 个方向，拟再启动 20 个项目。

重大专项 3：石墨烯新材料的应用。

重点引进发掘国内外具有先进石墨烯制备技术的优秀团队，以锂离子电池、超级电容器、高分子复合功能性材料等领域为重点，组织开展石墨烯粉体批量化制备及大规模下游应用的研究开发，已安排石墨烯三维构造粉体宏量制备、检测平台建设和应用研发，超级电容器用活性炭—石墨烯复合电极材料的研制及工艺开发，高比容量高电压 622 镍钴锰酸锂三元材料研发及产业化，新一代动力电池用高容量碳硅复合负极材料研发及产业化，高能量密度全固体锂电池用硫化物固体电解质材料研究 5 个项目，总投入 2.37 亿元，资助经费3900 万元。

重大专项 4：金属基新材料。

围绕铝业、有色金属、稀土，以及新能源材料、纳米碳酸钙材料、生物质材料等领域，重点研发精铝和高纯铝制备技术，攻克大规格、高精度板形、超纯净超均匀超细组织、高表面控制及热处理等关键技术，解决铝合金薄板、超厚板、大型复杂截面型材、大型锻件工程化问题。加快推进新一代锡、锌、锑、锰、铜、镍基新型金属功能材料、稀土永磁材料、稀土功能材料、铝电子材料等关键技术研发。专项已启动、立项拜耳法赤泥的材料化及产品开发、精铝制备技术研究及其应用、高纯铝及高附加值产品生产技术研究与产业化应用、航空用高性能铝合金超厚板制备技术研究及应用钪基新材料及高纯镓开发与产业化应用、优质高纯纳米碳酸钙的关键技术与产业化应用示范、铜冶炼高杂废酸中铼的回收技术研究与示范应用、高纯硫酸锰关键技术研究及产业化、金属钛生产新技术开发及产业化应用等 17 个项目，总投资 14.16 亿元，资助金额 19140 万元。

重大专项 5：糖料蔗高效生产专项。

围绕甘蔗良种选育、种植全程机械化、制糖工艺新技术攻关、食糖精深加工和糖业循环经济等科技创新链条，通过建立甘蔗高效育种技术体系，研发制造国产先进适用收获机，开展蔗区全程机械化生产示范，研发制糖自动化新工艺和食糖深加工产品。专项设置甘蔗优良新品种选育及推广、甘蔗智能联合收获机开发及应用、膜法绿色制糖新技术的开发及产业化示范、甘蔗制糖副产品再利用关键技术攻关与示范、甘蔗粉垄高效栽培技术研究与应用等 17 个项目，总投入 4.41 亿元，财政资助经费 14155 万元。

重大专项 6：非粮生物质能源。

启动了制浆黑液提取木质素及高盐有机质废水资源化利用项目，项目采用酸化析出木素和回收电解硫酸钠相结合的方法，解决废水脱盐、硫酸钠转化为烧碱和生产用水无限循环等技术难题。实现从制浆黑液中同时回收木质素和烧碱，将废水中的有机质转化为沼气能源，最大化利用黑液资源。项目总投资2000万元，财政资助经费600万元。

重大专项7：粮食与生物种业创新。

围绕水稻、玉米、马铃薯、花生、大豆、油茶等粮油作物以及特色水果、桑蚕、蔬菜、薯类、花卉、畜禽、水产等产业，打造种质创新、基因挖掘、育种技术、新品种选育、良种繁育等科技创新链条，推进种业科技创新平台建设，培养一批高水平的源头创新人才团队，重点突破基因挖掘、品种设计和良种繁育核心技术，创造有重大应用前景的新种质，培育和应用一批具有市场竞争力的突破性重大新品种。已启动16个项目，总投入3.4535亿元，财政资助经费13155万元。

重大专项8：生物技术与创新药物。

围绕广西特色、道地、大宗和珍稀药材的种子种苗繁育和质量标准规范化等研究，中药民族药、天然药物新药临床前研究、临床试验研究，北部湾海洋生物资源开发利用等3个方向，启动立项了广西特色药用植物种植关键技术研究与产业化，广西喀斯特地区药用植物保育及可持续利用关键技术研究与应用示范，抗癌（壮药）新药金草消毒颗粒的研究与开发，中药抗肝纤维化创新药物荔枝核总黄酮胶囊剂的开发研究，1.1类抗癌新药曲沙他滨的研发及产业化，广西北部湾有害赤潮快速监测、预警及消除关键技术研发与示范，北部湾珍稀生态系统与生物多样性保护研究与示范，海洋生物健康营养产品研发与产业化等24个项目，总投资13.30亿元，财政资助经费17400万元。

重大专项9：重点领域生态环境治理。

重点开展黑臭水体、大气和土壤污染防治技术研究及工程应用示范，强化生态产业发展支撑和装备产品研发，完善环境质量检测网络和预警预报系统的构建实施技术。安排黑臭水体污染控制及水环境质量提升关键技术研发、集约化农区面源污染综合防控体系与示范、广西农田重金属污染防治关键技术研究及应用示范、有机污染场地修复关键技术研发与应用示范、尾矿渣冶炼矿渣环境风险识别和生态化处置关键技术开发及应用示范、畜禽粪便资源化利用技术研究与应用示范、工业和市政污泥处理处置与资源化关键技术开发及应用示范7个项目，项目总投入3.73亿元，资助经费7360万元。

重大专项10：海洋工程装备。

启动了船舶修造虚拟仿真技术研究与工程化应用、海上多功能高速双体船研究开发、船体修造过程中间产品信息采集技术研究与装备研制、漓江流域新能源船舶的研发及产业化示范、内河高技术绿色新型货运船舶研发与示范应用

5 个项目，项目总投入 2.34 亿元，资助经费 3370 万元。

（2）新增专项内容。

根据形势发展和实际需要，新增实施 5 个领域重大专项内容。具体情况如下：

新一代信息网络建设与应用专项：

为深入实施"宽带广西"战略，解决未来网络中软件定义网络、网络功能虚拟化、行业应用在数据和业务的融合、芯片设计与制造、网络架构设计和智能处理等关键技术问题，着力发展下一代信息网络、IT 核心产业和高端软件、高端新兴信息服务等，促进电子信息产业转型升级，加快建成面向东盟重要的新一代信息技术产业基地和区域创新中心。预期实现各行业应用在数据和业务层次的融合，实现媒体云服务应用关键技术的突破，凸显广西在国家网络空间治理和网络产业发展格局中的作用；实现物联网技术在广西海域、交通以及供电检测等特殊环境下的应用，升级传统产业链，全面实现物联网应用的互联互通和智能处理。安排 6 个项目，项目总投入 2.63 亿元，资助经费 3230 万元。

北斗卫星导航技术应用专项：

针对北斗定位信号检测、定位、干扰，无人机自组网、监管，室内定位，基于北斗导航的行业应用等关键技术问题，设置"基于北斗的境内外地质勘查监测空间信息服务及应用示范""黑飞无人机的侦测、管控与诱骗系统研发和应用推广""无人机及导航定位技术研究与应用"等 6 个项目，总投资 7439 万元，资助金额 3370 万元。

核心电子器件（设备）研发与产业化专项：

针对核心器件产业链中光电集成器件制造，KTP、RTP 晶体因温度效应引起的开关失效等重大技术问题，重点攻克大容量存储设备、移动通信终端设备、核心电子器件等方面的关键技术，提升广西基础元器件制造水平，推动激光器件/装备、半导体元器件等行业加快发展，打破国外垄断。安排 3 个项目，项目总投入 1.00 亿元，资助经费 2150 万元。

"互联网＋"技术研发与应用专项：

着眼于利用互联网技术与大数据分析，为改革、创新、发展提供广阔的网络平台，促进国内的互联网技术、产品、服务向广西集聚，推动互联网与各行业、各领域广泛深度融合、创新协同发展，推动广西电子商务平台建设，智慧旅游服务，工业云建设。安排 11 个项目，项目总投入 4.60 亿元，资助经费 10980 万元。

优势特色农业创新专项：

特色农作物提质增效、林业资源高效开发利用、畜禽水产生态养殖模式与技术创新 3 个方向，设立富硒土壤资源高效安全利用、广西特色富硒农产品深加工技术研究与产业化应用示范、优势特色水果生态高效栽培技术研究与应用、广西优势外向型蔬菜绿色高效栽培技术集成与示范、广西优势外向型蔬菜减损及精深加工技术研发与应用贫困地区木本粮油产业科技扶贫示范、广西主要用材林高效培育与利用畜禽重大病害生态综合防控技术创新示范、柑橘黄龙病综合防控技术研究与示范、香蕉枯萎病综合防控技术研究与应用等 28 个项目（课题），总投入 11.71 亿元，资助经费 40780 万元。专项预计研发新产品 106 个，制定国家标准 1 个、行业标准 20 个、地方标准 196 个、企业标准 128 个，申请发明专利 460 件、实用新型专利 114 件，引进技术 6 项，集成应用技术 178 项，建立生产线 87 条、中试线 28 条，建立研发平台 42 个，建立示范基地 374 个，示范面积 212.67 万公顷，培训 6.6 万人次。项目期内实现产值 9.5 亿元，项目结束后年新增产值 95 亿元，利税 10 亿元。

3. 专项成果与效益。

科技重大专项捷报频传。围绕制约传统产业转型升级和战略性新兴产业发展的瓶颈，按照"成熟一项，启动一项"原则，"十三五"重大科技专项集中力量开展科技攻关和技术突破，取得了一批标志性成果。袁隆平院士领衔的超级稻高产攻关示范基地——灌阳县"超级稻＋再生稻"示范基地两季合计亩产总量 1561.55 公斤，"吨半稻"再创世界高产纪录。上汽通用五菱研发的首款新能源汽车正式上市，玉柴集团获得新能源商用车整车生产资质，并与德国 MTU 公司合作生产高端发动机。南南铝业、华锡科技等龙头企业不断推出新技术、新产品，广西石墨烯研究院建成年产 15 吨三维石墨烯制备和应用开发的中试基地，率先发布了全国首个石墨烯系列地方标准。

重大科技成果不断涌现。广西科研人员主持或参与的 3 个项目获得 2016 年度国家科学技术奖，其中，由广西大学和广西博世科环保科技公司研发的"造纸与发酵典型废水资源化和超低排放关键技术"，突破国外技术垄断，应用于中国、俄罗斯、白俄罗斯和缅甸等国 138 家大型企业，荣获国家科技进步奖二等奖，打破了近年来广西作为第一完成单位空缺国家科技大奖的局面。玉柴机器股份公司参与研发的"复杂铸件无模复合成形制造关键技术与装备"，荣获中国机械工业科学技术奖特等奖，研发的新型船电用柴油机，填补国内 200 缸径高速大功率发动机的空白，全面取代了从欧美国家进口的高速大功率发动机。柳州欧维姆机械公司研发的反射面索网，成功应用于世界最大单口径球面射电望远镜"天眼"之中，上汽通用五菱研发的首款新能源汽车"宝骏 E100"正式上市，该车是国家规定要求范围内尺寸最小的汽车产品，在同类产品中优势突出。东风柳汽开发出了景逸 S50ev 纯电动汽车。

四、存在的困难和挑战

"十三五"以来,全区深入实施创新驱动发展战略,取得了可圈可点的显著成效,但在推动科技创新规划落实过程中仍然存在着一些薄弱环节和突出问题。

(一)体制机制障碍仍然多方面制约着科技发展水平提高

在自治区和地方科技创新资源整合方面,由于自治区各部门职责不同,工作思路和导向存在差异,导致创新资源长期处于分散的状况,部门之间缺少共同推进科技创新活动的意识,尚未形成强大的创新合力;自治区层面的科研力量分散,科研院所、高校的科研资源、科研力量的统筹整合机制,难以形成集中科研力量办科研大事的优势;自治区本级与市县地方创新工作缺乏衔接,未能有效带动地方科技创新发展和科技创新的上下联动,除了厅市会商制度,还缺少有效推动的手段和方法。在人才引进方面,由于地方政策保障不足,无法给引进的优秀创新人才提供对标先进地区的条件。另外,在一些科技管理的具体事项中,不少工作程序还有待细化和完善,使管理工作更加科学化、规范化。

(二)区域发展的不平衡制约了科技支撑引领效力发挥

由于历史的原因,广西科技创新资源过度集中于南宁、桂林、柳州等地区,导致全区科技创新发展不平衡、不充分,部分地区科技创新能力和投入处于长期弱化状态,科技创新对地方经济社会发展的支撑引领效力无法得到显现,导致不少地方科技在实施上下联动、重大技术攻关、提升自身创新能力等多方面均存在严重不足,无法体现出地方科技创新能力的优势所在,很难发挥出科技对地方经济社会发展的支撑引领作用。

(三)研发经费占地区生产总值比重过低

2007年以来,广西R&D经费投入常年保持快速增长态势,但近年增长趋缓,甚至出现下降,R&D经费投入强度波动更为激烈。2016年广西共投入R&D经费117.7亿元,比上年增加11.8亿元,同比增长11.14%,增幅高于全国0.5个百分点(注:统计部门尚未公布2017年度相关数据)。R&D经费投入强度为0.65%,约为全国平均水平(2.11%)的30.81%,比上年提高了0.02个百分点,扭转了自2014年以来研发经费投入强度连年下降的势头(2013年为0.75%,2014年为0.71%,2015年为0.63%)。由于广西经济发展水平和结构制约R&D经费投入强度,全社会研发经费中占主要部分的企业研发经费还处于总量少、增长慢的局面,导致广西研究与试验发展经费支出未能实现大幅增长,而广西地区生产总值年度增长又一直保持着较快的势头,要实现到"十三五"期末达到2%的目标形势十分严峻。

(四)以企业为主体的技术创新体系建设仍需加强

目前,全区大多数企业还没有专门的科研机构和设施,致使大多数企业在市场中缺乏核心竞争力。例如，示范建设的创新型（试点）企业数量太少，目前全区建成的国家级创新型（试点）企业仅 8 家，自治区级创新型（试点）企业 180 家，还不到广西全区规模以上企业总数（5464 家）的 3.29%。高新技术企业总数（1204 家）也仅为全区规模以上企业总数的 22%。经济总量与广西相近的安徽和江西，2017 年高新技术企业总数分别为 4325 家和 2134 家，分别是广西的 4 倍和 2 倍。

（五）科技创新基础依然薄弱

一是高水平创新平台数量偏少。国家级科研创新平台数量偏少，广西仅有国家重点实验室 3 家，国家级创新型（试点）企业 8 家，国家级工程研究中心 3 家，大量科研平台急需提高科研水平和实力，升级为国家级实验室、创新型企业、工程技术研究中心、高新区等。二是高层次科技创新人才匮乏。虽然全区拥有院士 3 名，"万人计划"人选 13 名、"千人计划"人选 7 名、长江学者 7 名、国家杰出青年科学基金获得者 9 名、中科院"百人计划"人选 13 名等科研人才，但是数量仍极为有限，产业转型升级、战略性新兴产业培育等多方面重点领域，仍亟须高层次、高水平的领军人才来承担科研攻关任务。

（六）小部分任务实施进展缓慢

科技创新规划部署的绝大多数任务措施都已启动开展实施，但仍有小部分任务实施存在一定困难。例如，重大科技专项"海洋工程装备"，由于广西科技前期在相关领域的基础薄弱，目前实施尚未取得实质性进展；部分专项创新链条不明晰，项目间缺乏有机联系等。

五、进一步推动科技创新规划实施的对策和建议

下一步，要深入推动科技创新规划实施，必须深入贯彻落实党的十九大精神和习近平总书记调研广西及系列重要讲话精神，紧紧围绕广西"四大战略、三大攻坚"的总体部署，牢固树立创新发展理念，适应把握引领经济发展新常态，坚持稳中求进工作总基调，以支撑引领供给侧结构性改革为主线，以建设创新型广西为目标，加快创新驱动发展战略实施，着力狠抓重大科技工程实施，夯实创新基础能力，提高创新供给质量，优化双创环境氛围，拓宽科技开放合作渠道，全面提升科技创新综合实力，为加快营造"三大生态"，实现"两个建成"提供强大科技支撑。建议重点加强以下几项工作：

（一）大力深化科技体制机制改革

一是加强自治区科技教育发展工作领导小组科技专项工作小组（自治区科技创新发展办公室）组织协调机制建设，增加科技创新工作联动，统筹全区各类创新资源，通过厅际会商等更多手段方式，协同各方面创新资源，共同推进规划纲要目标任务的落实。研究构建新的科技创新上下联动机制，借鉴江苏等先进省市经验，探索与地方政府建立财政科技共同投入机制，引导地方财政加大科技投入比重，提升对地方优势特色科技创新活动支持力度，彰显科技在支撑引领地方优势特色产业创新发展的重要作用，通过多种方式逐步解决发展不平衡、不充分的问题。

二是加强科技管理改革，细化管理工作。继续实施科技计划项目申报常态制工程，加快过渡到常态申报常态评审，促进更多优质科研项目能及时得到资助。健全科技计划项目和经费管理的制度体系，对已经出台的系列科技计划相关办法，制定管理细则，强化科技管理工作的科学性、规范性、有效性。加快推进专业机构改建工作，明确专业机构的职责与分工，多渠道选拔补充专业人才队伍，提升项目管理专业素质。进一步完善广西科技管理信息系统，满足科技计划项目全流程信息化管理的需要。建立健全科技监督和评估体系，加快构建覆盖全过程的"责任链"，实现"可申诉、可查询、可追溯"的科技项目管理过程。

（二）多渠道增加科技创新投入

完善财政科技经费投入的稳定增长机制，建立地市财政科技投入激励制度，分解落实财政科技投入绩效目标，不断提高 R&D 经费支出占生产总值的比重。引导企业加大研发投入，通过政府财政补贴或后补助等方式，建立政府资金对企业研究开发活动普惠奖励制度，将 R&D 经费支出作为衡量企业发展的重要指标，强化对国有及国有控股企业的技术创新考核。推进科技金融创新，出台促进科技和金融融合发展的政策措施，设立科技创新基金，重点扶持战略性新兴产业发展。支持桂林银行科技支行推出更多科技金融工具与产品，为创业企业成长提供全流程金融服务。争取国家创新资源，全力支持科技部与自治区、北海市联合设立国家科技成果转化引导基金北海子基金，助力北部湾地区科技成果转化。

（三）深入推动科技重大专项实施

推动已实施科技重大专项取得新成果，加强组织协调，加快推进糖、铝二次创业技术研发、智能机械装备技术创新、新一代信息网络建设与应用等已实施重大科技专项进程，力争尽早攻克一批关键共性技术，获取一批重大产品，推进产业化进程。围绕广西"九张创新名片"，狠抓"十三五"10 个重大科技专项实施，提前谋划"十四五"重大科技专项布局，规划用好创新驱动发展专项资金，力争在先进制造业、新一代信息技术、"互联网＋"、高性能材料和大健康产业等领域开展汽车先进制造技术、新能源汽车、高性能新材料开发、高端医疗器械和药用植物 4.0 计划等取得新突破，加快形成一批具有影响力的骨干企业和产业集群。完善科技重大专项管理，全面落实重大专项管理办法和经费管理办法，系统完善科技计划项目管理信息系统，项目立项至结题管理全程留痕；加强评估专业机构管理队伍建设；加强项目监督与实地检查，保障各项工作任务落实到位，顺利实现既定目标。

（四）加快科技成果转移转化

大力推进《广西壮族自治区促进科技成果转化条例》修订实施，督查广西事业单位落实科技成果使用、处置、收益分配权的下放政策，督促引导全区事业单位等建立起符合单位实际的科技成果转化收益分配制度，切实激励科研人员投身创新。建成集"展示、交易、共享、服务、交流"功能于一体、线上线下联动的广西技术交易体系，繁荣技术交易市场。突出抓好广西技术转移体系建设工作。落实《广西技术转移体系建设实施方案》，加快建设集"展示、交易、共享、服务、交流"功能于一体、线上线下联动的广西技术交易平台。发动和鼓励全社会共同做好科技成果登记工作，定期向社会发布科技成果供需清单。继续推进科技成果转化大行动。以绩效考核为督导，促进科技成果落地转化应用。

（五）提升企业科技创新能力

突出企业是技术创新的主体，实施科技巨人培育计划，支持南南铝、柳工、东风柳汽、上汽通用五菱等广西品牌企业持续加强科技攻关，以重点企业为核心，打造全产业链，把更多创新资源配置到企业、更多人才引导到企业、更多项目落户到企业。实施高新技术企业倍增计划，大幅提高新技术企业数量规模和质量水平，尽快让广西高新技术企业数量突破 2000 家。实施"瞪羚企业"培育行动计划，遴选一批创新能力强、成长速度快的"瞪羚企业"，促使"瞪羚企业"迅速成长为高新技术产业的生力军。开展科技型中小企业评价和技术先进型服务企业认定，厚植更多创新发展潜力。瞄准生物医学、生命科学、人工智能等领域，实施"独角兽"企业培育计划，发现与培育若干能引领"爆发式成长"的广西"独角兽"企业。

（六）建设高水平科技创新载体

着力引导创新功能区提质增效，健全南宁、柳州、桂林、北海 4 个自治区级自主创新示范区相关体制机制，创建南宁、柳州、桂林、北海国家自主创新示范区。推进梧州、钦州高新区建设国家级高新区，百色创建国家级农业高新区。率先支持桂林建成国家可持续发展议程创新示范区，进而推进广西全区建成国家可持续创新示范省区。大力支持国家海洋局第四海洋研究所、中国东盟海洋研究中心等建设，建设一批北部湾海洋科技研发实验室、海洋工程中心、海洋技术中心等高水平海洋创新平台，加快培育广西在海洋领域的创新优势。围绕种业创新、富硒农业、特色水果等领域，开展亚热带农业共性关键技术研发，创建国家亚热带农业技术创新中心。开展燃料乙醇清洁生产技术、工艺研发与产业化，积极争创有色金属新材料、高发地方性疾病诊治等领域的国家重点实验室。聚集大健康领域，在地中海贫血、鼻咽癌、骨科疾病等领域建设若干国家级临床医学中心。把创新型城市和特色小镇建设结合起来，加快推进柳州、桂林等创新基础好的城市创建国家创新型城市，形成创新体系健全、创新绩效高、经济社会效益好的区域创新中心；围绕"一镇一品"，培育若干以高新技术、科技服务、产城融合为特色的科技支撑有力、生态环境优美、文化底蕴彰显、宜居宜业宜旅游的创新小镇。

（七）加大科技人才队伍建设力度

围绕"高精尖"和紧缺人才导向，持续壮大高层次科技创新人才队伍。重点完善人才引进和培养政策的保障体系，解决创新人才在居住、工资、评价、科研等多方面遇到的具体问题。实施好各类引才引智计划，出台引智政策，建立"人才跟着项目走"的跨区域科技研发与应用协作机制。聚焦具有鲜明地方特色和学科、专业、技术优势的领域，组织开展广西院士后备人选培养工程第二批人选和自治区第五批八桂学者遴选工作，造就一批科技创新领军人才。支持院士顾问发挥引领作用，深化合作，以项目为载体，推动一批重大研发或转化项目在服务单位落地实施。继续做好院士顾问服务工作，加强院士工作站的建设，健全工作站信息综合系统，实现信息数据化、实时化、统计化。

（八）拓展对外科技合作格局

发挥广西海陆位置、气候类型多样、小语种人才资源充足、多民族集聚的资源要素优势，全面深化与东盟的科技交流合作，落实"中国—东盟科技伙伴计划"，以中国—东盟技术转移中心为依托，实现与东盟所有国家共建双边技术转移中心，构建中国—东盟国际技术转移集聚区。进一步加快推进中国—东盟检验检测认证高技术服务集聚区建设，继续加强与东盟国家对口部门在检验检测认证领域的合作交流，组织所属技术机构铺开面向东盟国家的检验检测认证业务。立足广西优势特色，开展面向东盟的培育新品种、栽培技术、病虫害防治、农业机械、采后加工、物流仓储等农业科技服务，辐射带动东盟国家农业产业发展。贯彻实施国家"一带一路"科技创新行动计划，制定广西参与"一带一路"科技创新行动计划实施方案，全面发挥科技合作对共建"一带一路"的支撑引领作用，通过深化科技人文交流、共建联合实验室（或研究中心）、支持科技园区合作发展、实施技术转移转化四项重点任务，探索打造创新发展理念相同、要素流动畅通、科技设施联通、创新链条融通、人才交流顺通的创新共同体新模式。加快构建"一带一路"背景下的中医药大健康产业国际创新合作圈，实施"药用植物4.0计划"，积极谋划"中国—东盟传统药物联合试验室"、"中国—东盟药用植物大数据中心"、中马钦州产业园国家中医药（民族医药）国际创新园等建设，将广西建设成中国—东盟中医药大健康科技创新中心。继续深入开展精准科技招商行动，针对电子信息、互联网、智能制造、新材料、大健康等重点领域，组织全区高新区、农业科技园区先进地区等地，开展科技专题招商活动。重点加强与国内著名高校、科研院所、企业合作，引进创新平台、科研团队及科技成果，探索建立产业研究院。

（九）继续推进特色型知识产权强区建设

一是加强知识产权事业发展统筹协调。深入落实特色型知识产权强区建设工作各项任务，大力推进中国—东盟知识产权国际交流合作中心建设，加强泛珠三角区域知识产权合作。推进知识产权试点工作，培育一批知识产权示范城市、示范县（区）、示范园区、示范企业。深入实施专利质量提升工程，全面落实自治区本级专利资助和奖励办法，新建一批高价值专利培育示范中心，引导专利向高质量发展。实施知识产权执法体系建设与能力提升行动计划，大力查办各类知识产权侵权违法案件，夯实知识产权保护基础。积极开展企业专利微导航试点和企业海外专利布局试点建设。出台《专利权质押融资专项经费管理暂行办法》，开展专利权质押融资风险补偿试点。加强广西知识产权交易中心建设，完善知识产权运营交易机制。举办第八届广西发明创造成果展览交易会，创新评奖与展会模式，重点推动企业、高校等参与知识产权转化和运营。进一步夯实知识产权发展基础，创新人才培养机制，推进广西知识产权人才培养和人才库建设，加大对全区各类知识产权人才培育力度。加强知识产权培训基地建设，推动区内有条件的高校设立知识产权学院或知识产权发展研究中心，夯实知识产权发展人才基础。深入实施知识产权文化建设工程，统筹推进对知识产权严保护、大保护、快保护、同保护的宣传，营造良好的知识产权社会氛围。

广西经济形势分析与预测

广西社会科学院 编

产业发展篇

广西金融业形势分析与展望

刘新文 戚兆坤

一、引言

现代经济的发展进程表明，经济的发展离不开金融业的发展。金融业已成为现代经济发展的基础和核心[①]，在实现资源的优化配置，促进产业转型和经济增长方式转化，提升城市综合实力和对外开放水平，加快推进市场经济体制改革等方面具有重要的作用[②]。可以说，金融业是经济发展的血脉或引擎，推动着经济社会不断向前发展。

广西金融业在国家西部大开发战略、北部湾经济区发展规划和"双核驱动，三区统筹"战略下，积极发挥广西作为中国—东盟自由贸易区、大湄公河次区域、泛北部湾经济区、泛珠三角经济区、西南经济圈和华南经济圈的交汇点的区位优势，依托国家"一带一路"建设、中国—东盟自由贸易区及其升级版、北部湾城市群、沿边金融综合改革试验区建设和西部陆海新通道的战略布局及其红利，充分利用国家、自治区层面的各种政策[③]，其金融业发展

[①] 张家寿：《打造南宁区域性金融中心的若干思考》，《创新》2009年第3期。

[②] 刘新文：《"一带一路"下广西建设区域金融中心战略研究》，研究报告，2017。

[③] 主要政策包括国家西部大开发政策、少数民族政策、沿海沿边政策等等。

水平有了显著的提升。具体表现在广西金融业规模持续增长，金融基础设施不断完善，金融市场稳步发展和沿边金融综合改革不断推进，等等[1]。

截至 2018 年 6 月底，全区金融机构本外币各项存款余额达 29689.83 亿元，同比增长 7.5%；金融机构本外币各项贷款余额达 25072.54 亿元，同比增长 13.2%[2]。在广西"十三五"规划中，广西政府明确提出大力发展金融业，建设以南宁为中心的区域性国际金融中心、以东兴和凭祥为中心的沿边金融服务中心、以中马钦州产业园为中心的跨境金融服务中心，并将此作为广西"十三五"规划"一带一路"重点工程项目。由此可见，金融业发展已成为广西未来发展的重要方面。然而，广西金融业的发展由于历史和经济发展规模等原因，金融业发展水平与中、东部地区相比还相对滞后。因此，我们在看到广西金融业发展取得的成绩、拥有的优势及获得的机遇的同时，也要清醒地认识到广西金融业还面临着诸多问题和挑战。为了更好地服务于广西经济社会发展，抓住广西经济、金融发展的历史机遇期，充分发挥国家与自治区的政策、战略红利，进而促进广西经济社会全面发展，对广西金融业的发展与形势分析刻不容缓。鉴于此，我们拟采用 2008—2017 年总计 10 年的数据，对广西金融业发展进行深入分析，探讨其发展特征、存在的问题，进而有针对性提出相关政策建议，以期为广西金融办、自治区发展改革委等政府职能部门提供决策参考。

二、广西金融业发展现状分析

（一）金融业发展概况

经济的快速发展必然要求有一个适当规模的金融业与之相对应。广西的金融业依托于国家和自治区层面相关政策，得到了迅速发展。那么，广西金融业的发展究竟如何？为此，我们拟采用金融业增加值来反映广西金融业的发展情况。金融业增加值是指金融业的全部基层单位在一定时期内所新创造出来的价值之和。按收入法核算，金融业增加值是金融从业人员报酬、固定资产折旧、生产税净额和金融机构营业盈余等项目之和。金融业增加值占生产总值的比重反映了金融业对经济社会发展的直接贡献、辐射能力和金融业发育程度。因此，用金融业增加值指标能够较好地反映广西金融业发展情况。

---

[1] 崔瑜：《2017 年广西金融业发展回归及 2018 年展望》，《区域金融研究》2018 年第 1 期。
[2] 广西统计局：《2018 年上半年广西经济运行总体平稳》，2018 年 7 月 24 日。

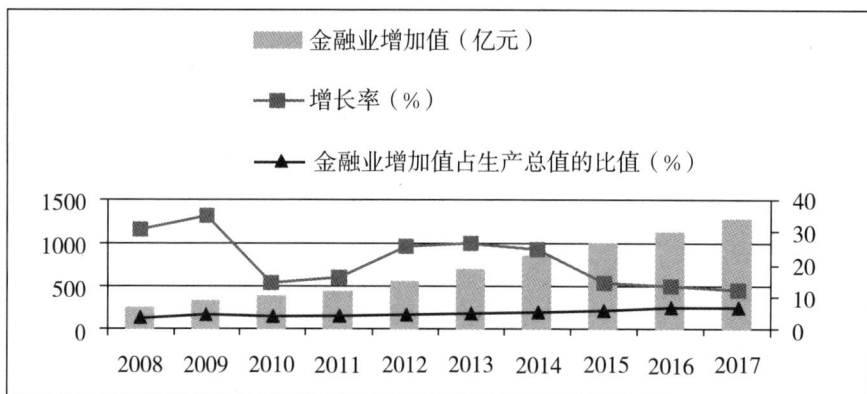

图1 广西金融业增加值及占比

数据来源：历年《中国金融年鉴》、人大经济论坛。

从图1可见，2008—2017年广西金融业增加值呈向好态势发展，金融业增加值呈逐年递增的趋势。但值得注意的是，广西金融业增加值增长率虽然大于0，但增长率呈现下降趋势，尤其是2012—2017年金融业增加值增长率下降趋势明显。进一步地，从金融业增加值占生产总值的比重来看，其比值呈现出缓慢上升的趋势，由2008年的3.54%，上升至2017年的6.24%，这表明广西在产业结构升级与转变过程中，第三产业在经济社会发展中的作用得到体现，金融业对广西经济社会发展的贡献度在逐步提升。按照国际通行观点，支柱产业占生产总值的比重需要达到5%。广西金融业增加值占生产总值的比重在2014年成功突破5%，达到5.57%，2017年达到6.24%，这对于广西金融业发展来说意义重大。

（二）银行业发展现状分析

1. 银行业存贷款规模持续增长，存贷款增速逐渐放缓。

银行业作为金融业的主体之一，承担着为政府部门、公司（企业）、社会团体组织和个人等提供信贷资金以及通过中央银行的货币政策工具、利率政策进行宏观经济管理，进而维护市场经济有序、稳定运行和促进国民经济增长的职责，在整个经济社会发展中具有至关重要的作用。

从广西银行业发展状况来看，广西银行业呈现出以下特征：存贷款规模持续增长，存贷款增速逐渐放缓；银行业机构数量持续增加，金融主体不断丰富等。具体而言，从图2可见，2008—2017年广西全部金融机构本外币存贷款持续增长，呈现逐年递增的趋势。从存贷款差额来看，2008—2017年广西各年度全部金融机构本外币存款大于贷款，差额为正，表明广西金融机构有可靠的资金来源，能够为广西政府部门、公司（企业）、社会团体组织和个人等提供资金来源。2017年年底，广西全部金融机构本外币存款余额为27899.64亿元，全部金融机构本外币贷款余额为23226.14亿元，存贷款余额差额为4673.5亿元。

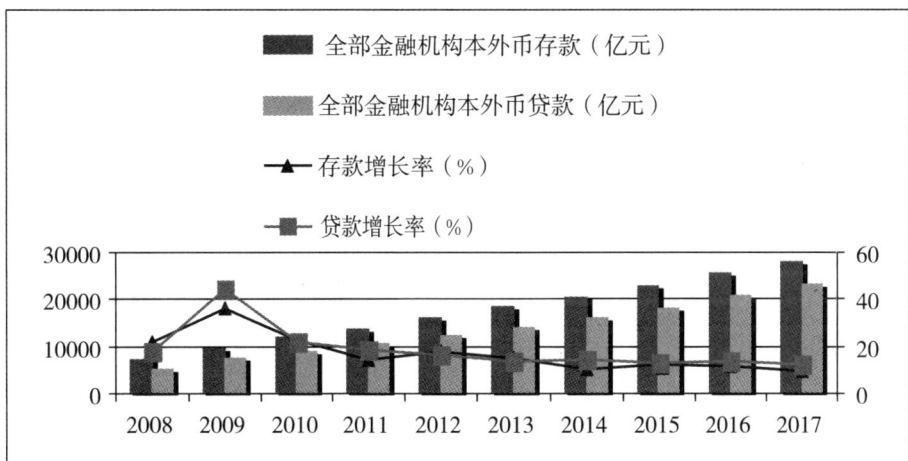

图2　广西全部金融机构本外币存贷款及增长率

数据来源：历年《中国金融年鉴》、广西壮族自治区国民经济和社会发展统计公报。

从其存贷款增长率来看，2008—2017年广西全部金融机构本外币存贷款增长率呈现出类似的增减变化趋势：在2009年达到顶峰后，在随后年度中增长率呈现出波荡起伏，但整体而言，其存贷款增长率呈现逐年下降的趋势。这表明，广西全部金融机构存贷款增速逐渐放缓。

2.银行业机构数量持续增加，金融主体不断丰富。

2008—2017年广西银行业非法人机构和法人机构不断增加；广发银行、中国进出口银行、农村商业银行、村镇银行、贷款公司、农村资金互助社、金融租赁公司、汽车金融公司等各类金融主体不断涌现，金融主体不断丰富。从图3[①]可见，广西金融机构营业网点机构数量呈现出不断攀升的趋势：其营业网点机构数量从2008年的4547个上升至2017年的6297个。分金融主体来看，从图3可知，大型商业银行、国家开发银行和政策性银行与小型农村金融机构营业网点机构数量保持在相对平稳状态，增量不明显；而股份制商业银行、城市商业银行和新型农村金融机构的营业网点机构数量则呈现出较大幅度的增长。相反，财务公司、外资银行和其他金融主体的营业网点机构数量增长缓慢，城市信用社、信托公司的营业网点机构数量还未实现零突破，邮政储蓄在2008—2009年其营业网点机构数量呈现爆炸式增长后，在2009—2017年则保持相对稳定的趋势。

---

① 营业网点不包括国家开发银行和政策性银行、大型商业银行、股份制银行等金融机构总部数据；大型商业银行包括中国工商银行、中国农业银行、中国银行、中国建设银行和交通银行；小型农村金融机构包括农村商业银行、农村合作银行和农村信用社；新型农村金融机构包括村镇银行、贷款公司、农村资金互助社；"其他"包含金融租赁公司、汽车金融公司、货币经纪公司、消费金融公司等。

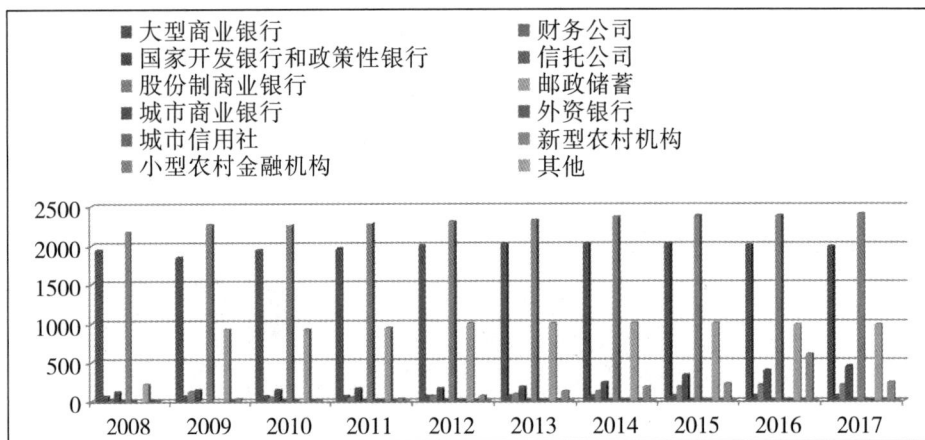

图3 广西金融机构营业网点机构个数情况（单位：个）

数据来源：广西银监局、广西金融办和历年《广西壮族自治区金融运行报告》。

金融机构营业网点机构数量的多少在一定程度上能够反映广西银行业发展规模和发展潜力。进一步地，我们获得了2008—2017年广西金融机构法人机构数量和2012—2017年广西银行业金融机构法人机构数，法人机构数量的多少更能切实反映广西金融业的吸引力、竞争力和发展潜力。从图4可知，广西金融机构法人机构数的增长主要以小型农村金融机构、新型农村机构为主，而大型商业银行、国家开发银行和政策性银行、股份制商业银行、城市信用社、信托公司、邮政储蓄和外资银行等金融机构法人机构则尚未进驻广西。尤其是大型商业银行、国家开发银行和政策性银行、股份制商业银行等法人机构是否进驻，对于广西银行业乃至金融业的发展及其影响具有重要的作用。因此，从图3和图4可知，广西虽然在近10年各类金融机构网点数呈逐步上升趋势，但仍缺乏大型的、具有影响的金融机构法人机构进驻。

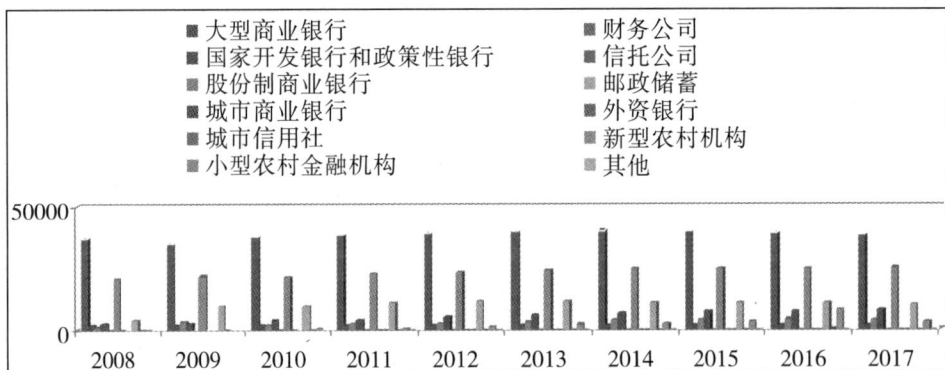

图4 广西金融机构法人机构情况（单位：个）

数据来源：广西银监局、广西金融办和历年《广西壮族自治区金融运行报告》。

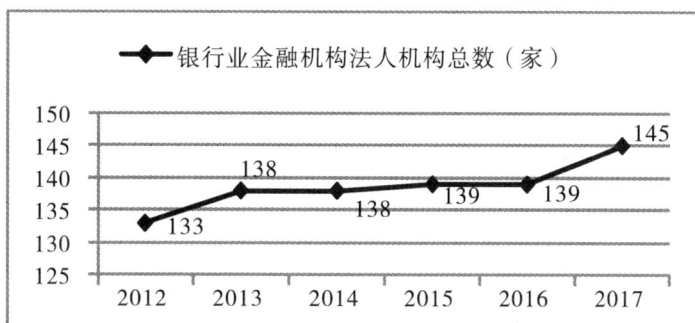

图 5　广西银行业金融机构法人机构数

数据来源：历年《中国金融年鉴》。

更具体地，从银行业金融机构法人机构数来看，广西银行业金融机构法人机构数量也在逐步增加，从 2012 年的 133 家，增加至 2017 年的 145 家，年平均增加家数为 2.4 家。分年度看，2012—2013 年度和 2016—2017 年度银行业金融机构法人机构数增加幅度较大，分别增加了 5 家和 6 家，而其他年度则只增加了 1 家（见图 5）。

3. 从业人员数量逐渐攀升，资产总额不断壮大。

从金融机构营业网点从业人员来看，广西金融机构营业网点从业人员随着金融机构营业网点数量的增加、金融机构主体种类的增多，其从业人员数量相应逐年递增。从图 6 可知，广西金融机构营业网点从业人员截至 2017 年达到 91368 人，与 2008 年相比，增加了 25137 人，年平均增加人数为 2513 人。从从业人员的分布来看，金融机构营业网点从业人员主要分布在大型商业银行、小型农村金融机构、邮政储蓄和城市商业银行等金融主体。从金融机构营业网点资产规模来看（见图 7），广西金融机构营业网点资产规模逐年递增，截至

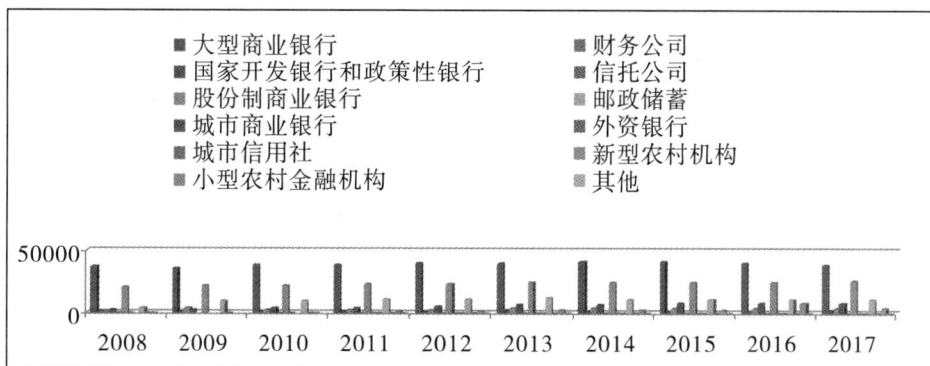

图 6　广西金融机构营业网点从业人数情况（单位：人）

数据来源：广西银监局、广西金融办和历年《广西壮族自治区金融运行报告》。

2017年年底，各类金融机构营业网点总资产达到35891亿元，同比增长8.5%，且资产规模在不同金融主体及其营业网点存在差异化特征，且主要分布在大型商业银行、小型农村金融机构、城市商业银行、国家开发银行和政策性银行。其他金融机构营业网点资产规模则相对较小，这主要受限于其金融机构营业网点数量的限制。

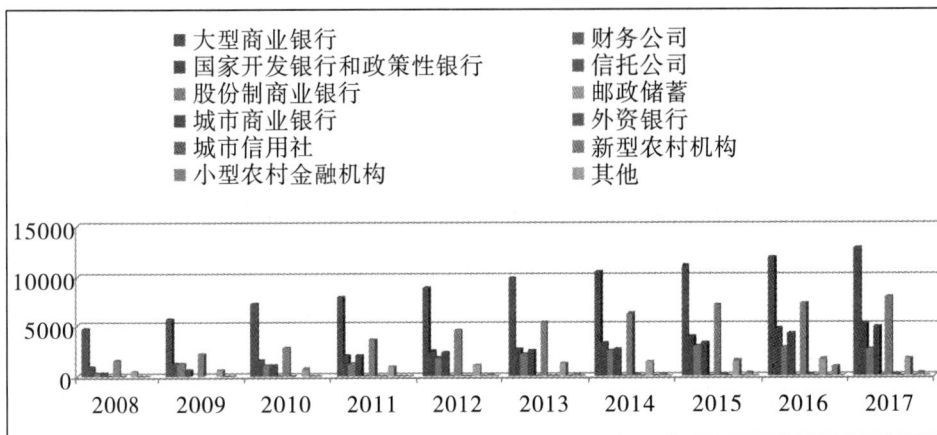

图7　广西金融机构营业网点资产总额情况（单位：亿元）

数据来源：广西银监局、广西金融办和历年《广西壮族自治区金融运行报告》。

（三）证券业发展现状分析

1. 证券经营主体种类多样化，经营主体数量平稳增加。

根据金融学相关理论知识，证券按其所体现的内容分类，包括股票、债券、基金、期货、期权、互换等等，是政府部门、公司（企业）、社会团体、组织和个人进行投融资的重要工具，也是除银行信贷市场外第二大融资渠道和手段。截至2017年年底，广西共有境内上市公司36家、证券公司1家、基金公司1家、期货公司0家（见表1）。此外，2017年广西新增证券分公司8家、证券营业部10家、私募基金管理人29家；新增新三板挂牌公司12家、广西区域股权市场挂牌企业384家①。可见，广西证券经营主体得到了较快发展。

---

① 数据来自2018年《广西壮族自治区金融运行报告》。

表 1　广西证券业发展情况

年度	证券公司数（家）	基金公司数（家）	期货公司数（家）	上市公司数（家）	股票市价总值（亿元）
2008	1	1	0	25	481.89
2009	1	1	0	26	1274
2010	1	1	0	27	1521.95
2011	1	1	0	29	1200.92
2012	1	1	0	30	1276.9
2013	1	1	0	30	1367.25
2014	1	1	0	32	2234.19
2015	1	1	0	35	4074.52
2016	1	1	0	36	3762.8
2017	1	1	0	36	3082.56

数据来源：历年《广西壮族自治区金融运行报告》和《中国金融年鉴》。

2. 直接筹资规模升中有降，股票、债券筹资差异明显。

在筹资规模方面，从图 8 可见，广西证券直接筹资规模即当年国内股票（A 股）筹资额与当年国内债券筹资额之和，在 2008—2016 年呈逐年递增趋势，并在 2016 年其直接筹资规模达到顶峰 1038 亿元，其中 2016 年国内股票（A 股）筹资额为 148 亿元，2016 年国内债券筹资额为 890 亿元。随后并于2017 年出现回落。同时，我们发现在广西直接筹资中，债券筹资额要远远大于股票筹资额。因此，其直接筹资主要依靠于债券。股票筹资规模较小，究其原因则主要受限于广西大中型股份有限公司的数量。从表 1 可知，广西上市公司的数量仅 36 家，而就全国而言，2017 年沪深两市上市公司数量达 3552 家，仅占全国上市公司总数的 1.01%。

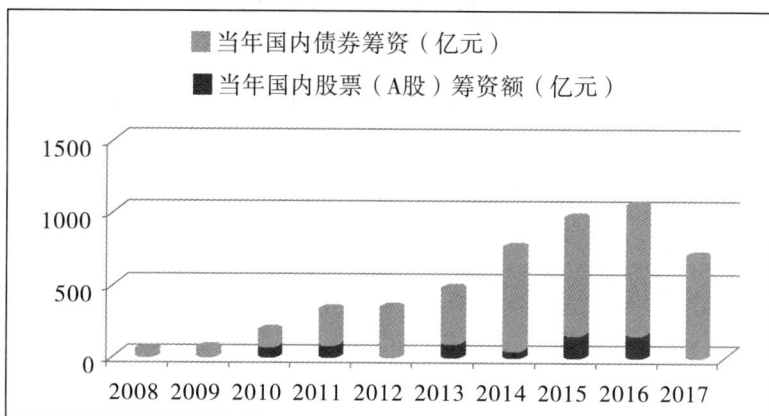

图 8　广西直接筹资规模

数据来源：历年《广西壮族自治区金融运行报告》。

3. 融资渠道稳中求变，市场交易量下降明显。

在融资渠道方面，广西证券业融资渠道有所突破和创新。2017 年广西首单中期票据在银行间市场成功发行，发行规模为 15 亿元，开创了直接融资低成本渠道。在交易量方面，2017 年广西证券交易量有所下降。2017 年广西证券交易总额为 3.4 万亿元，同比下降 2.5%；期货成交量 3525 万手，同比下降 27.2%；期货成交金额 1.8 万亿元，同比下降 14.7%[1]。

（四）保险业发展现状分析

1. 保险业务较快增长。

保险业作为金融业的重要组成部分之一，在国民经济中发挥着不可替代的作用，是稳定社会的安全网[2]。广西保险业经过近 30 年的发展，呈现出以下特征：保险机构主体日趋完善，保险业务较快发展，保险功能得到较好发挥。从图 9 可见，广西保费收入从 2008 年的 133.53 亿元，增加至 2017 年的 565.1 亿元，保费收入有了极大的增加。从保费收入增长率来看，与上年同期相比，广西保费收入增长率均保持在较高位的增长：2008—2017 年期间，广西保费增长率均以超过 10% 的增长速度（2009 年保险收入增长率为 10 年间最低 11.29%）增长。保险收入作为衡量保险业发展的重要指标之一，其逐年增长，表明广西保险业正呈现向好较快态势发展。

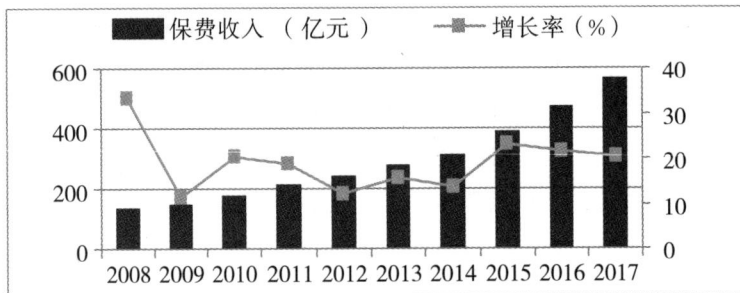

图 9　广西保费收入及增长率

数据来源：历年《中国金融年鉴》。

进一步地，从反映地区保险业发展程度和人们保险意识强弱的保险密度指标和反映地区保险业在整个国民经济中地位的保险深度指标[3]来看，广西2008—2017 年保险密度随着时间的推移有了一定程度的提升，从 2008 年的278.65 元/人上升至 2017 年的 1156.8 元/人，这表明广西在经济得到较快发展

---

① 数据来自 2018 年《广西壮族自治区金融运行报告》。

② 俞旸：《青海省区域金融中心建设研究——面向"丝绸之路经济带"》，硕士学位论文，中国地质大学，2015。

③ 保险密度＝该地区总保费/总人口的比值；保险深度＝地区保费收入/该地区生产总值的比值。

的同时，人们的保险意识也逐步增强，见图 10。

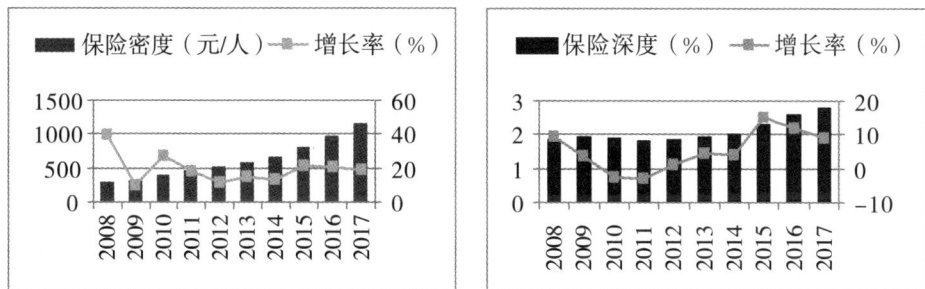

图 10　广西保险密度、保险深度及增长率

数据来源：历年《中国金融年鉴》。

从图 10 可知，保险密度增长率变化趋势与图 9 保费收入增长率变化趋势大体一致，呈现出不规律的上下波动。但整体而言，无论是保费收入抑或是保险密度，虽其增长率在不同年份存在差异，但随着时间的推移，保费收入和保险密度均是逐年攀升。从图 10 可知，广西 2008—2014 年保险深度相对持稳，在［1.8，2］区间上下波动，但从 2014 年起，广西保险深度呈现出较大幅度的增加：从2014 年的 2%，上升至 2017 年的 2.8%，这表明广西保费收入占生产总值的比值在不断增加。因此，从保险业务发展来看，广西保险业务呈现出较快发展势头。

2. 保险机构主体日趋完善。

从广西保险机构主体来看，从图 11 可见，截至 2017 年年底，广西保险经营主体共有 40 家，其中法人保险机构 1 家、省级分公司 39 家，与 2008 年相比，增加了 15 家保险机构主体。保险公司各级分支机构 2151 家，其中财产险公司分支机构 1139 家、人身险公司分支机构 1012 家、专业保险中介机构 351家[①]。这表明，广西保险机构主体日趋完善。

图 11　广西保险机构总数

数据来源：历年《中国金融年鉴》。

---

① 数据来自 2018 年《广西壮族自治区金融运行报告》。

3. 保险从业人员数量显著增长。

广西保险业务的较快增长，保险机构主体、保险公司各级分公司和专业保险中介机构的不断增加，促进了广西保险从业人员的快速增长。从图12可知，截至2017年年底，广西保险机构从业人员达到21.3万人，几乎是2008年的4倍。尤其是2015年、2016年和2017年，其保险从业人员数量分别较上一年度增长4.98万人、5.13万人和2.6万人，增长幅度最大。保险从业人员的显著增长，不仅是人们保险意识、保险意愿的增强，也是广西保险业较快发展的结果。

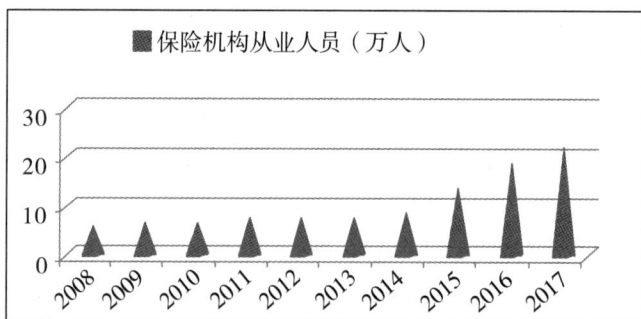

图12　广西保险机构从业人员变化趋势

数据来源：历年《中国金融年鉴》。

4. 保险保障功能得到发挥。

保险业的发展最终是要发挥保险的功能，体现保险保障的作用。保险通常分为财产保险和人身保险。从2017年广西保险业基本情况（表2）可见，2017年广西财产险保费收入196亿元，人身险保费收入369亿元，共为全区提供财产和人身保险保障39.3亿元，同比增长22.8%；各类赔款给付182亿元，同比增长14.4%。可见，广西保险业在财产和人身保险保障方面的功能不断增强，有效地发挥了保险的社会保障能力。

表2　2017年广西保险业基本情况

项目	数量
总部设在辖区内的保险公司数（家）	1
其中：财产险经营主体（家）	1
人身险经营主体（家）	0
保险公司分支机构（家）	2151
其中：财产险公司分支机构（家）	1139

续表

项目	数量
人身险公司分支机构（家）	1012
保费收入（亿元）	565
其中：财产险保费收入（亿元）	196
人身险保费收入（亿元）	369
各类赔款给付（亿元）	182
保险密度（元/人）	1157
保险深度（%）	3

数据来源：广西保监局、2018 年《广西壮族自治区金融运行报告》。

三、广西金融业发展存在的问题

从广西金融业发展现状可知，广西金融业的发展取得了可喜的成绩。无论是银行业、证券业抑或是保险业，其业务规模、融资渠道、融资规模、从业人员、金融主体和金融分支机构等等均出现不同程度的增加、完善，初步形成了以银行业为主导，证券、保险、期货和信托等多种金融业类型并举的金融体系。但同时，广西金融业发展还存在许多问题，离广西"十三五"规划提出"建设南宁区域性国际金融中心、东兴和凭祥沿边金融服务中心、中马钦州产业园跨境金融服务中心"，最终将广西建设成在我国西南中南地区（包括云南、贵州、四川、重庆、广西和湖南）、东南亚国家（主要指越南、泰国、老挝等东盟 10 国）和"一带一路"沿线国家和地区具有一定影响力的区域性国际金融中心还存在一定差距。对广西金融业 10 年的数据和资料研究发现，广西金融业的发展还存在以下问题：

（一）金融业总体规模偏小

从图 1 可见，2017 年广西金融业增加值为 1273.4 亿元，生产总值为 20396.25 亿元，金融业增加值占生产总值的比重为 6.24%，超过国际通行标准 5%。这表明广西金融业不仅是市场经济的血脉，是各种资源进行优化配置的手段，也成为广西经济发展的重要产业之一。但是目前广西金融业发展规模仍然较小，尤其是证券、保险、信托投资和其他金融服务市场发展相对滞后，对经济增长的支撑和拉动作用尚未充分发挥。与 2017 年全国金融业增加值占生产总值的比重 7.95% 相比，低于全国平均水平。

从广西金融机构本外币存贷款余额来看，2017 年广西金融机构本外币存款余额占全国的比重仅为 1.65%，金融机构本外币贷款余额占全国的比重仅为

1.85%。从上市公司数量来看，广西2017年拥有的上市公司数量仅为36家，占全国比重仅为1.01%。从保险保费收入来看，广西2017年的保险保费收入为565.1亿元，占全国比重仅为1.54%（见表3）。由此可见，从反映银行业、证券业和保险业的规模最基本的指标来看，广西金融业总体规模偏小，在全国的比重极低。

表3 2017年广西金融业规模在全国的比重

项目	金融机构本外币存款余额（万亿元）	金融机构本外币贷款余额（万亿元）	上市公司数（家）	保费收入（亿元）
广西	2.789	2.323	36	565.1
全国	169.3	125.6	3552	36581
占比（%）	1.65	1.85	1.01	1.54

数据来源：2017年中国国民经济与社会发展统计公报和2017年广西国民经济与社会发展统计公报。

从广西金融机构主体和网点数量来看，广西金融机构主体和网点数量发展极不平衡（见图3和图4）。这主要表现在金融机构主体及网点数量主要分布在大型商业银行、城市商业银行、股份制商业银行、小型农村金融机构和邮政储蓄，而其他金融机构主体和网点数量则相对较少。

（二）金融体系还不健全

金融体系按照金融机构的地位和功能划分，主要包括中央银行、金融监管机构、国家外汇管理局、国有重点金融机构监事委员会、政策性金融机构和商业性金融机构。广西金融体系的不健全，主要体现在政策性金融机构、商业性金融机构和金融监管机制方面。从图3和图4可知，从金融机构法人机构数量得知，广西大型商业银行、国家开发银行和政策性银行、城市信用社、邮政储蓄和外资银行的法人机构数量均为0，这说明一方面，广西实施"引金入桂"虽然取得了一定的成绩，但金融体系仍然还不健全，缺乏大型金融机构总部、数据中心或者结算中心。另一方面，虽然金融机构网点数量有了一定的增加，如大型商业银行、城市商业银行、股份制商业银行和邮政储蓄，但还有如民生银行、广发银行、平安银行、浙商银行、恒丰银行、渤海银行和中国进出口银行等金融机构未在广西设立分支机构。且从广西银行业金融机构法人机构数量（见图5）来看，2013—2016年间，只增加了1家银行业金融机构法人机构，增加的数量不尽如人意。最后从外资银行的数量来看，目前仅有越南商信银行、香港南洋银行和新加坡星展银行等4家外资银行在广西设立分支机构，而外资银行法人机构数则为0，而全国外资银行及其分支机构进驻数量已达40

家。可见，广西外资银行的发展还有很大空间。此外，广西作为全国重要的白糖和有色金属生产基地，缺乏总部设在广西的期货公司[1]。

从监管层面看，还未形成区内各地区间的金融协调机制，缺乏与"泛珠三角"金融当局的有效合作机制。在与东盟国家的经济、贸易和旅游等往来中，还未形成中国—东盟自由贸易区多层次合作机制、中国—东盟自由贸易区结算体系等长效机制[2]。

（三）金融资源尚未实现优化配置

从图2和图13可见，广西的全部金融机构本外币存款在各年度均大于全部金融机构本外币贷款，存贷差额为正。一方面，这表明广西金融机构能够为政府部门、企业（公司）和个人等资金需求者提供可靠、充足的资金；另一方面，存贷差额为正，且随着时间的推移，广西存贷款余额差额不断扩大，表明广西金融机构资金需求与资金供给存在严重的不平衡状况，金融机构所吸收的存款没有全部形成信贷资金流通到市场中，发挥资金应有的作用。以2017年为例，广西金融机构存贷款余额差额达到4673.5亿元，占2017年广西全部金融机构本外币存款的16.75%，这在一定程度上表明广西金融机构存款资金存在浪费现象，没有得到充分利用，未实现资源的优化配置。

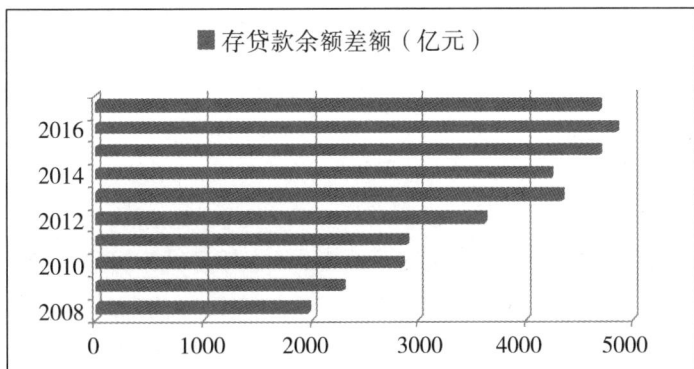

图13 广西金融机构存贷款余额差额

数据来源：历年《中国金融年鉴》。

（四）社会融资规模分布结构不平衡

在人民币贷款、外币贷款、委托贷款、信托贷款、未贴现银行承兑汇票、企业债券和非金融企业境内股票融资等直接融资和间接融资渠道中，人民币贷

---

[1] 黄良波：《中国—东盟自由贸易区建成对广西金融发展的影响及其对策》，《区域金融研究》2009年第10期。

[2] 许康平：《广西北部湾区域金融发展问题研究》，《南宁职业技术学院学报》2014年第5期。

款仍然是直接、间接融资渠道中最主要的融资方式或手段，外币贷款、信托贷款、委托贷款以及汇票、股票和债券等方式获得的融资规模仅占广西总融资规模较小部分。以 2017 年为例，从表 4 可见，2017 年广西社会融资中，人民币贷款为 2594 亿元，委托和信托贷款总计 266 亿元，未贴现银行承兑汇票 434 亿元，而企业债券和非金融企业境内股票融资仅为 42 亿元。可见，在银行信贷、股票、债券以及其他市场中，银行信贷融资是广西最为主要的融资渠道和方式，债券和股票还未发挥其作为主要金融产品和融资方式的作用，尤其是股票，2017 年股票融资仅为 8 亿元。其他融资规模也存在显著差异。由此可知，广西社会融资仍以银行信贷为主，其融资规模分布结构极度不平衡。

表 4　2017 年广西社会融资规模分布结构

单位：亿元

人民币贷款	2594
外币贷款（折合人民币）	－6
委托贷款	266
信托贷款	0
未贴现银行承兑汇票	434
企业债券	34
非金融企业境内股票融资	8
其他	－27

数据来源：2017 年《广西壮族自治区金融运行报告》。

（五）金融集聚水平有待提高

要想紧紧抓住国家"一带一路"建设、《北部湾城市群发展规划》、西部陆海新通道和中国—东盟港口城市合作网络等国家、自治区政策红利，从而进一步促进区域经济全面发展，离不开金融业作为原动力的支持，且与金融发展水平息息相关。然而，根据规模经济理论和金融集聚理论，一个地区产业水平的不断提高，必然会引起集聚效应，而集聚效应的产生，会进一步促使该产业专业化水平提升，企业生产单位产品成本下降，进而产生规模经济效应，从而促使该产业向更高层次发展。从前文可知，广西的金融业总体发展水平还处于较低阶段，还未形成金融集聚效应和规模经济效应。

首先，从金融机构的集聚来看，广西全区金融机构法人机构数量、银行业金融机构法人机构数量、金融机构网点数量、证券经营机构和保险经营机构数量等虽具有一定的规模，但金融机构分支机构及其网点的设立主要分布在北部湾经济区四市（南宁市、钦州市、北海市和防城港市）和桂林、柳州等城市，各类金融机构散布在广西 14 个地级市中，金融机构聚集区较为分散，还未形成金融机构集聚，金融产业化水平低。其次，从金融机构的种类来看，广西金融机构分支机构及其网点则主要还是以银行业和保险业两大行业为主，而对于证券、基金、期货、期权以及各类新金融业态等种类金融进驻广西或设立分支机构的较少，多元化程度不高。最后，从金融机构服务区域来看，广西金融机构的服务区域大都限于区内，金融机构"走出去"的力度还不够大，辐射和服务我国其他省区的能力还较小。

四、广西金融业 2019 年展望与政策建议

2018 年在国内信用风险加速暴露、中美贸易摩擦升级、美联储加息进程加快和国内经济形势面临更大下行压力的情况下，我国金融业在去杠杆、防风险等目标下取得了一定进展：金融风险得到有效管控，金融逐步回归服务于实体经济。展望未来，新时代的金融发展需要在增长速度、质量、结构和动力等方面及时进行调整。正如国务院发展研究中心副主任王一鸣指出，应从质量、效率和动力三个维度推动金融业高质量发展。不断推动金融业质量、效率和动力变革，切实提升金融风险防控能力，主动防范和化解金融风险，提高金融资源配置效率，推进金融业与科技的深度融合发展①。2019 年作为继 2018 年金融监管体制改革落地之年后和高质量发展元年后的第一年，广西金融业面临的有关金融发展的国家方针、战略和政策没有发生根本性改变，面临经济下行的压力及国内经济发展大环境没有发生根本性改变，面临的机遇、挑战和威胁也未发生根本性改变。那么，怎样发展广西金融业？首先，广西应将继续贯彻落实习近平新时代中国特色社会主义思想，实施国家去杠杆、防风险等政策目标，积极推进金融体制机制改革，提高金融资本配置效率，防范和化解金融风险，进而逐步提升金融业发展质量。其次，要在广西金融业较为落后的情况下实现弯道超车和跨越式发展，促进金融业又好又快发展，还需针对广西金融业存在的问题对症下药。因此，2019 年及其未来，广西政府职能部门还需从以下几个方面入手：

（一）夯实经济基础，引进和培育各类金融机构

金融是经济发展的基础和核心，经济的发展则进一步促进金融业发展，金融与经济相互影响、相互促进。纵观国内外金融业较为发达的地区或城市，无一例外的是，该地区或城市拥有较大的经济发展规模。广西金融业总体规模相对偏小的重要原因之一则是其经济发展还相对滞后。2017 年广西生产总值总量为 20396.25 亿元，生产总值增速为 7.3%，总量居全国第 18 名。经济发展就

---

① 姜业庆：《展望 2018 中国金融业发展与改革》，《中国经济时报》2018 年 6 月 4 日。

全国而言，还处于相对滞后阶段。因此，广西要想提升金融业总体规模，则必须从经济发展上下功夫，大力发展经济，提升区域经济总量。总体来说，广西应牢牢抓住国家战略机遇，借助于区位优势，明确未来经济发展的主方向和目标，继续加快传统产业转型升级，实行错位发展，推动重点领域突破发展，积极培育战略新兴产业，积极融入粤港澳大湾区建设，优化产业结构，加快推进产业集聚发展，打造具有广西特色的经济发展模式，不断提升广西经济的总体实力、软实力和影响力，为广西大力发展金融业提供经济基础。

在发展好经济的同时，努力引进各类金融机构进驻广西，积极培育具有广西特色的新型金融机构。其一，在国内银行方面，充分利用国家给予广西的政策支持，制定有差别的金融机构设置条件，如降低股份制商业银行、城市商业银行等各类金融机构在广西设置时所需资本金和营运规模等方面的条件[1]，积极引进民生银行、广发银行、平安银行、浙商银行、恒丰银行、渤海银行和中国进出口银行等金融机构在广西设立分支机构。在外资银行方面，可采取取消在所得税率、外汇存款利率、业务收费利率、资金拆借期限等方面的差别，实行国民待遇，从而吸引更多外资银行在广西设立分支机构。此外，大力支持民营银行、证券、保险等金融中介机构以及各种类型的中小金融机构在广西设立分支机构或网点。

其二，积极培育壮大广西本土金融机构，不断提升金融机构实力。在"外引"的同时，"内培"也是至关重要。因此，广西应根据历史、人文、地理和经济条件等因素，牢牢抓住广西具有的区位优势、政策优势，整合优势、特色资源，成立具有本土特色的金融机构和新型金融业态。对已经存在的中小型金融机构，可适当对其进行兼并、重组，从而降低新建金融机构成本，壮大金融机构规模。对大中型金融机构而言，则需进一步优化广西北部湾银行、桂林银行、柳州银行等大中型金融机构的资产质量，降低金融机构所面临的各类风险。支持广西北部湾银行、桂林银行、柳州银行等大中型金融机构走出广西，在兄弟省份或东盟国家设立分支机构、网点，积极参与区域间金融业务合作与交流，逐步扩大广西本土金融机构在国内外的综合实力和影响力。

（二）加快基础设施建设，构建多层次科学的金融体系

基础设施是金融业发展的基础。广西应不断完善城市公共基础设施及其配套设施，加大对铁路、公路、港口和航空等交通设施的投入，加大通信设施投入，发展新兴互联网产业。努力建设金融服务网络系统，打造方便快捷的金融

---

① 支大林：《中国区域金融研究》，东北师范大学博士学位论文，2002。

电子信息网络和全天候电子交易系统，推动网上银行、证券和保险等业务的发展①。

根据广西金融业发展现状和趋势，分步骤、分阶段探索、设立和发展南宁（中国—东盟）商品交易所、南宁糖业期货交易所、中国—东盟货币交易所、区域金融监管中心、区域性资金结算中心（区域人民币交易中心和人民币清算中心）和区域产权交易中心等交易所、中心，加强同东盟国家金融合作与交流，探索人民币跨境业务、积极推动人民币在东盟国家区域内自由化。继续完善、加强票据市场、同业拆借市场等传统金融市场的发展，努力发展产权市场、衍生品市场等新兴市场，逐步形成多层次资本市场架构，进一步完善金融体系。

（三）继续推进金融市场化改革，提升金融资源资本配置效率

坚持国家金融体制机制改革总体设计，加快推进沿边金融综合改革，深入推进跨境人民币业务发展和人民币对东盟国家货币银行间市场区域交易，实行金融扶贫大数据管理平台，主动参与供给侧结构性改革，打造具有区域特色的金融市场化改革进程。进一步推进国有大中型商业银行分支机构改革，继续深化外汇管理改革，加快金融发展方式转变，不断强化、总结已有改革的成功经验和启示。

积极引进战略投资者，增强资产完整性，优化股权结构，引进先进管理经验、技术和人才，健全公司治理结构。加强对广西金融市场的分析，探究广西资金需求者与供给者不平衡性的原因；盘活资金存量，做大资金流量，建立健全金融机构存贷的机制体制，改善金融机构资产质量，提升经营效率，形成金融机构存贷款管理的长效机制，促进金融资源资本配置效率的提升。

（四）加强区域金融合作，引导形成金融业集聚

广西金融业仅仅依靠其内部发展还远远不够，还需借助外部力量，如国家政策支持、产业、金融、贸易合作等等，积极参与中东部省市的经济、贸易、产业等一系列合作。在与中东部省市广泛、深入开展经济、贸易和产业等合作的同时，进一步加强与中东部省市的金融合作与交流，积极融入长三角、珠三角等经济圈，通过采取人才战略、优惠政策等相关措施，不断优化产业结构，完善广西金融生态环境，从而吸引更多的人才流、资金流和信息流进驻广西。通过考察、学习和合作交流等多种形式，借鉴中东部省市在金融运行体制、金融监管模式和金融中心建设等方面的经验、启示和教训，探索符合广西金融业

---

① 段艳萍、谢沛善：《构建南宁区域金融中心促进广西北部湾经济崛起》，《财会研究》2010 年第17 期。

发展的金融监管模式、运行机制。努力搭建不同层次的金融合作平台，构建金融合作长效机制，形成金融合作备忘录。

加强与马来西亚、泰国、越南等东盟 10 国的金融合作与交流。加快研究在金融技术、金融监管和金融风险等方面的合作机制和渠道，形成双边或多边金融合作备忘录或协议。积极争取新加坡、马来西亚等东盟国家金融人才、金融技术的支撑，努力发展与越南等国家的金融合作，给予在东盟国家设立金融分支机构或在广西设立外资金融分支机构政策支持，不断提高与越南等边境贸易结算化水平。

鼓励和引导银行、证券公司、保险机构等各类金融机构和会计师事务所、律师事务所、资产评估公司等中介服务机构向金融商务区如南宁五象广场、南宁五象新区"金融街"集聚。政府也需出台相应的优惠政策吸引国内外金融机构、大型企业和跨国公司在金融商务区设立总部、分部、分支机构或网点。如依托中国—东盟自由贸易区建设、"一带一路"建设和北部湾城市群建设，政府部门在重点实施金融"引金入桂"工程时，可通过给予在办公用地、网点设置、公共服务和财政税收等方面的优惠政策，吸引东盟国家、港澳台地区、全国性金融机构和区域性金融机构进驻广西，构建以南宁为核心的区域金融中心，使之成为广西金融机构集聚区、金融创新示范区、金融服务优质区和金融运行安全区，进而打造成为特色鲜明的金融中心标志性工程[①]。

（五）创新金融服务体系，增强企业融资能力

大力发展壮大担保公司，鼓励各类资本发展融资担保、融资租赁和小额贷款公司，健全担保准则，推广担保公司制度，完善面向中小微企业的融资担保体系，以广西再担保有限公司为主体，逐步构建覆盖自治区、市、县三级的政策性融资担保体系，进而为广西中小企业融资提供有效担保。落实中国人民银行等 10 个部门《关于促进互联网金融健康发展的指导意见》，规范发展互联网金融。发展普惠金融和多业态中小微金融组织，推动建立多种融资平台，利用国内外资本市场，通过股票公开上市融资、区域市场股权转让、基金融资、发行债券、可转债和再融资等形式，推动项目进入资本市场直接融资。支持产业园区同投资机构、保险公司、担保机构及商业银行合作，探索建立投保贷序时融资安排模式，鼓励有条件的产业园区探索同社会资本共办"园中园"。

采取中小企业担保、融资租赁、政策性担保、供应链融资等方式，拓宽企业融资渠道。加大对中小微企业金融扶持，在市场准入、专项金融债发行、风险资产权重、存贷比考核及监管评级等方面落实差异化的监管政策。创新"惠

企贷"融资模式，扩大"信贷引导"资金规模。支持上市公司和优质企业通过资本市场进行各种股票、企业债券、短期融资券等直接融资。鼓励企业开展资产证券化和发行公司债、超短期融资券、项目收益票据新型债务融资，支持金融机构为企业通过多层次资本市场发行股票及债务融资提供服务。鼓励装备制造、工程机械、汽车及新能源汽车等具有较好产业基础的大型企业设立融资租赁公司，发展厂商融资租赁企业。支持大型制造业企业集团开展产融结合试点①。

---

① 《广西壮族自治区人民政府办公厅关于印发广西工业和信息化发展"十三五"规划的通知》（桂政办〔2016〕140 号）。

2018年
广西蓝皮书
广西经济形势
分析与预测

产业发展篇

2017 广西专利密集型产业统计监测报告

翁　鸣　廖树育

前言

2012 年，美国商务部、专利商标局联合发布研究报告《知识产权与美国经济：聚焦产业》，在全球首次提出"知识产权密集型产业"概念。该报告指出，知识产权密集型产业包括专利密集型产业、商标密集型产业和版权密集型产业；2010 年，知识产权密集型产业为美国 GDP 贡献了 5.06 万亿美元，占当年美国 GDP 总额的 34.8％，是美国经济的重要支柱。2016 年，美国专利商标局发布了新一版的研究报告《知识产权与美国经济：2016 更新版》，其结果显示，2014 年，知识产权密集型产业增加值达到 6.6 万亿美元，比 2010 年增长 30％，对美国 GDP 的贡献上升到 38.2％。美国这一创新性研究引发了世界各地广泛且强烈的关注。欧洲专利局、欧盟内部市场协调局于 2013 年联合发布研究报告《知识产权密集型产业对欧盟经济及就业的贡献》，报告内容显示，2008—2010 年间，知识产权密集型产业创造了欧盟 GDP 的 38.6％、就业机会的 25.9％，充分体现了知识产权对欧盟经济的强大支撑。2016 年，欧洲专利局与欧盟知识产权局合作，也对研究进行了更新，发布了研究报告《知识产权密集型产业与欧盟经济表现》，其结果表明，2011—2013 年间，知识产权密集型产业创造了欧盟 42.3％的 GDP 和 27.8％的就业机会，其经济贡献呈现出持续增强的态势。

专利密集型产业是知识产权密集型产业中最具代表性和最为重要的板块，通常采用"专利密集度"（即每千人就业人数拥有的专利数，单位为件/千人）的概念来定义，若某一产业的专利密集度高于当地所有产业的平均专利密集度，则认为该产业是当地的专利密集型产业。中国国家知识产权局 2016 年发布的《中国专利密集型产业主要统计数据报告（2015）》指出，中国 2010—2014 年全国工业行业发明专利密集度为 5.955 件/千人。2010—2014 年间，中国专利密集型产业增加值占当期 GDP 比重为 11.0％，提供的就业机会占比为3.4％。与欧美相比存在较为明显的差距。

在国内各省区市中，江苏和广西是率先开展专利密集型产业培育和统计监测的地区。江苏在 2015 年开始部署专利密集型产业培育相关工作，并开展了专利密集型产业统计监测试点。江苏专利信息服务中心于 2016 年、2017 年连续两年发布了相关统计报告。广西在 2016 年 1 月出台了《关于加快发展广西专利密集型产业（制造业）实施方案》，启动了专利密集型产业培育工作。为配合好这一工作，广西财经学院课题组建立了适合广西实际情况和需求的专利密集型产业统计监测指标体系，对广西专利密集型产业的发展状况进行数据采集与研究分析，并于 2016 年、2017 年连续两年公开发布研究成果，为相关部门决策提供了科学依据，在社会上也取得了良好反响。

党的十九大报告做出了"中国特色社会主义进入新时代，我国社会主要矛盾已经转化为人民日益增长的美好生活需要和不平衡不充分的发展之间的矛盾"这一重大判断，并指出"我国经济已由高速增长阶段转向高质量发展阶段，正处在转变发展方式、优化经济结构、转换增长动力的攻关期"。"质量第一、效益优先"的观点和"创新、协调、绿色、开放、共享"的新发展理念成为必须长期坚持的原则。

本课题组深入学习领会习近平新时代中国特色社会主义思想，在前两年工作基础上，进一步调整优化研究思路，着重从促进高质量经济增长的视角对广西专利密集型产业进行统计监测和分析，重点刻画了专利密集型产业在提升质量、优化效益、抵御风险、保护环境、动能转换等方面的重要作用，制作形成《广西专利密集型产业统计监测报告（2017）》，现将主要结论予以发布。

本报告所使用的数据主要包括两类。一类是专利数据，来源于国家知识产权局和广西知识产权局。另一类是国民经济与社会发展领域相关数据，主要来自历年的《广西统计年鉴》《中国统计年鉴》《中国科技统计年鉴》《中国工业统计年鉴》等统计年鉴，部分数据由广西统计局提供。

2016年，广西工业行业专利密集度显著提升，达到3.56件/千人历史新高。17个专利密集型产业以占工业行业33.14％的固定资产投入和25.29％的人员投入，实现了38.21％的利税，且在经济产出绩效、企业经营风险防控、节能减排、科技创新投入产出效率等方面全面领先，高质量、高效益特点鲜明、优势突出。专利密集型产业正逐步成为新时代引领广西经济高质量增长的火车头。

一、工业行业专利密集度跃上新台阶，企业创新主体地位增强

2012—2016年五年间，广西工业企业共获得发明专利授权5854件，同期规模以上工业企业从业人员平均数为1646.67千人，因此2016年广西工业行业平均发明专利密集度为3.56件/千人，比2015年增长61.8％，工业行业专利密集度再上新台阶，为广西工业实现新跨越积蓄了大量新动能。

自《广西发明专利倍增计划》实施以来，广西工业企业发明专利授权量快速增长，其占全区发明专利授权量比例有较大幅度提升，企业技术创新的主体地位不断增强（如图1所示），运用专利开拓市场、巩固和提升竞争优势的能力持续提升。

工业企业发明专利授权量（件）　　工业企业发明专利授权量占全区比例（％）

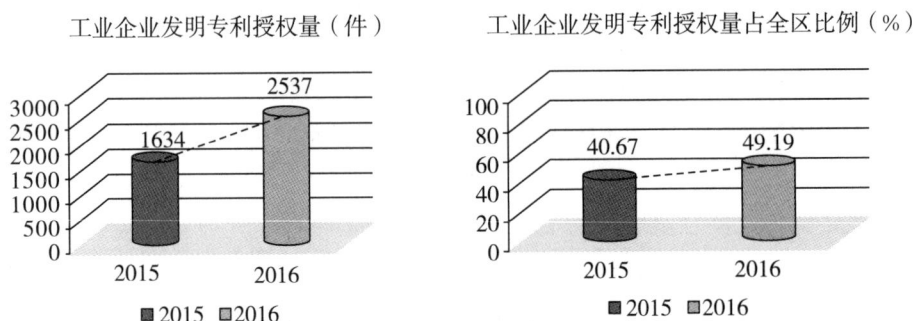

图1　广西工业企业发明专利授权量变化情况

二、工业企业专利分布呈现新动态，高密集度产业及地区领先优势扩大

（一）专利密集型产业对"创新发展名片"形成有力支撑，少量产业创新遭遇瓶颈

在广西41个工业大类产业中，2016年发明专利密集度超3.56件/千人的产业共有17个。这17个产业被界定为2016年度广西专利密集型产业，其中有14个产业与自治区重点打造的九张"创新发展名片"有直接明确的关联。具体如表1所示。

表 1　2016 年度广西专利密集型产业

序号	产业	2012—2016 年企业发明专利累计授权量（件）	2016 年专利密集度（件/千人）	专利密集度比上年增长（%）	与九张"创新发展名片"关系
1	金属制品、机械和设备修理业	759	1589.20	63.80	先进制造业
2	化学纤维制造业	25	378.79	−8.14	无明确对应
3	仪器仪表制造业	880	179.85	38.98	先进制造业
4	专用设备制造业	1995	44.97	51.82	先进制造业（智能装备制造）
5	通用设备制造业	1162	35.08	62.48	先进制造业（智能装备制造）
6	废弃资源综合利用业	58	14.12	39.25	生态环保产业
7	金属制品业	394	13.13	48.53	传统优势产业（铝）、高性能新材料（有色金属）
8	化学原料和化学制品业	1098	12.06	45.13	优势特色农业（新型肥料农药）、高性能新材料（纳米碳酸钙、生物材料）
9	烟草制品业	32	9.18	11.95	无明确对应
10	医药制造业	288	7.22	11.42	大健康产业（特色医药）、海洋资源开发利用保护（海洋生物医药）
11	水的生产和供应业	75	8.52	44.41	生态环保产业
12	电气机械和器材制造业	237	5.77	0.35	先进制造业（智能电力装备）
13	食品制造业	213	5.67	15.24	传统优势产业（食品）
14	酒、饮料和精制茶制造业	237	5.77	29.37	传统优势产业（食品）
15	石油加工、炼焦和核燃料加工业	33	6.83	59.58	高性能新材料
16	其他制造业	22	6.11	66.94	无明确对应
17	橡胶和塑料制品业	136	4.57	82.80	先进制造业（轮胎等零部件）

　　与上一年度相比，入选 2016 年度专利密集型产业的 17 个产业均为 2015 年度专利密集型产业。17 个产业中，专用设备制造业、通用设备制造业等 11 个产业专利密集度增幅接近或超过 40%，展示出非同一般的创新活力，正向产业链中高端大步迈进。而化学纤维制造业、电气机械和器材制造业尽管仍在专利

密集型产业之列，但其专利密集度分布出现了负增长和停滞不前的状况。此外，曾入选2014年、2015年两个年度专利密集型产业的黑色金属矿采选业、燃气生产和供应业这两个产业发明专利增速较慢，在整个工业行业发明专利快速增长的背景下出现掉队情况，其专利密集度在2016年未达到工业行业平均水平，因此未能进入当年广西专利密集型产业行列。上述现象说明，这些产业当中创新资源与要素集聚不足，创新乏力，缺乏进军产业前沿的有力武器，存在被固化在产业价值链低端的危险。

（二）各市专利密集度增速拉开差距，区域不均衡有所加剧

2016年，各设区市工业行业发明专利密集度排名与上一年度相比，大部分市的排名未发生变化，有5个市的排名出现了变动（如表2所示）。其中，专利密集度排名前四的市仍然是南宁市、柳州市、桂林市和北海市；梧州和玉林两个市的排名前进了三位，分别由2015年的第八、第九位上升到了2016年的第五、第六位；钦州和贺州两个市由于2016年企业发明专利授权量有所回落，防城港市企业发明专利授权量增幅较慢，排名均下降了两位。各市工业行业专利密集度差距有进一步扩大倾向，反映出各市企业在创新基础、研发能力、知识产权意识等方面的发展不均衡，部分地区依靠创新抢占发展制高点、推动产业结构转型升级和新旧动能转换的步伐过慢，有可能会错失新一轮科技革命和产业变革带来的重大机遇。

表2 各设区市工业行业发明专利密集度变化情况

序号	城市	2016年工业行业发明专利密集度（件/千人）	比上一年增长幅度（%）	排名变化
1	南宁市	6.62	61.36	—
2	柳州市	6.01	80.06	—
3	桂林市	4.45	57.27	—
4	北海市	3.16	52.07	—
5	梧州市	2.81	112.48	↑3
6	玉林市	2.69	108.63	↑3
7	防城港市	2.63	56.81	↓2
8	钦州市	2.30	38.44	↓2
9	贺州市	2.00	26.77	↓2
10	河池市	1.96	63.36	—
11	来宾市	1.58	48.57	—
12	崇左市	1.42	77.45	—
13	百色市	0.99	134.84	—
14	贵港市	0.63	61.65	—

三、专利密集型产业质量效益全面领先，经济"新引擎"作用更加突出

（一）经济效益持续提升，跑出高质量增长"加速度"

2016 年，17 个广西专利密集型产业累计投入固定资产投资 2122.5 亿元，实现产值 6840.32 亿元，上缴利税 930.13 亿元，百元固定资产原价实现利税为 44.18 元，是工业全行业水平的 1.75 倍，是非专利密集型产业水平的 2.53 倍；产值利税率为 13.6%，比工业全行业水平高 3.65 个百分点，比非专利密集型产业水平高 5.07 个百分点，体现出良好效益。这 17 个产业利税总额占工业全行业利税总额的比重达到 38.21%。

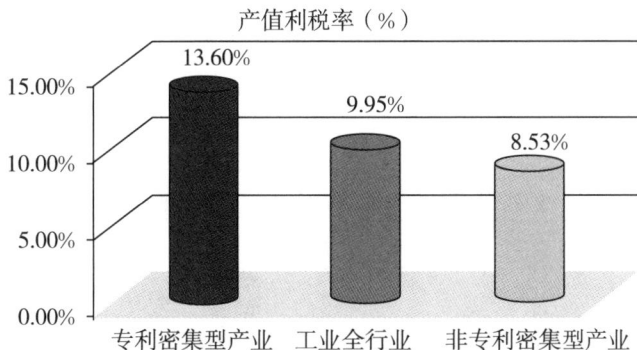

产值利税率（%）

图 2　2016 年度广西工业行业产值利税率

2016 年，广西专利密集型产业人均产值为 164.23 万元/人，比 2015 年上升 9.10%，是工业全行业水平的 1.11 倍，是非专利密集型产业水平的 1.15 倍；累计实现主营业务收入 6199.72 亿元，人均主营业务收入 148.85 万元/人，比 2015 年上升 10.99%，是工业全行业水平的 1.10 倍，是非专利密集型产业水平的 1.14 倍；累计实现利润总额 413.77 亿元；人均创造利润为 10.37 万元/人，比 2015 年上升 9.97%，是工业全行业水平的 1.23 倍，是非专利密集型产业水平的 1.33 倍。质量效益优势明显。

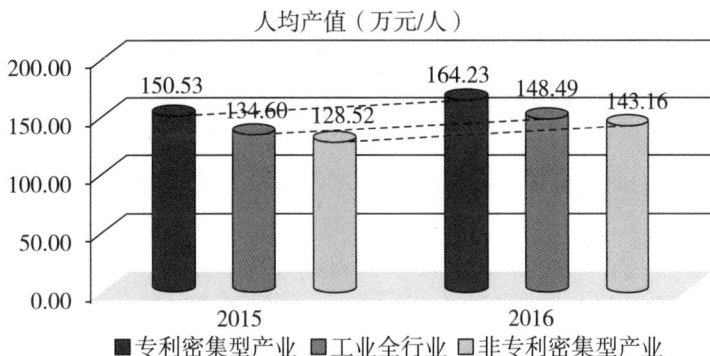

人均产值（万元/人）

图 3　广西工业行业人均产值变化情况

人均主营业务收入（万元/人）

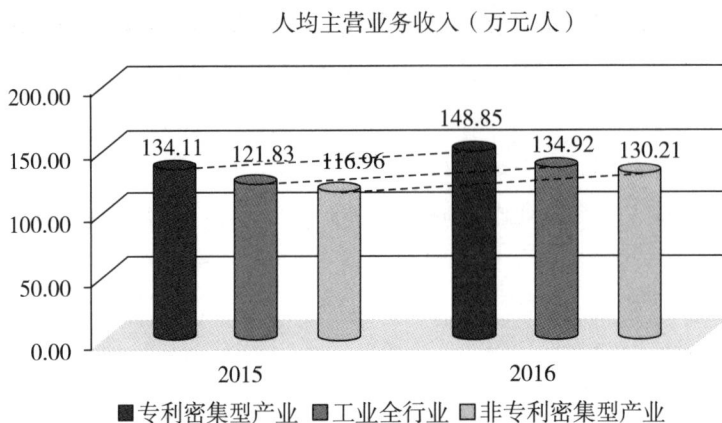

图4 广西工业行业人均主营业务收入变化情况

人均创造利润（万元/人）

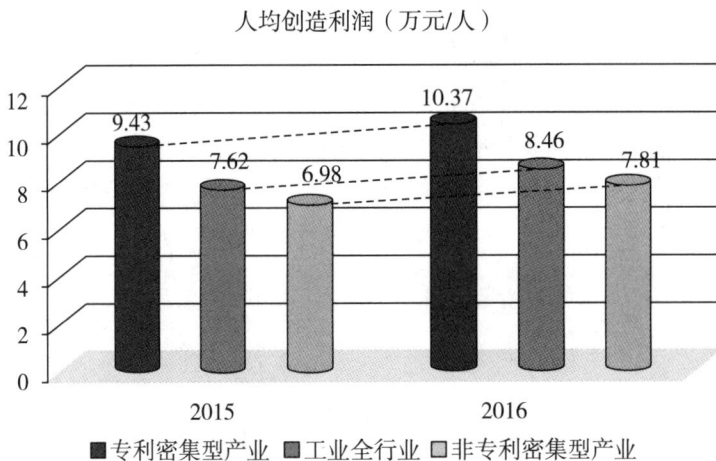

图5 广西工业行业人均创造利润变化情况

（二）抗风险能力进一步增强，成为经济稳定"压舱石"

2016年，广西专利密集型产业的企业亏损面（亏损企业占比）为13.90%，比工业全行业低1.3个百分点，比非专利密集型产业低2.09个百分点；资产负债率为50.02%，比工业全行业低11.38个百分点，比非专利密集型产业低15.24个百分点。整体而言，专利密集型产业对风险的抵御能力更强。

亏损企业占比（%）

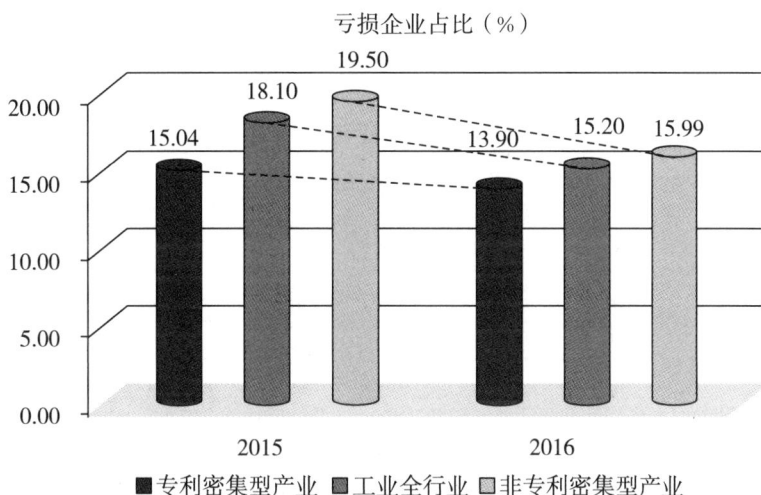

图 6　广西工业行业亏损企业占比情况

资产负债率（%）

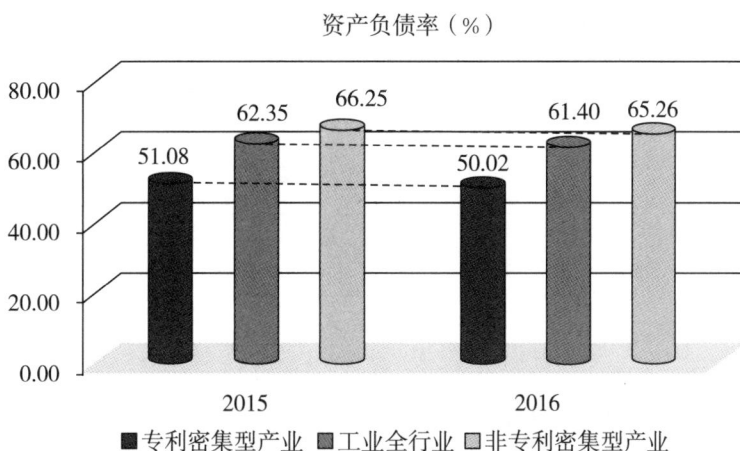

图 7　广西工业行业资产负债率情况

（三）绿色环保效应更加显著，有力促进人与自然和谐共生

2016 年，广西专利密集型产业累计消耗能源总量 738.79 万吨标准煤，每万元工业总产值消耗能源为 0.11 吨标准煤，比 2015 年下降 38.39%；是工业全行业水平的 44.6%，与 2015 年相比下降 13 个百分点；是非专利密集型产业水平的 36.73%，与 2015 年相比下降 12.27 个百分点。这一重大优势的取得，一方面是由于 17 个专利密集型产业自身能源消耗快速下降，另一方面则是因为部分产业因专利密集度提升过慢被排除在 2016 年度专利密集型产业行列之外。监测结果显示，这些被排除的产业，其每万元工业总产值消耗能源在 2014—2016 年间呈现上升趋势。这一现象有力说明，专利密集度提升对于产业能耗降低具有促进作用。

每万元工业总产值能源消耗总量（吨标准煤）

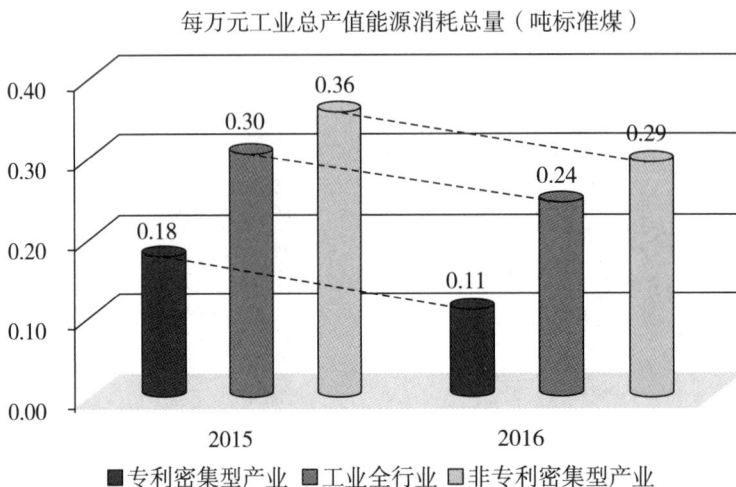

图 8　广西工业行业能耗变化情况

　　2016 年，广西专利密集型产业累计排放工业废水 8116.16 万吨，每万元工业总产值废水排放量为 1.19 吨，比 2014 年下降 46.15％；是工业全行业的 89.5％，是非专利密集型产业的 85.6％，与 2015 年对比情况基本持平。

每万元工业总产值废水排放量（吨）

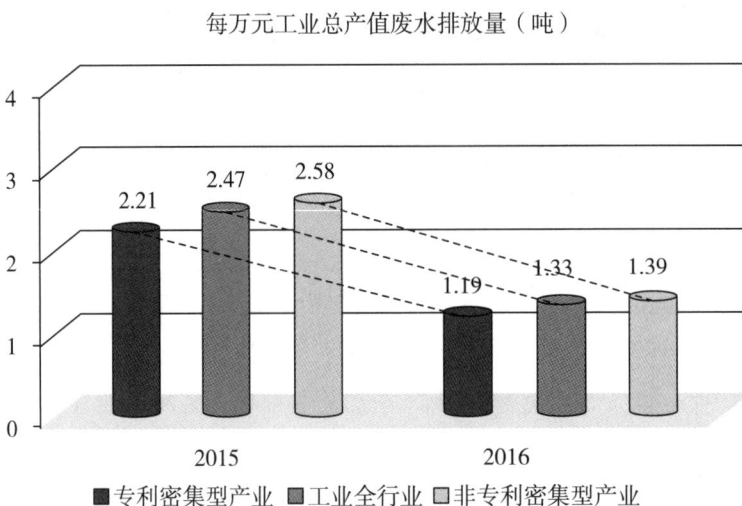

图 9　广西工业行业废水排放变化情况

　　2016 年，广西专利密集型产业累计排放工业废气 977.63 亿标立方米，每万元工业总产值废气排放量为 1429.22 标立方米，比 2015 年下降 46.24％；是工业全行业水平的 25.93％，与 2015 年相比下降 9.87 个百分点；是非专利密集型产业水平的 20.15％，与 2015 年相比下降 8.15 个百分点。

每万元工业总产值废气排放量（标立方米）

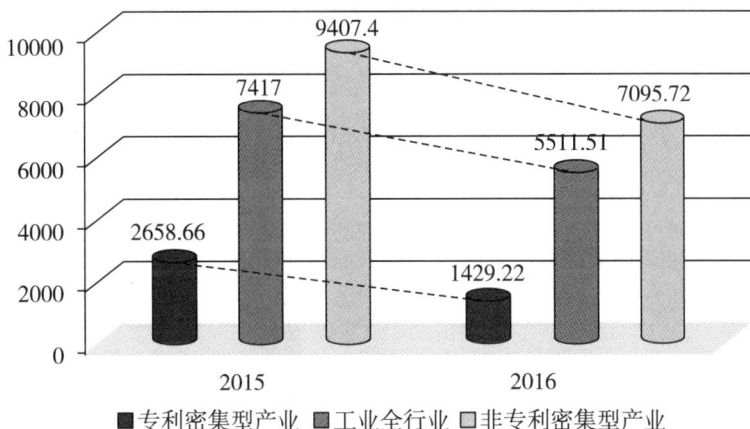

图 10　广西工业行业废气排放变化情况

2016 年，广西专利密集型产业累计产生工业固体废物 817.14 万吨，每万元工业总产值固体废物产生量为 0.12 吨，比 2015 年上升 14.42%；是工业全行业水平的 44.9%，与 2015 年相比上升 8.7 个百分点；是非专利密集型产业水平的 37.07%，与 2015 年相比上升 8.37 个百分点。综合结果显示，专利密集型产业总体的固体废物排放水平有一定程度上升，但与工业全行业平均水平以及非专利密集型产业水平相比，仍然具备十分明显的领先优势。

每万元工业总产值固体废物产生量（吨）

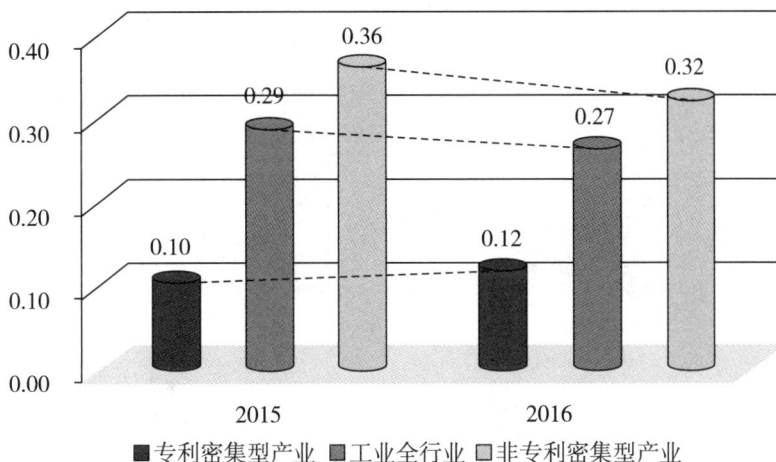

图 11　广西工业行业固体废物排放变化情况

（四）科技创新效率明显提高，形成新旧动能转换强大"助推器"

2016 年，广西专利密集型产业共获得企业发明专利授权 1819 件，比 2015

年增长 24.93%，占全区工业行业企业发明专利授权量的 71.70%。专利密集型产业按经费投入计算的专利投入产出效率为 0.84 件/百万元，比 2015 年增长 37.7%，是工业全行业水平的 2.15 倍，是非专利密集型产业的 8.4 倍；按研发人员投入计算的专利投入产出效率为 0.408 件/人年，比 2015 年增长 67.9%，是工业全行业的 2.5 倍，是非专利密集型产业的 10.2 倍。科技创新效率提升明显，奠定了产业转型升级的良好基础。

专利投入产出效率（件/百万元）

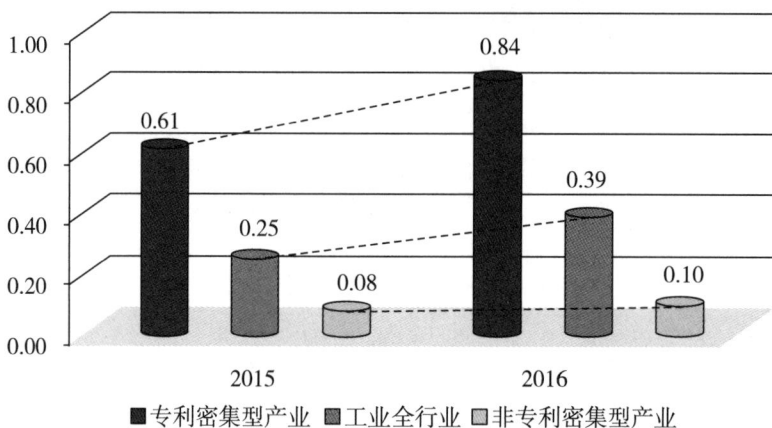

图 12 按经费投入计算的专利投入产出效率变化情况

专利投入产出效率（件/人年）

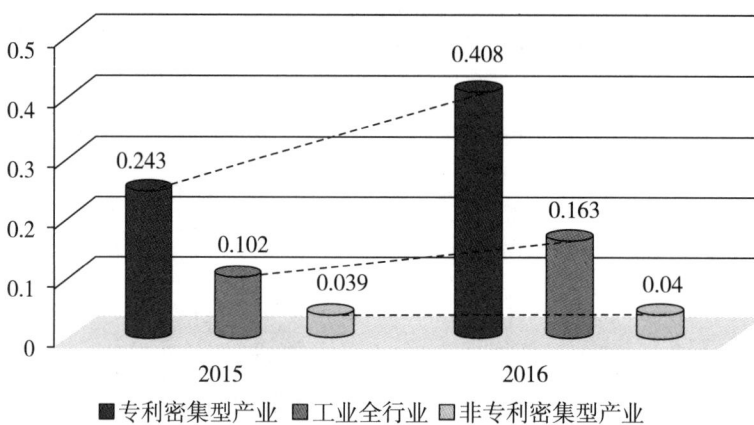

图 13 按人员投入计算的专利投入产出效率变化情况

截至 2016 年底，广西共拥有规模以上高新技术企业 418 家，其中属于专利密集型产业的规模以上高新技术企业达 249 家，比非专利密集型产业多出 47.4%，占全区规模以上高新技术企业数的比重达 59.6%。不断壮大的高新技术企业正成为促进产业向专利密集型方向发展的领航者和生力军。

2016年全区规模以上高新技术企业（家）

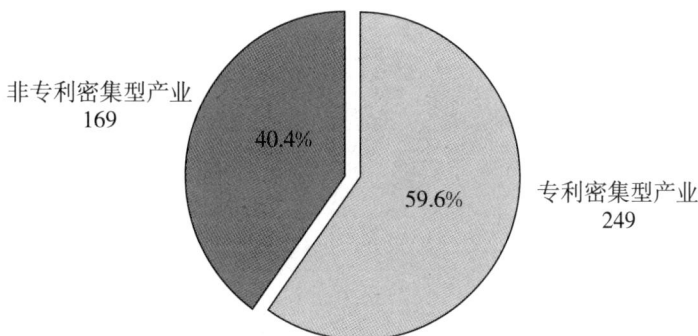

图 14　2016 年全区规模以上高新技术企业分布

（五）专利优势强企不断涌现，企业竞争手段高端化多样化

截至 2016 年，全区共有 14 家企业有效专利拥有量突破 100 件（如表 3 所示）。这 14 家企业的有效专利拥有量比 2015 年增长 12.3％，成为行业领域内的创新驱动发展领头羊，为广大企业树立了示范性标杆。其所在地分布、产业分布情况如图 15、图 16 所示。

表 3　2016 年全区专利优势强企名单

序号	企业名称	截至 2016 年有效专利拥有量（件）	所在地	行业
1	广西玉柴机器股份有限公司	2106	玉林	通用设备制造业
2	上汽通用五菱汽车股份有限公司	1754	柳州	汽车制造业
3	广西柳工机械股份有限公司	447	柳州	专用设备制造业
4	广西电网公司电力科学研究院	247	南宁	电气机械和器材制造业
5	东风柳州汽车有限公司	244	柳州	汽车制造业
6	广西中烟工业有限责任公司	227	南宁	烟草制品业
7	桂林市啄木鸟医疗器械有限公司	215	桂林	专用设备制造业
8	柳州欧维姆机械股份有限公司	196	柳州	专用设备制造业
9	柳州五菱汽车有限责任公司	182	柳州	汽车制造业
10	广西田园生化股份有限公司	179	南宁	化学原料和化学制品制造业
11	梧州市旭平首饰有限公司	130	梧州	文教、工美、体育和娱乐用品制造业
12	桂林橡胶机械厂	124	桂林	专用设备制造业
13	柳州五菱柳机动力有限公司	120	柳州	汽车制造业
14	南南铝业股份有限公司	102	南宁	有色金属冶炼和压延加工业

2016年全区专利优势强企（家）

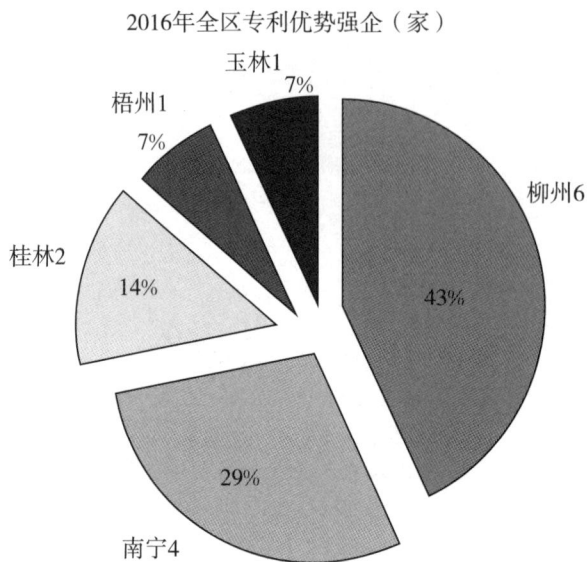

图15　2016年全区专利优势强企所在地分布

2016年全区专利优势强企（家）

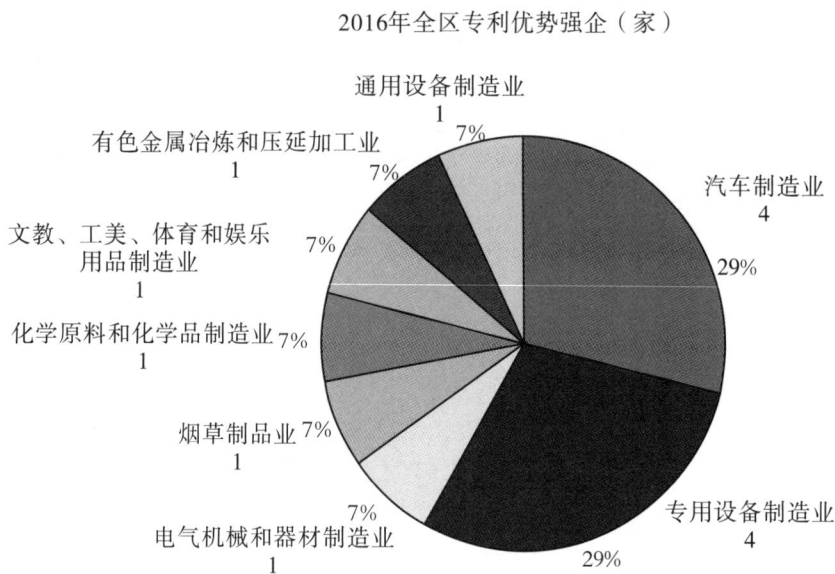

图16　2016年全区专利优势强企产业分布

四、专利密集型产业发展机遇与挑战并存，加快培育迫在眉睫

（一）第二梯队发展偏慢，转型升级要求迫切

在24个非专利密集型产业中，按专利密集度由高到低排列的10个产业涵盖了在《关于加快发展广西专利密集型产业（制造业）实施方案》中重点培育、但暂时尚未成为专利密集型产业的各个产业，可以视为广西专利密集型产

业的第二梯队。

从这 10 个产业的经济效益、生产经营风险等关键指标来看，它们在 2016 年度的表现与专利密集型产业相比全面处于劣势。这也说明了，在全球经济艰难复苏、我国经济进入新常态的宏观背景下，旧动能已日渐衰微、难以为继，只有紧紧依靠创新，依托知识产权，才能产生和积蓄大量新动能，为产业开辟出高质量发展的上升通道。

特别需要指出的是汽车制造业、有色金属冶炼及压延加工业、农副食品加工业以及计算机、通信和其他电子设备制造业等产业。一方面，这些产业属于自治区重点打造的"创新发展名片"；另一方面，它们产值高、就业人数多、对经济影响大，但生产经营和利税创造情况不够理想，离"质量第一，效益优先"的要求还有较大差距。因此，对于这些产业，更需要加大政策支持力度，采用非对称赶超战略和超常规措施，加快导入大量优质创新资源，力争在较短时间内扭转产业发展滞后的不利局面，早日实现产业的"创新驱动，优质发展"。

（二）重点产业在全国范围内仍处于弱势，亟待做大做强做优

通过纵向比较可以看出，广西专利密集型产业培育成效显著，重点产业专利密集度大幅上升，体现了创新驱动发展的强大威力。但通过部分重点产业的横向比较不难发现，这些产业在全国范围内整体实力仍然偏弱，存在规模较小、质量效益优势不明显、与先进省份相比差距较大等问题，尤其是代表高水平创新的发明专利授权量过少，缺少参与高端竞争必备的"撒手锏"。从深层次的原因来看，主要原因在于产业内部创新资源集聚程度、研发水平、知识产权创造和运用能力存在明显短板，还不能满足产业发展质量变革、效率变革、动力变革对创新提出的更高要求，对产业做大做强做优形成了制约瓶颈。由于广西本地创新资源较为有限，未来应从时代高度、全球视野和业界前沿的角度来深刻思考产业发展，进一步深化体制机制改革，推动区内外创新资源加快向广西集聚和优化配置，突破一系列产业重大技术难关，形成产业专利前瞻性战略布局，助力广西重点发展的特色优势产业迈向全球价值链中高端，力争在世界级的先进制造业集群培育上有所作为。

五、迈向高端的重大跨越：广西专利密集型产业展望与举措

（一）深入开展专利导航与预警，科学描绘产业创新发展路线图

将专利分析看作产业发展的"路标"和"灯塔"，以传统优势产业、先进制造业、信息技术、互联网经济、高性能新材料、生态环保产业、优势特色农业、海洋资源开发利用保护和大健康产业这九张"创新发展名片"为重点，大力开展专利分析，全面了解产业链中关键领域的核心专利分布，把握竞争者的动向与态势。在战略制定、科技攻关、资产重组、市场开拓等重大决策中充分

利用专利分析结论，合理规划路径，规避侵权风险，找准"弯道超车"时机，有的放矢实现关键核心技术突破，在主要技术领域创造和储备一批具有战略意义的高价值核心专利，牢牢占据产业发展制高点，深刻改变产业链国际分工和价值分配形势，使产业发生由大到强、由强到优的质的飞跃。

（二）组建重点产业专利联盟，重塑专利密集型产业组织形态与竞争格局

组建一批重点产业专利联盟，集中力量突破关键技术并获取核心专利，克服过去"小、散、乱"的缺陷，形成整体创新优势。通过联盟全面整合产业链专利资源，围绕产业链上下游核心技术和产品，构建若干专利池，形成专利池之间相互支撑的专利集群。通过抱团发展，大幅提升广西企业在整个产业中的地位以及对于产业的控制力。加大对区内龙头企业扶持力度，培养、壮大领军企业，尤其是积极推动企业间的合并重组，打造"航母级"企业，使其成为领导联盟持续做大做强的核心与骨干力量。切实加大产学研结合力度。建立合理的知识产权成果收益共享机制，进一步引导大专院校、科研院所与企业开展联合研发。开展专利运营试点，推动中小微企业、个人、高校院所等将拥有的专利托管，使这些专利通过灵活多样的方式进入产业，体现出其自身价值，为产业发展做出贡献。通过以上举措，促成广西专利密集型产业内部形成更为先进的组织形态，从而能够吸纳汇聚更多的力量，从根本上改变长期处于产业链中低端的不利局面，实现真正的崛起。

（三）优化专利密集型产业空间布局规划，促进集聚效应极大发挥

依托南宁、柳州、桂林三市丰富的科技、教育、金融和产业等资源，加快建设专利密集型产业发展核心区。进一步完善相关产业空间布局，全面系统协调各区域、各产业间的有序发展，横向拓展产业集群，纵向延伸产业链条，促进区域产业良好创新创业生态的形成，大力打造专利密集型产业培育载体，将南宁、柳州、桂林、北海等国家级高新区作为重要平台，完善园区知识产权服务体系，培育园区企业成为专利密集型企业，打造基于专利的竞争力和话语权，将园区建设成为知识产权创新创业特色鲜明的专利密集型产业集聚园区，形成产业之间、企业之间有机融合、相互支撑、协同发展的格局。推动专利密集型产业培育工作落实到基层一线，引导各市县根据当地实际情况，遴选特色优势产业进行培育，加快专利创造和运用，发展成为专利密集型产业。通过合理集聚和资源整合，实现专利密集型产业发展的倍增效应，使其成为区域经济增长更为重要的源泉。

（四）加强需求型政策供给，培育和开拓专利密集型产业产品市场

产业发展的根本动力来源于市场需求。只有当产业生产出来的产品和服务受到市场欢迎、能够顺利销售并获得利润时，产业才能健康、可持续地发展。

用户需求通过市场价格信号引导供给方的创新和生产活动，从而促进资源的优化配置和有效使用。过去广西较为强调的是供给型的政策，即通过向供给方直接投入各种资源，促进其开展创新活动。这导致了创新成果的大量涌现。例如从发明专利倍增计划实施以来，广西的发明专利申请量、授权量和拥有量实现了跨越式增长。但其转化运用效果则相对显得滞后。因此，为引导这些成果实现产业化和经济价值创造，应当加强需求型政策供给，通过为专利密集型产业中的企业培育市场需求，能够有效消除企业经营和财务压力，从而释放出更多创新活力。在现阶段，应加快研究制定专利密集型产品目录，在财政专项资金支持和政府采购方面向自主知识产权的专利密集型产品倾斜，或者对购买了专利密集型产品的消费者进行补贴。同时，加快推进专利标准化工作，推动若干重要专利成为产业标准，使专利密集型产业的产品能有效占领市场。

2018 年

广西蓝皮书

广西经济形势
分析与预测

产业发展篇

产业集聚视角下广西电子商务
发展研究[*]

柯丽菲　邓海涛　周后红

当下发展得如火如荼的电子商务是经济全球化和信息技术快速发展的产物，是一个国家或地区融入全球价值链的重要途径，被视为未来发展的新增长极。近年来，广西通过大力实施"电商广西、电商东盟"工程，以建设中国—东盟跨境电子商务基地为目标，持续推动着电子商务跨越式发展。广西电子商务发展面临诸多的机遇和挑战。本文将对广西电子商务的发展现状进行分析，探讨存在的问题，测算其产业集聚度，并提出发展策略。

一、广西电子商务的发展现状

近年来，随着电子商务拉动的消费和内需对于经济发展的作用越来越大，国家和广西相继出台了一系列支持电子商务发展的政策，大力支持电子商务发展。借助"一带一路"的东风，广西依托区位优势，全面启动中国—东盟信息港建设，不断优化跨境电商发展环境，跨境电子商务快速发展，电子商务逐步从城市延伸到农村。2017 年广西电子商务交易额达到 7056 亿元，对全区经济增长贡献率达到 50％左右，其中，2017 年跨境电商交易额达到 425 亿元，约占广西进出口总额的 11％，同比增长 28.8％。截至

---

* 本文系 2018 年国家哲学社会科学基金项目"以服务业提升滇桂黔石漠化片区扶贫产业效率的研究"阶段性成果（项目批准号 18XMZ073）。

2017年底，广西电子商务进农村网点超1000个，2017广西"壮族三月三"电商节期间，广西全网网络零售额达到13.8亿元。通过开展"电商入桂"，阿里巴巴、京东、浙江传化集团等一批电子商务企业落户广西。广西电子商务的发展呈现以下特点：

第一，广西农村电商发展迅速。

截至2017年12月，广西共获批国家电子商务进农村综合示范县36个，其中贫困县和革命老区县26个，获得7.2亿元中央资金支持。截至2017年6月，各示范县共建成电子商务进农村服务站点1708个，其中，县级服务中心18个，乡镇服务站104个，村级服务点1586个；共建立物流配送网点1583个，其中，县级物流配送中心26个，乡镇配送网点233个，村级配送网点1324个；农村电商业务累计培训36941人次；推动形成农产品网销单品698个。2017年，阿里巴巴与广西39个县（市、区）正式签订合作协议，开通农村淘宝县域33个，建设农村服务站点1170个。同时，乐村淘、京东商城、苏宁易购、村邮乐购等全国知名电商平台，也争相在广西农村开展业务。

第二，跨境电商不断发展，南宁获批跨境电商试验区。

2018年7月，国务院发布《关于同意在北京等22个城市设立跨境电子商务综合试验区的批复》，同意22个城市设立跨境电子商务综合试验区，南宁成功入选国家跨境电子商务综合试验区。这将为广西电子商务的发展迎来更多的契机，将推动跨境电子商务产业发展驶入"快车道"。综合试验区以跨境电子商务为突破口，在业务流程、监管等多方面可以先行先试，将进一步推动外贸领域的"放管服"改革，推动国际贸易自由化、便利化和业态创新。

第三，产业发展深度融合，推动传统产业升级。

电子商务正在与农业、工业进行深入融合，推动传统产业转型升级。许多传统的企业纷纷开展电子商务的应用，或选择与第三方电商平台合作，或研发自由的电商交易平台。尤其是一线城市的第三方电子商务实力雄厚，加速辐射中西部地区；更多的企业由非支付型电子商务向支付型电子商务发展，金融互联网业务更为完善。全新视角的电子商务服务业群从低端技术环节，到中端支撑环节，再到高端应用环节的电商服务链并存，优胜劣汰将在企业间、第三方电子商务平台间展开，迎来新一轮兼并潮。

第四，电子商务成为"党旗领航·电商扶贫"的重要途径。

2016年国家16个部委专门联合出台《关于促进电商精准扶贫的指导意见》，指导全国利用电子商务促进精准扶贫。同年，广西商务厅联合广西党委组织部等单位开展"党旗领航·电商扶贫"行动，取得了广泛的社会影响力。近年来，广西充分利用电商平台帮助贫困地区因地制宜，促进优势产业、特色产业的发展，拓宽销售渠道，打造特色品牌，成效明显。据统计，2017年广西农村网络零售额达125.6亿元，同比增长38.3%，农产品网销单品901个，帮助建档立卡贫困户销售3562万元。2017年，百色芒果、钦州荔枝、富川脐橙一触网销售，便取得了亮眼的成绩，孵化了"壮乡河谷""桔乡里""橘小姐"等一批网络知名品牌。百色通过电商平台销售芒果的店铺达3700多家，2016年网络销售芒果7.4万吨，占全年销量的22.6%，直接带动1万多人就业。富川瑶族自治县依托电商平台宣传推介访古观光旅游精品线路和生态特色无公害农产品，仅在朝东镇岔山村，2017年就带动贫困户户均增收近6000元。

然而，受到主观和客观因素的影响，广西电子商务发展仍存在制约因素，主要表现为：

第一，不少传统企业、农户对电子商务的接受程度不高，互联网竞争意识薄弱，仍把主要的资源投入到实体市场的竞争当中。缺乏电子商务龙头企业的带动，造成广西电子商务企业比较弱小，品牌效应不足，集聚度较低，缺乏有实力的电子商务产业园区，影响了广西电子商务的发展和普及。

第二，广西缺乏完善的物流体系支撑电子商务的发展。主要表现在：一是物流基础设施不够完善，跨境物流通道效率不高，手续还不够便捷，导致物流配送周期长；农村配送网点覆盖不全面，仓储能力弱，造成"最后一公里"梗阻。二是缺乏具有国际竞争力的物流龙头企业带动，物流企业小，创新、服务和支撑能力有待提高，导致物流配送体系不完善，物流管理水平低，无法统筹协调与港口、铁路、公路、水路航运等方面的协调配合。这种各自为政的局面使得物流费用居高不下。三是物流企业的诚信服务亟待提高。要完善关于配送时限、物品损坏或丢失等理赔制度，为消费者提供维权渠道和相应的保护。

第三，电子商务的交易缺乏有竞争力的产品，存在安全隐患。主要表现在：一是缺乏具有广西特色的知名品牌，产品知名度低，质量安全标准体系不健全，影响电子商务企业的效益。反之，由于电子商务企业的网站影响力有限，已建成的网站不仅缺乏必要的技术维护和内容更新管理，更主要的是缺乏集中推广的渠道，在帮助企业拓展国内外市场方面收效甚微，没有达到双赢的局面。二是消费者选择产品或服务的渠道越来越多，按照惯性思维，消费者就会选择已经用过的或听他人宣传的产品，新产品要打开市场就会增加难度，很多企业就不愿意选择电商渠道。三是电子商务交易存在安全问题。如无法准确知道经营者的信用状况，是否有网络经销的资格；敏感信息和交易数据在传输过程中是否被恶意篡改。此外，电子商务网站无法验证登录到网站上的客户是否是合法用户，网上交易行为一旦被某一方否认，另一方难以找到用于仲裁的、已签名的记录依据等。

第四，缺乏电子商务高技术人才。主要表现在：一是广西作为西部地区，对人才的吸引力远低于发达省份。电子商务人才作为新产业新业态的急需人才，往往供不应求，广西缺乏完善的人才政策与发达省份展开人才争夺战，造成人才紧缺，特别是领军型、统筹型、创新型人才非常缺乏，绝大部分电子商务企业存在人才招聘压力。二是不注重本土电子商务人才的持续培养，导致人才的创新能力、技术水平得不到显著提高，更没有形成老带新、强带弱的人才培养梯队。

二、广西电子商务产业集聚度

（一）产业集聚水平的测度指标

产业集聚水平的测定指数比较丰富，主流的指标主要包括区位熵、空间Gini系数、Hoover系数、EG指数、H指数等。基于统计数据的搜集及研究对象的适用问题，本文选取区位熵计量广西电子商务产业的集聚水平。区位熵是反映地区特定产业专业化程度比较优势的指标，指一个地区该产业的产值在该地区总产值中所占的比重与全国平均比重的比率，其表达式为：

$$LQ_{ij} = \frac{L_{ij} / \sum_{j=1}^{m} L_{ij}}{\sum_{i=1}^{n} L_{ij} / \sum_{i=1}^{n} \sum_{j=1}^{m} L_{ij}} \quad (1)$$

其中，$i=1, 2, \cdots, n$ 表示地区，$j=1, 2, \cdots, m$ 表示行业，L_{ij} 表示第 i 个地区，第 j 个行业的增加值。若 $LQ_{ij} > 1$，则表明产业 j 在地区 i 行业集聚程度超过全国水平，具有相对规模优势；若 $LQ_{ij} < 1$，则表明产业 j 行业集聚程度低于全国水平，其规模比较弱势；若 $LQ_{ij} = 1$，则表明地区 i 的产业 j 专业化水平与全国水平相当。

（二）广西电子商务产业集聚度及其与各省、自治区、直辖市的比较

按照公式（1）计算2017年广西电子商务产业集聚度，并将其与各省、自治区、直辖市的数据进行比较，结果如表1所示。

广西电子商务产业集聚度与各省、自治区、直辖市比较。以2017年的数据为例，比较各省、自治区、直辖市的电子商务产业集聚度情况，广西的集聚程度落后于部分省、自治区、直辖市（见表1）。从2017年西部地区12个省、自治区、直辖市的情况来看，广西的电子商务产业集聚水平仍处于落后地位，处于第六位，落后于重庆、四川、贵州、云南和陕西等地区。

表1 2017年广西与各省、自治区、直辖市电子商务产业集聚度比较

北京	2.237	湖北	0.713
天津	1.286	湖南	0.500
河北	0.651	广东	0.932
山西	1.000	广西	0.858
内蒙古	0.759	海南	0.855
辽宁	0.736	重庆	1.221
吉林	0.479	四川	1.189
黑龙江	0.669	贵州	1.082
上海	2.051	云南	0.955
江苏	1.031	西藏	0.754
浙江	0.979	陕西	0.911
安徽	0.714	甘肃	0.824
福建	0.857	青海	0.762
江西	0.670	宁夏	0.795
山东	0.648	新疆	0.580
河南	0.614		

数据来源：根据国家统计局数据库（http：//data.stats.gov.cn/）数据计算得出。

表2 2017年广西与西部各省、自治区、直辖市电子商务产业集聚度比较

地区	产业集聚度	名次
广西	0.858	6
内蒙古	0.759	10
重庆	1.221	1
四川	1.189	2
贵州	1.082	3
云南	0.955	4
西藏	0.754	11
陕西	0.911	5
甘肃	0.824	7
青海	0.762	9
宁夏	0.795	8
新疆	0.580	12

综上分析，广西电子商务产业集聚度低于全国不少省、自治区、直辖市，在西部地区也处于中间的位置，产业专业化程度相对较低，缺乏竞争优势，广西电子商务产业仍存在巨大的发展空间。

三、广西电子商务的发展对策

通过分析广西电子商务的发展现状，在产业集聚度测算分析的基础之上，可从以下方面提升电子商务的发展水平，提高其产业集聚度。

（一）政府财政要加大对电子商务产业的支持力度

各级人民政府要从财政资金上大力支持电子商务发展，按照国家有关规定，充分用好广西现有财税费、土地等综合支持政策。各级财政要根据本级财力状况和相关政策规定，支持电子商务发展。支持中小企业应用电子商务开拓国内外市场，支持电子商务重大项目建设、服务体系建设、人才培训、关键技术研发以及电商模式创新。对在广西设立全国或区域性总部、营运服务中心（基地）、区域性物流配送中心（基地）、结算中心的国内外知名电子商务企业给予重点支持。

（二）政府加强规划和引导，持续优化政策环境

近年来，广西陆续出台了《关于加快电子商务发展的若干意见》《广西壮族自治区电子商务发展"十三五"规划》《"互联网＋流通"行动计划实施方案》《广西壮族自治区电子商务进农村综合示范工作方案（试行）》等一系列政策措施，从政策指导扶持层面为电子商务发展保驾护航。下一步应做好相应的工作：一是政府部门应强化服务意识，为企业提供电子商务相关的技术、信息、人才、金融、法律、政策等方面的咨询、培训、评估等全方位服务。可考虑出台相关的实施细则，确保政策的执行和落地，达到实施效果。优化政策实施的软环境，主要包括：提升政府公共服务水平、维护公平市场秩序、优化营商环境，建立起完善的监督和追责体系，保证依法高效履职。二是要依法保障电子商务的发展。简化办事流程，提高工作效率。依法研究制定电子商务管理规范，强化电子商务法规和标准的执行，促进建立开放、公平、健康的电子商务市场竞争秩序。加强电子商务领域市场监管，严厉打击各类电子商务领域违法经营行为，着力建设规范有序的网络市场环境。加强电子商务领域商品质量监测，及时在网络上发布商品质量监测信息，引导消费者理性消费，促进广西电子商务健康有序发展。三是加强电子商务统计和行业组织发展。行业主管部门要研究制定电子商务产业统计指标体系，加强电子商务企业信息统计和采集，建立电子商务运行监测系统，积极开展统计试点工作并逐步推广，为政府决策和企业经营提供依据。支持行业组织发展，充分发挥行业组织在行业自律、技术推广、交流合作等方面的作用。

（三）把农村电子商务作为广西电商发展的重要着力点

广西的农业产品特色明显、优势突出，是广西发展电子商务、培育网络品牌的重要着力点。下一步，一是广西应依托农村电商的发展浪潮，整合资源，凝心聚力，推动农业产业结构优化，推动"八桂名品、网销全国"，孵化一批农村电商企业，打造一批广西特色网络销售品牌。二是支持农产品加工企业应用电子商务，实现农业信息化，在农业生产、销售、运输等过程中的周期全程管理；生产过程的标准化、规模化，建立现代化的农产品生产流通服务体系。三是引导特色农产品电子商务发展，打造品牌化、国际化的"地理标志产品"；利用电子商务推动农村大量闲置土地的产业化、市场化运作，发展现代物流、都市休闲农业等高端产业。四是要重点加强农村电子商务网络的基础设施建设工作。加快基础通信设施、光纤宽带网和移动通信网、广电有线网络建设，构建有线无线相结合、覆盖城乡的信息网络体系。以推进"宽带中国""无线城市""下一代互联网""三网融合""宽带村通"等工程建设为契机，全面推进光纤进村入户，推进已建居住区光纤到户改造，实现新建小区光纤宽带全覆盖。

（四）把电商扶贫作为广西电子商务发展的突出亮点

与发达地区相比，广西兼具贫困地区广阔、特色物产丰富的特点，电商发展虽然落后，但其通过电商助力脱贫攻坚的潜力却是发达地区所不具备的。一是将"电商扶贫"作为广西电商发展的一个突出亮点来抓，利用电子商务无时空边界的优势，销售贫困户原生态的特产、"土货"，快速精准地帮助贫困地区群众创业致富，打造电商扶贫广西模式，提供电商扶贫的广西经验。二是推进电子商务与特色种养企业、农林产品加工企业的融合发展。对于缺少特色农产品的贫困地区，可充分利用当地良好的生态和旅游资源、少数民族风情等优势，发展"互联网＋生态""互联网＋旅游"，推动绿水青山成为贫困群众脱贫致富的金山银山。三是依托产业园的区位优势，吸引和集聚一批支付企业落户；加快出台相关政策，给予租金补贴、税收减免、基础设施服务、物业服务、政府创业基金等各方面支持。

（五）把跨境电子商务作为广西电商发展的突破点

东盟人口 6.3 亿，生产总值 2.4 万亿美元，是一个有活力、有潜力、充满商机的大市场，目前电子商务份额还不足 1％，是一片未开发的"蓝海"。随着钦州保税港区国际商品直销中心、南宁跨境商品直购体验中心等相继开业运行，跨境电子商务 O2O 新业态在广西迅速发展。东兴、凭祥等边境城市依托毗邻越南的优势发展沿边跨境电子商务，将东盟国家的特色商品销往全国，初步形成了集物流、支付为一体的电商体系。广西拥有面向东盟的区位优势，在

"一带一路"、区域经济一体化的背景下，广西发展面向东盟的跨境电商潜力巨大、优势明显。但由于全国跨境电商还在摸索中前行，广西跨境电商仍然处于刚起步的状态。今后，一是借助中国—东盟信息港正式落户广西的优势，打造面向东盟的基础设施、信息共享、技术合作、经贸服务、人文交流五大平台，助力南宁跨境贸易电子商务综合服务平台运营发展。二是利用中国—东盟跨境电商监管中心实现对跨境电子商务进出境物品的全程信息化管理。三是要想方设法降低物流仓储、监管、运输、金融等的成本，吸引更多有实力的跨境电商企业带着大项目来广西发展。

（六）完善电子商务的发展体系

一是要完善电子商务的交易体系，保证交易安全。要建立各地电子商务主体信息数据库，加强对电子商务主体的网上经营活动监测工作，有效实施网上监管。建立互联网站、发布网页、从事网上经营活动情况的备案制度。建立严密的客户认证机制和安全管理机制。建立统一安全技术标准的电子商务综合服务平台。二是构建电子商务的服务体系。加强电子商务公共服务体系建设，为传统企业应用电子商务提供电商软件开发、网店建设、仓储管理、营销推广、售后服务和代运营等服务。加强电子商务产品公共检测平台建设，提升电子商务产品质量检测能力。建立电子商务促进全民创业技术服务体系，为电商创业提供一站式服务。三是构建电子商务信用体系。鼓励电子商务第三方信用认证、信用评级机构的发展。完善信用监督和失信惩戒机制，规范电子商务经营行为。构建安全规范方便快捷的支付体系。四是加大对电子商务企业的金融支持。引导和鼓励金融机构面向电子商务企业推出新的金融产品和服务。允许电子商务出口企业申请设立外汇账户，凭海关报关信息办理货物出口收结汇业务。鼓励各类投资公司积极投资电子商务，引导电子商务企业引入风险投资、战略投资。支持电子商务企业通过境内外证券市场融资，符合条件的可列为重点上市培育企业。

（七）完善与电子商务协同发展的物流产业链

完善的物流有助于降低企业的运行成本，提高资源配置效率，增强市场反应能力，强化企业的核心竞争力。电子商务的快速发展给物流市场提出了更高的要求。一是支持电子商务与快递业协同发展。整合物流资源，鼓励发展共同配送等物流配送组织新模式，支持快递、城市配送、冷链物流、中转分拨中心等集约发展。支持电子商务企业建设仓储、配送等物流设施，建立高效通畅的电子商务物流配送体系。在区域中心城市和交通节点城市规划发展电子商务物流园区，构建覆盖全区各市的都市配送网络，并逐步向县、镇和村延伸。二是完善全区物流运行监控系统，健全物流业管理体制机制，不断提高物流现代化管理水平。政府应通过政策鼓励物流企业积极尝试业务新模式、开展服务创新，加快建设以物流科技和信息服务为核心的物流服务平台，通过运用信息技术和供应链管理技术进行资源整合和一体化运作，降低成本、提高效率、优化服务，助推电商发展。三是政府应从财政、税收等政策层面加大对电子商务企业的用地支持。对电子商务标杆企业、国内外龙头电子商务企业落户和重大电子商务项目建设，各市应优先安排用地指标，确保项目落地。

（八）改善营商环境，鼓励电子商务领域开展就业创业

一是营造良好的电子商务发展氛围。充分发挥主流媒体舆论导向作用，采用多种形式，加大力度宣传和普及电子商务知识，强化社会各界的电子商务应用意识，宣传推介电子商务应用示范企业、优秀网站和典型案例，不断扩大示范效应，形成良好的创业氛围。二是完善市场环境，降低行业准入门槛，鼓励各类资本投资电子商务产业。推进行政审批改革，进一步简化注册资本登记，放宽、简化经营场所登记，加快推行"先照后证"、电子营业执照和全程电子化登记管理，完善相关管理措施。完善价格政策，实现电子商务企业用水、用电、用气与工业企业同质、同量、同价。三是把发展电子商务促进就业纳入整体就业发展规划和电子商务发展整体规划。建立电子商务就业和社会保障指标统计制度。充分利用就业创业相关政策，支持群众通过电子商务创业。四是鼓励高校、科研机构与电商企业共同建立各类电子商务基地、孵化基地、创业园，指导这些基地、园区为电子商务创业人员提供场地支持和创业服务。

（九）加大对电子商务人才引进和培养

一是借鉴国内外的先进经验，依托电子商务企业和行业协会、高校与培训机构等力量，在广西建设一批实力雄厚、经验丰富、技术前沿的培训机构和实操基地，面向电子商务从业人员和创业人员、毕业生等开展多层次、多形式的培训，培养理论扎实、精通实操的电子商务的复合型、应用型、技能型人才。二是面向广大农户、农民合作社开展乡村电子商务培训，提升农民网商队伍的素质能力，确保他们的技能跟上农村电商发展的步伐。三是完善人才引进、培养、使用和激励等人才政策体系，助力电子商务产业园区、电商企业实施高层次人才引进，按照国家和自治区有关人才引进规定，给予这些高层次人才享受居留和出入境、落户、子女入学、医疗保险等方面的优惠政策，产生良好的社会示范效应，吸引更多的优秀电子商务人才到广西发展。

BLUE
BOOK

广西经济形势分析与预测

广西社会科学院 编

农业农村篇

ANALYSIS AND FORECAST ON GUANGXI'S ECONOMY

2018年
广西蓝皮书
广西经济形势
分析与预测

农业农村篇

广西推进农村集体产权制度改革若干重大问题研究

莫嘉凌　丘映含

一、广西农村集体产权清产核资的基本情况及问题

清产核资是农村集体产权制度改革的第一步工作，是村民群众关心的焦点，也是集体资产股份权能改革试点的重点。中央明确了开展集体资产清产核资工作的三点要求，即明确清产核资的范围、明确清产核资的任务（主要就是要查清资产，理清债权债务，建立管理台账和相应的管理制度）和明确清产核资的责任。

2015年5月，经中央深改组、国务院同意，全国29个县（市、区）开展了农民股份合作赋予农民对集体资产股份权能改革试点，梧州市长洲区成为广西唯一的农村集体资产股份权能改革试点县（区）。2017年3月，农业部办公厅印发《2017年农村经营管理工作要点》，强调在扎实做好29个农村集体资产股份权能改革试点工作的基础上，稳步推进农村集体产权制度改革，扩大农村集体产权制度改革试点，2017年再选择北京、天津、重庆、福建、广西、青海等6个省区市基础较好的100个县推进整省试点，重点是建章立制、摸清家底，推动各地积极扩大试点范围，力争基本覆盖所有涉农县（市、区）。调研总结广西梧州市长洲区农村集体资产股份权能改革试点区及广西2016年申报参与扩大改革试点的部分县市区及村开展改革

试点在清产核资方面初步积累的一些经验和发现存在的问题，以期为农村集体产权量化确权改革打下坚实基础。

（一）广西农村集体产权清产核资的基本情况

1. 广西农村集体林权情况。

广西是全国森林资源大省（区）、南方重点集体林区、林业大区，林地面积 2.34 亿亩，其中集体林地面积 2.10 亿亩。按照党中央、国务院的统一部署，广西林改工作从 2008 年启动试点开始，经过了先行试点、扩大试点、全面推开、检查验收四个阶段，历时近 4 年，涉及全广西 111 个县（市、区）、1126 个乡镇、14788 个村民委、800 多万户农户、3000 多万林农。至 2011 年 10 月底，全区基本完成了以明晰产权、承包到户为主要内容的集体林权制度改革主体改革，但颁证工作滞后。

2015 年 4—8 月，按照自治区党委第二巡视组对自治区林业厅巡视反馈意见的要求，在全广西开展了集体林权制度改革林权证发放情况大调研。调研结果与 2011 年主体改革检查验收结果有较大出入。根据本次调研结果，全广西累计勘界确权面积 18167.8 万亩，占集体林地面积的 88.1%；确权发证面积 15684.4 万亩，占集体林地面积的 76.1%；确权到农户的面积为 14297.7 万亩，占集体林地面积的 69.3%（但林权证发放到农户面积仅占集体林地面积大致为 50%）。2012 年以来，自治区林业厅每年都将林权证发放查缺补漏列为年度工作重要内容，要求各地积极推进林权证发放查缺补漏工作。2016 年 8 月，印发了《广西壮族自治区集体林权更正登记管理办法》，指导基层规范处理集体林权更正登记工作。但各地均反映林权证发放查缺补漏工作存在无机构无资金无人员的问题，工作进展很慢。为解决主体改革遗留问题，自治区林业厅提请以自治区人民政府的名义印发《关于开展集体林地林权证发放查缺补漏纠错工作的通知》，拟强化县级人民政府对林权证发放查缺补漏纠错工作的主体责任，并将查缺补漏工作列入绩效考评，要求各县（市、区）根据实际情况制订具体到村的 3～5 年查缺补漏纠错工作方案，逐年组织实施。当前该通知涉及绩效考评方面的内容还在与绩效办做进一步沟通，争取尽早印发。

2. 广西农村集体资产情况。

在自治区农业厅调研时了解到，根据 2012 年自治区纪委、农业、财政等部门对全区农村集体资产进行清查结果，全区 14 个市、111 个县（市、区）、1126 个乡镇、65 个街道、15400 个村委（社区）、267263 个村民小组，2013 年 8 月拥有农村集体资产总额达 390.95 亿元。其中流动资产 75.38 亿元、农业资产 38.69 亿元、对外投资 2.44 亿元、固定资产 274.44 亿元（含在建工程 7.78

亿元），占资产总额 70%。在农村集体资产固定资产中，持有量最多的是南宁市，达 65.48 亿元，占广西农村集体固定资产总额的 24%；防城港市最少，仅为 2.43 亿元，占总额的 0.9%。

3. 全区农村集体土地资源情况。

根据自治区纪委、农业、财政等部门对全区农村集体资产进行清查结果，2013 年 8 月全区农村集体土地资源总面积 2.46 亿亩，其中耕地 0.42 亿亩，占总面积的 17%；林地 1.58 亿亩，占总面积的 64.2%；宅基地 0.03 亿亩，占总面积的 1.3%；公益、公共设施用地 0.17 亿亩，占总面积的 6.9%；荒地等未开发地 0.26 亿亩，占总面积的 10.6%。

4. 广西农村集体债务情况。

根据自治区纪委、农业、财政等部门对全区农村集体资产进行清查结果，全区农村集体债务较为严重，2013 年 8 月全区债务总额达 11.47 亿元。其中，三年以上债务 6.35 亿元，占全区村集体债务总额的 54.4%；三年以下债务 5.12 亿元，占全区村集体债务总额的 44.6%。债务最多的是桂林市，为 3.97 亿元，占全区总额的 34.6%；债务最少的是来宾市，为 331 万元，占全区总额的 0.29%。

（二）广西农村集体产权清产核资存在的问题

对广西农村集体产权制度改革试点调查发现，广西各农村集体大多存在产权归属不清晰、权责不明确、保护不严格等问题，制约着后续的扩大试点和全面推进改革工作。结合各厅局的调研结果及外省试点经验，梳理出广西清产核资方面重点需要解决的问题，主要有：

1. 全区农村集体产权整体家底不清，工作机构不健全。

由于基层农经系统撤并等原因，广西部分地区农村集体资产长期处于管理模糊的状态。全区尚未进行专门的清产核资工作，农村集体产权家底不清。大部分乡镇农经体系建设比较滞后，农经干部少，其职能分散在乡镇政府经济发展办公室、农业服务中心、财政所等，不利于广西全面推进农村集体产权制度改革工作。

2. "六权"确权工作不完全，影响改革进度。

农村"六权"确权过程中，部分地区确权发证工作比较粗糙，难以作为精准的清产核资依据。林改工作未完全到位，林权证发放进展缓慢，较大面积的集体林权因存在查缺补漏工作无机构、无资金、无人员和权属纠纷等问题，无法开展清产核资工作。

3. 缺乏农村集体产权的评估制度设计。

当前，广西缺乏农村集体产权评估的制度设计。长期以来，农村集体资产的评估都是由村委会组织自行评估，在资产未进行流动交换的情况下，这种评估不失为简单经济而易行的方式，也是当前主要的农村资产评估模式。但是如果发生流动交换等市场经济行为，由村民评估的资产极易背离其市场价值，据此作价交易流通，容易造成集体资产的重大损失。本次改革的主要目的是折股到户，因此资产评估显得尤为重要，必须有完善的制度设计。

（三）广西深化农村集体产权制度改革清产核资环节的建议

1. 健全农经工作体系，摸清农村集体家底。

参考长洲区试点的做法，在改革之前健全乡镇农经工作体系，配备必要的工作人员，初步摸清农村集体资产家底再制定相应的改革工作方案。

2. 开展"六权"查缺补漏工作。

全面开展农村"六权"确权梳理排查工作，如实登记缺漏项目，对影响本次改革的缺漏项目，应当及时安排修正，保障改革顺利开展。

3. 先行做好集体产权评估制度设计。

建立农村产权评估制度，规范评估程序。鉴于广西农村集体经济整体薄弱，建议参考重庆市巴南区的做法，清产核资可由乡镇财政所、农经站指导，村民代表共同估算，不聘请专业评估机构，既减少成本，也符合村情民意。待条件成熟时再委托有资质的第三方评估机构对集体产权进行评估。对已建立集体经济合作社或股份经济合作社且发展较好和集体经济发展较好、村民意识较高的村，应委托有资质的第三方评估机构对集体产权进行评估，为其以后使用权抵押贷款和交易明确法律地位。对于未按评估程序规范开展产权评估的，应当禁止流通交易，避免集体资产流失。

二、折股到户方面的基本情况及问题

根据农业部、中央农村工作领导小组办公室、国家林业局 2015 年 7 月共同下发的《关于积极发展农民股份合作赋予农民对集体资产股份权能改革试点工作的批复》，全国 29 个农村集体资产股份权能改革试点县区，长洲区成为广西唯一一个。两年来，长洲区围绕保障集体成员权益，全面开展股份占有权、收益权、有偿退出权、继承权 4 项权能改革。

（一）基本情况

1. 试点村组情况。

长洲区总人口 17.2 万人，其中市区人口 6.2 万人，农业人口 11 万人。下辖 2 个乡镇、2 个街道办事处，15 个社区、26 个行政村、461 个村民小组。列入改革试点的农业人口村（居）共 26 个，其中，长洲镇 7 个，兴龙办 3 个，倒水镇 16 个（只有 300 人的渔业村因无资产、资源，不列为改革试点村），计划改革试点覆盖率为 96.3%。

2. 工作推进情况。

共有 19 个行政村及 199 个村民小组顺利推进改革试点工作。有 8 个村、153 个村民小组完成清产核资工作，14 个村、147 个村民小组制订并表决通过了股份合作社章程，133 个村民小组完成成员界定，已界定成员 46963 人，已完成股权配置 87 个村民小组，已配置股权 49741.23 股，已打印股权证书 1894 本，其中泗洲村已完成改革任务。

3. 集体资产情况。

目前，长洲区农村集体净资产 9.31 亿元，其中，村级 1.06 亿元，组级 8.25 亿元；集体资产净收益 4564.93 万元，其中，村级 121.93 万元，组级 4443 万元。

4. 股份制改革方式。

根据长洲区实际情况，权能改革采取两种模式推进。

一是资产折股量化。力争在长洲镇和兴龙办所属的 10 个村（203 个村民小组）实现股改全覆盖，将村组集体资金、资产、资源综合折股量化到人，确权颁证到户。泗洲村已颁发股权证书，共发放股权证书 964 本，配置股份 3554 股。正阳村、龙华村、新兴村等 3 个村正进行股权证书打印工作。竹湾村、长地村、龙新村、平浪村等 4 个村全面推进成员身份界定、股份配置、资产股份量化等工作，上述 7 个村预计 2018 年 2 月底全面完成改革试点任务。新兴村建立村级集体股份联合社，实行村下属 9 个股份合作社的社员加入联合社，成为广西首个开展村级集体经营性资产折股量化到人，确权到户改革试点村。

二是资源量化入股。倒水镇列入改革试点的 16 个村在尊重承包农户意愿的前提下，采取以资源性资产（耕地、林业、鱼塘、水库）入股的方式，建立土地股份合作社的模式，推进改革试点工作。目前已有 9 个村（即富庆村、古城村、古道村、路垌村、平石村、马水村、古善村、三贵村、大桥村）制订通过了土地股份合作社章程，成立了土地股份合作社，改革试点工作取得阶段性成效。路垌村、古道村等 6 个村实施村级集体经营性林场土地股份合作经营改革试点；古城村实施农户家庭承包林地土地股份合作经营改革试点；大桥村、三贵村实施"农民专业合作社＋农户土地股份合作社"改革试点。倒水镇余下 7 个村也在加快改革试点进程。

（二）优点与亮点

1. 理顺了人、财、物的关系。

股改统一了分配形式，扭转了以往集体收益分配按人口、按地份、按年龄、按贡献等不规范的现象，稳妥解决了"出嫁女""倒插户"等收益分配问题。如龙新村集体所有资金量较大，25 个村民小组的集体资金超过 2 亿元，股改后实现了村组"资金变资本,资本变股份,股份变收"。股份合作社集体从经济收益分配总额中提取10％的公积公益金,避免短期内"分光用尽"。

2. 恢复了乡镇经管站。

为确保"事有人干、责有人负",长洲区于2015年恢复成立了乡镇经管站,成为广西第一个恢复成立镇级经管站的城区,梧州市编委给长洲区增加了6个乡镇经管站编制(两镇各3个),乡镇经管站干部成为开展改革试点工作的主力。

3. 作为一把手工程实施。

成立了由区委书记、区长担任组长的农村集体资产股份权能改革领导小组,实行一把手负总责,书记、区长主抓,高位推动。相关镇(办)同步成立改革领导小组,各村民小组成立由小组长和村民代表组成的改革工作小组。形成党委、政府齐抓共管,区、镇、村、组四级联动的工作格局。

4. 强化考核督查。

将权能改革试点纳入年度绩效考核范围,定期不定期开展督促检查。

5. 股改与扶贫相结合。

长洲区3个贫困村在股改过程中,结合脱贫摘帽工作,每个村投入财政扶贫资金20万元作为村集体股份合作社的本金,与农民专业合作社合作发展特色产业,年收益50％分红给全村的贫困户,50％用于壮大发展集体经济或投入村集体公益。

(三)梧州试点存在的问题

1. 集体留用地开发利用问题。

长洲区集体留用地存量约2500亩,亟须有效开发利用,壮大发展集体经济。目前,留用地开发建设过程中出现了难以取得用地指标,土地利用率低,留用地虚置等问题。留用地转性审批难度大。由于市扶持政策不完善,导致留用地的规划、土地指标安排、建设许可审批不及时,容易产生矛盾与纠纷。因此,从顶层设计和制度建设层面规范留用地的使用与管理显得尤为迫切。

2. 集体经济组织的法人地位问题。

尽管新出台的《中共中央 国务院关于稳步推进农村集体产权制度改革的意见》明确由县政府主管部门负责向农村集体经济组织发放组织登记证书,明确集体经济组织法人地位。但地方及管理部门尚未出台实施细则,一些具体环节难以落实。

3. 工作进展不平衡。

由于个别村存在土地权属不清等问题,使得工作进度不一致。倒水镇目前只有9个村开展改革试点,占该镇确定目标56％。长洲镇龙平村、寺冲村2个村未能按照进度要求推进，工作相对滞后。

（四）关于广西深化农村集体产权制度改革折股到户环节的对策与建议

根据广西试点反馈，综合区内基本情况，参考外省试点的经验与教训，课题组就广西在折股到户环节存在的主要问题提出的建议如下：

1. 加强组织领导，做好改革的顶层设计。

成立自治区主要领导担任组长的产权制度改革工作领导小组，农、林、水及工商、税务、财政、金融、住建、国土等部门的主要负责人担任成员，领导小组下设办公室，负责农村集体产权清产核资量化确权工作日常事务。自治区抓紧出台全区农村集体产权制度改革实施方案。同时要求各市、县、试点镇街结合自身实际情况，制定相应的实施方案和工作方案，确定好改革时间、步骤。按层层负责的原则，重点以全区农村集体产权清产核资量化确权的业务负责人和业务骨干为培训对象，对全区农村集体产权清产核资及量化确权工作具体操作流程及有关问题的处置进行业务培训。着重培训骨干力量，对改革试点镇街的工作人员、村社干部及部分群众进行政策和业务培训。

2. 围绕关键问题，尽快出台配套政策促使改革有效有序推进。

借鉴贵州水城县等地的经验，抓紧出台"农村集体经济组织民主议事的指导意见""农村集体资产经营管理体制改革清产核资操作规程""农村集体经济组织成员资格认定工作指导意见""农村集体资产清产核资工作指导意见""农村集体资产股权量化指导意见""农村集体资产股权股权证书管理办法""农村集体资产股份收益分配指导意见"等指导性文件，促使改革有据可依。重点解决股权设置、成员资格界定等关键问题。一是股权设置。遵循"依据法律、尊重历史、立足现实、公平公正"的原则，借鉴佛山的经验，重点推广股权固化到户的做法。重在简便易行，以静态固化管理为基本原则，以动态式管理为例外情形。对于情况复杂、群众意见大、难以形成统一共识的个别村社，由群众协商解决。允许个别村社多样化、多元化设置，关键是以群众满意为目标。二是成员资格界定问题，按照尊重历史、照顾现实、规范程序、群众认可的原则，因村施策，分类指导。在制定方案时，可采取"一村一方案""一村一章程"，根据村情实际和群众的认可程度等，确定改制时间和改制形式。三是股权有偿退出和继承等流转问题，要在章程和实施方案中做出明确规定，原则上只允许股权在社内流转，但股权的流转、抵押须经股份经济合作社同意。

3. 解决农村集体经济组织法人地位问题，制定合理的财税政策。

农村集体经济组织与企业法人、机关法人、事业单位法人和社会团体法人属于完全不同的组织类型，在目前出台相关法律法规有难度的情况下，争取上级政府及有关部门出台过渡政策，为其创设法人地位，解决集体经济组织申办组织机构代码证、开立银行账户、申领票据、订立合同等问题；关于改制后农村集体经济组织（股份合作社）税费过重问题。目前，农村集体经济组织登记为企业法人后面临着税费负担过重的问题，不仅要缴纳房产税、营业税、所得税等税费，在办理集体资产权属变更登记时还要缴纳变更费用。对于改革后的农村集体经济组织，建议上级政府及有关部门出台政策，免除其在改革中因权利人名称变更登记、资产产权变更登记等发生的相关税费，对承担农村社会公共服务的集体经济组织暂免征收企业所得税，对改革后农民按资产量化份额获得的红利收益免征个人所得税。

4. 制定适合广西具体情况的农村集体土地利用政策，扩大改革红利。

土地是农村最具价值的资产，也是改革的最大红利所在。建议出台自治区农村集体土地利用的专门政策，理顺农村土地的利用渠道，全面盘活农村资产，有效增加农民收入。主要解决村级集体建设用地的规划、审批及权证的问题，解决历史遗留的各种建筑的产权问题，符合条件的应当使之合法化，不符合条件的应予以拆除。在国家未有相关政策的前提下，可参考佛山市的做法，由基层政府确认农村集体土地及其上建筑物的合法产权，以租赁方式开展使用权交易。

三、政策配套方面的基本情况及问题

（一）梧州市长洲区改革试点政策配套基本情况

1. 领导重视，大力推进。

成立农村集体资产股份权能改革试点工作领导小组，书记和区长任组长，分管领导具体抓，各职能部门分工配合，恢复成立镇级经管站，区、镇、村三级联动，一盘棋推进各项工作，形成强大合力。积极争取农业部、自治区农业厅领导的支持，多次邀请他们到长洲区考察调研、指导工作，市委深改领导小组听取工作汇报，专题研究部署，确保改革方向。同时加强政策宣传，统一村民共识，累计印发股份权能改革知识宣传资料 3500 份、《致农民群众一封信》2 万份，编制改革试点业务读本 370 本，编发 35 期改革试点工作简报，召开多种形式的村民动员会议百余场（次）。

2. 围绕"一个目标"，采取"两种模式"分类推进。

梧州市长洲区自 2015 年成为全国农村集体资产股份权能改革试点工作县（区）以来，围绕确保人民群众得实惠这一目标，以保障集体成员权益为核心，全面开展股份占有权、收益权、有偿退出权、继承权四项权能改革，试点村组改革工作稳步推进。同时，梧州市长洲区还将试点村组划分为资产型、资源型两大类，结合实际分类推进改革工作，其中长洲镇、兴龙街道办事处下辖的 10 个村作为资产型村组，倒水镇 16 个村作为资源型村组。

3. 恢复成立镇级经管站，确保改革工作"事有人干、责有人负"。

基层农经管理机构是落实国家农村有关法律法规、政策和农村改革的重要行政职能部门，是承担农村各项改革的中坚力量，但是广西在 2002 年乡镇机构改革过程中，撤销了乡镇农村经营管理机构，基层普遍存在人手短缺且兼职人员业务不熟、精力不济等问题，造成农村集体"三资"管理工作主体缺失，部分地方农村集体"三资"资料丢失，在一定程度上影响了农村集体产权制度改革进程。为此，梧州市长洲区在广西率先恢复成立镇级经管站，确保农村集体产权制度改革工作"事有人干、责有人负"。

4. 因村制策，开展农村集体经济改革。

在确定股权对象的过程中，对群众最关注的基准日确定、成员身份界定、股权配置等实行"一村一策"，力求既符合中央和自治区要求，又符合基层实际和群众意愿，避免一刀切。《长洲区农村集体经济股份合作社章程指导意见》规定要求，尊重农民意愿，先后多次召开村两委班子成员会议、村民小组长（即股份合作社长）会议、村民代表大会，通过反复修改补充及完善，制订新的组级《集体经济股份合作社章程》、村级《集体经济股份联合社章程》。章程明确了成员资格界定、集体经营性资产清产核资、集体净资产折股量化、股份配置、股东权利和义务、组织机构设置等规定要求，得到了大多数村民的一致认可和拥护支持。

5. 股份合作让资源变资产、资本变资金。

股份权能改革的最终目的是要进一步盘活和做大做强农村集体资产，发展农民股份合作，确保群众得实惠，让农民享受更多的改革红利。梧州市长洲区在尊重资源型村组承包农户意愿前提下，采取资源性资产（耕地、林业、鱼塘、水库）入股方式，建立土地股份合作社，推进改革试点工作。截至 2017 年 1 月中下旬，富庆、古城、古道、路垌、平石、马水、古善、三贵、大桥 9 个村制订土地股份合作社章程，成立了土地股份合作社。同时，路垌、古道等 6 个村实施村级集体经营性林场土地股份合作经营改革试点；古城村实施农户家庭承包林地土地股份合作经营改革试点；大桥、三贵村实施"农民专业合作社＋农户土地股份合作社"改革试点。

（二）广西试点存在的问题

1. 未能解决农村集体经济组织法人地位问题。

虽然民法总则明确了农村集体经济组织的特别法人地位，《中共中央　国务院关于稳步推进农村集体产权制度改革的意见》也明确了农村集体经济组织是集体资产管理的主体，但由于尚未出台具体操作细则，致使申办组织机构代码证、开立银行账户、申领票据、订立合同等均存在障碍，更不要说开展生产经营活动，获得市场主体地位。因此，目前梧州市长洲区成立的村组集体经济股份合作社仍然无法在工商管理部门登记，解决不了市场经营主体资格问题。

2. 改制后村集体经济组织税费加重。

无论是改制为股份有限公司还是股份合作社，均不享有农民专业合作社的优惠政策。原村集体资金往来可以使用财政专用发票，改制后需要使用税务发票，农民专业合作社可以享受的免征增值税、所得税、印花税等税收政策，改制后一律取消，导致税费加重，村集体经济收入减少。

3. 未能及时为集体建设用地、农用地和业已投资形成的集体物业等资产依法颁发土地证和房屋所有权证。

由于城市发展需要，20世纪80年代初政府就不断征用农民的土地，同时也留给"三产"用地，村（组）利用这些土地开发商铺、建农贸市场或综合大楼，发展第三产业，以增加集体和农民的收入，但直到现在大部分建筑物因土地性质没有变性而无法办理房产所有权证，对资产保值增值有一定影响。目前，长洲区约有2500亩集体留用地没能变性，约有15万平方米的商铺、综合大楼等建筑物没能办证。

（三）广西深化农村集体产权制度改革政策层面的对策与建议

综合以上对国内现行相关法律法规的分析，以及区内外试点实际情况，我们就深化广西农村集体产权制度改革在政策配套方面的几个关键性问题提出以下建议：

1. 加快推动立法工作。

启动推进农村集体经济组织立法程序，尽快出台农村集体经济组织法，赋予农村集体组织的法人地位，明确其组织形式，职能定位和管理办法，为深化农村集体产权制度改革提供法律支持。试点地区政府、人大应在总结推广试点地区地方政府和民间创造的农村产权流转经验与成果的基础上，向全国人大提出对有关法律的一些条款进行修订的建议，加快推动立法工作，以促进全国的农村产权流转。

2. 自治区出台改革配套政策，弥补国家有关法律法规的缺陷。

在总结和借鉴已有试点地区改革经验的基础上，对农民社会身份转变及其相关鼓励政策、农地托管中心、小城镇与新农村建设、农地综合整治等制订一个统筹的规划及实施方案，全面释放农村产权改革的能量，推动社会经济"二元"结构向"一体化"转化。

3. 限制政府介入深度，建立退出机制。

改革初期，为加快村级集体经济发展，可由政府主导进行一系列的投资开发，但是应当设立适当的退出机制，限制政府介入深度，回归政府的管理及服务本位，形成一个"主导式启动，平台公司推动，平台股权转化，回归市场"的完整的"政府主导，市场化运作"格局。

4. 完善顶层设计，规范村级治理，与国家经济社会发展同步融合。

政府在农地综合整治方面应进行高端制度设计，对各地基层政府在未来农地综合整治中的政策和方案予以统一与规范，以实现改革成果平稳转化，与国家经济社会发展同步融合。

5. 鼓励和支持发展农村产业，带动农村经济社会发展。

农村产业发展是农村发展的关键，各级政府应当选准产业，结合改革的需求，鼓励和支持各类社会资金投入，充分利用农村资源，盘活农村资产，增加农民收入，共同促进农村经济社会发展。

贵州省六盘水市和重庆市巴南区农村产权制度改革工作的成功经验表明，选准产业是关键，培育经营主体是重点，完善体制机制是保障，整合各类资金是动力，广西深化农村集体产权制度改革，应当做好这四个方面的政策设计，为改革增添强劲动力。

精准扶贫背景下广西城乡居民收入分配现状考察

朱良华　张堂云

2018年
广西蓝皮书
广西经济形势
分析与预测

农业农村篇

　　贫困是人类发展面临的重要障碍。消除贫困，改善民生，实现共同富裕，是社会主义的本质要求。习近平总书记 2013 年 11 月在湖南湘西调研扶贫攻坚时首次提出"精准扶贫"概念，引起中央和各级政府高度重视，迅速得到全面实施。扶贫开发事关全面建成小康社会目标的实现，是当前的重大政治任务。广西作为全国五个少数民族自治区之一，长期以来都是全国脱贫攻坚的主战场。尽管受到地理区位、自然环境、市场条件、人力资本、发展机会等要素的制约，广西直面经济社会发展水平长期处于较低水平的挑战，直面脱贫成本高、难度大的现实，敢啃"硬骨头"，取得了阶段性的胜利。财政扶贫资源的持续大规模投入必然会对贫困地区收入分配格局产生重要影响[1]。众所周知，居民收入不仅是贫困识别、脱贫考核的关键指标之一，也是精准扶贫绩效的重要观测信号。在精准扶贫的宏大背景下，广西城乡居民收入分配呈现出了哪些变动趋势和特征呢？居民收入分配差距是否得到了有效调节呢？对这些问题进行探讨，不仅可以从收入分配视角管窥精准扶贫成效，而且也将为新时期精准扶贫实践提供依据与借

---

　　① 朱良华：《精准扶贫绩效评价的分析框架：基于收入分配效应视角》，《梧州学院学报》2017 年第 27 卷第 5 期，第 9—15 页。

鉴，具有较好的时代感和现实意义。

一、广西精准扶贫成效与形势

（一）广西精准扶贫的主要成效

随着我国精准扶贫方略的持续推进，精准扶贫实践不断取得新成效，当前已经进入精准脱贫攻坚拔寨的关键阶段。广西作为我国贫困人口大省区，一直以来都是全国扶贫攻坚的主战场，历来十分重视精准扶贫工作，近几年更是认真贯彻落实中央决策部署，坚定地将扶贫攻坚工作放在突出地位，不断加大扶贫资源投入，狠抓各项政策措施落实。早在 2015 年 10 月 12 日，广西就以召开全区精准扶贫攻坚动员大会暨贫困村党组织第一书记培训会为契机，率先吹响了脱贫攻坚的冲锋号。得益于广西壮族自治区党委和政府对精准扶贫工作的科学部署与奋力推进，广西的贫困人口规模大幅减少，从 2011 年的 950 万人减少到了 2017 年的 246 万人，累计脱贫人口达 766 万人。与此同时，减贫速度也实现了快速提高，从 2011 年的 6.13％上升到 2017 年的 27.86％，增长了21.73 个百分点。特别是，从 2014 年至 2017 年，减贫速度实现了持续快速增长，累计增长了 13.03 个百分点。详情如表 1 所示。

表 1 2011—2017 年广西历年的脱贫人口与减贫率①

项目	2011	2012	2013	2014	2015	2016	2017
贫困人口（万人）	950	755	634	540	452	341	246
脱贫人口（万人）	62	195	121	94	88	111	95
减贫速度（％）	6.13	20.53	16.03	14.83	16.30	24.56	27.86

广西精准扶贫工作成效显著，不断得到国家层面的认可和鼓励。其中，在2015 年度国务院扶贫开发领导小组对中西部 22 个省（区、市）精准扶贫成效的第三方评估中，广西综合得分 97.37 分，位居全国第一。在 2016 年，广西脱贫 111 万人，脱贫人口规模全国第一，减贫速度全国第二，在当年中央对省级党委和政府扶贫开发工作成效考核评比中，综合得分位居一等，全国排名第二，是全国综合评价好的 8 个省区市之一。

（二）广西精准扶贫的新形势

当然，我们在肯定广西取得脱贫攻坚可喜成绩的同时，依然要对新时代广西精准脱贫攻坚任务的艰巨性保持客观、清醒的认识。表 2 将 2010—2017 年广西贫困人口规模、贫困发生率与民族地区和全国水平进行了对比。

① 数据来源：《中国农村贫困监测报告（2017）》以及 2018 年广西脱贫攻坚工作新闻发布会，减贫速度计算公式为当年减贫速度＝当年脱贫人口×100/上一年贫困人口，其中 2010 的贫困人口为1012 万人。表中的贫困人口和脱贫人口均为截至当年年底的数据。

表2　2010—2017年广西贫困人口规模、贫困发生率与民族八省区①及全国的对比②

	年份	2010	2011	2012	2013	2014	2015	2016	2017
贫困人口（万人）	广西	1012	950	755	634	540	452	341	246
	民族八省区	5040	3917	3121	2562	2205	1813	1411	1032
	全国	16567	12238	9899	8249	7017	5575	4335	3046
	占民族八省区的比重（%）	20.08	24.25	24.19	24.75	24.49	24.93	24.17	23.84
	占全国的比重（%）	6.11	7.76	7.63	7.69	7.70	8.11	7.9	8.1
贫困发生率（%）	广西	24.3	22.6	18.0	14.9	12.6	10.5	7.9	5.7
	民族八省区	34.1	26.5	20.8	17.1	14.7	12.1	9.3	6.9
	全国	17.2	12.7	10.2	8.5	7.2	5.7	4.5	3.1

　　截至2017年底，广西贫困人口依然有246万之多，占民族八省区的23.84%，占全国的8.1%，贫困发生率为5.7%，高出全国2.6个百分点，但比民族八省区平均水平要低1.2个百分点。的确，近几年广西贫困人口规模在不断下降，但是其占民族八省区和全国的比重并没有呈现出持续下降趋势，而是表现出波动性变化。与2010年相比，广西贫困人口规模占民族八省区和全国的比重均不降反升，分别增加了3.76个百分点和1.99个百分点。这说明广西整体的脱贫速度不仅未能达到全国的平均水平，也未能达到民族八省区的平均水平。这可以从贫困发生率指标的变化得到印证。2010年民族八省区的贫困发生率是广西的1.4倍，而到了2017年则缩窄为1.2倍；2010年广西贫困发生率是全国的1.41倍，而到了2017年则扩大为1.84倍。广西精准脱贫速度与全国差距在不断扩大，在民族八省区中保持的优势则在不断缩小。要想与全国保持同步脱贫、不掉队，广西必须要以不低于全国水平的脱贫速度打赢脱贫攻坚战。当前，不管是与全国相比，还是与民族八省区相比，广西贫困规模相对较大、贫困面比较广、脱贫攻坚形势依然严峻的客观现实并没有发生根本性变化。

二、精准扶贫以来广西城乡居民收入变动趋势

　　调节收入分配是财政的基本职能之一。从投入的资金来源结构来看，财政在精准扶贫过程中占据绝对的主导地位。大量的财政资金通过产业扶贫、教育

---

　　①　民族八省区指内蒙古自治区、广西壮族自治区、新疆维吾尔自治区、西藏自治区和宁夏回族自治区五个民族自治区，以及三个少数民族人口集中的省份贵州、云南和青海。

　　②　数据来源：《中国农村贫困监测报告（2017）》、《2017年民族地区农村贫困监测情况》、国家民族事务委员会网相关网页信息（http://www.seac.gov.cn/art/2016/4/8/art_151_285510.html，2016年4月8日），以及2018年广西脱贫攻坚工作新闻发布会。表中的贫困人口和贫困发生率均为截至当年年底的数据。

扶贫、医保扶贫、社保兜底、易地搬迁等方式投入到贫困地区，必然会对地区居民收入水平的变化产生直接或间接的影响。那么，在精准扶贫的宏观背景下，广西城乡居民的收入变动呈现出哪些特征呢？财政扶贫资金又是否发挥出了应有的收入分配职能呢？

（一）广西城镇居民的收入变化

精准扶贫形成于2013年，并在当年作为新的扶贫基本方略在扶贫实践中予以推行。表3统计了自2013年以来广西城镇居民人均可支配收入的变化情况。

表3 2013—2018年上半年广西城镇居民的人均可支配收入变化情况①

年份	人均可支配收入（元）		工资性收入（元）		经营净收入（元）		财产净收入（元）		转移净收入（元）	
	绝对额	名义增速（％）	绝对额	结构比（％）	绝对额	结构比（％）	绝对额	结构比（％）	绝对额	结构比（％）
2013	22689	6.81	13346	58.82	2504	11.04	1973	8.70	4866	21.45
2014	24669	8.72	13893	56.32	3431	13.91	2235	9.06	5110	20.71
2015	26416	7.08	15163	57.40	3665	13.87	2308	8.74	5280	19.99
2016	28324	7.23	16493	58.23	4805	16.96	2229	7.87	4798	16.94
2017	30502	7.69								
2018 上半年	15968	6.14②								

2018年上半年，广西城镇居民收入水平达到15968元，与2017年上半年相比增长了6.14％。自实施精准扶贫以来，广西城镇居民的人均可支配收入逐年增长，由2013年的22689元增长到2017年的30502元，增加了7813元。收入增速则先由2013年的6.81％上升到2014年的8.72％，达到最大值；然后下降到2015年的7.08％；再逐年上升，到2017年则为7.69％。广西城镇居民的收入增速虽然呈波动变化，但整体上保持了上升趋势。

居民收入由工资性收入、经营性收入、财产性收入以及转移性收入构成。从收入结构来看，自2013—2016年，广西城镇居民工资性收入和经营净收入保持逐年递增的态势，而财政净收入和转移净收入则经历了先增后减的变化，其中，2016年转移净收入与2013年相比减少了68元。工资性收入仍然是广西

---

① 数据来源：2013—2017年数据根据《广西统计年鉴（2017）》计算得到，2018年上半年数据来自广西统计信息网 http://www.gxtj.gov.cn/tjsjsy/201809/t20180914_148974.html。

② 这里计算的是2018年上半年广西城镇居民相对于2017年上半年的名义增速。

城镇居民收入的主要来源。尽管与 2013 年相比，工资性收入的比重在 2016 年略有下降，但仍然超过了 58%。转移净收入则是广西城镇居民收入的第二大来源，但结构占比呈现出逐年降低的态势，2016 年与 2013 年相比下降了 4.51 个百分点。而经营净收入的比重保持增长趋势，由 2013 年的 11.04% 上升到了 2016 年的 16.96%，增加了 5.92 个百分点。财产净收入的结构占比最小，一直低于 10%，并且与 2013 年相比，降低了差不多 1 个百分点。

（二）广西农村居民的收入变化

表 4　2013—2018 年上半年广西农村居民的人均可支配收入变化情况①

年份	人均纯收入（元）		工资性收入（元）		经营净收入（元）		财产净收入（元）		转移净收入（元）	
	绝对额	名义增速（%）	绝对额	结构比（%）	绝对额	结构比（%）	绝对额	结构比（%）	绝对额	结构比（%）
2013	7793	29.71	2135	27.39	3794	48.69	51	0.65	1813	23.27
2014	8683	11.42	2335	26.90	4048	46.62	75	0.87	2225	25.62
2015	9467	9.02	2549	26.93	4359	46.05	116	1.23	2442	25.80
2016	10359	9.43	2848	27.49	4759	45.94	149	1.44	2603	25.13
2017	11325	9.32								
2018 上半年	6438	10.15								

表 4 则反映了 2013 年以来广西农村居民的收入变化情况。2018 年上半年广西农村居民的家庭人均纯收入为 6438 元，与 2017 年上半年相比增长了 10.15%，超过广西城镇居民收入增速 4 个百分点。

从收入绝对额来看，广西农村居民与城镇居民一样，实现了收入的持续增长，从 2013 年的 7793 元，增长到 2017 年的 11325 元，增长了 3532 元。增长速度则表现出先下降再上升的 U 形特征，其中 2015 年的增速为 9.02%，为最近几年的最小值。从收入结构来看，经营净收入所占比重呈现逐年下降趋势，2016 年占比为 45.94%，与 2013 年相比减少了近 3 个百分点，但始终为广西农村居民的最大来源。工资性收入是广西农村居民收入的第二大收入来源，2013 年以来结构占比变化不大，基本维持在 27% 左右波动。转移净收入比重则呈现出增长态势，在 2016 年达到 25.13%。尽管转移净收入的比重低于工资性收入比重，但二者的差距在缩小。财产净收入的结构占比最低，虽然逐年增加，但

---

① 数据来源：2013—2017 年数据根据《广西统计年鉴（2017）》计算得到，2018 年上半年数据来自广西统计信息网 http://www.gxtj.gov.cn/tjsjsy/201809/t20180914_148974.html。

直到 2016 年，仍然只占收入总额的 1.44％，说明农村居民的财产净收入很少。

（三）广西城乡居民的收入增长比较

图 1 则对 2014 年以来广西城乡居民收入的增速情况进行了进一步比较。从前面的分析也可以看出，自精准扶贫方略实施以来，广西城镇居民与农村居民的收入水平均保持快速增长。2018 年上半年，广西城镇居民的收入增速为 6.14％，而广西农村居民收入增速达到 10.15％，超出广西城镇居民 4 个百分点。2014—2017 年，广西农村居民与城镇居民收入增速变化趋势基本相同，都是先下降再上升，不过，广西农村居民收入增速始终领先于城镇居民。

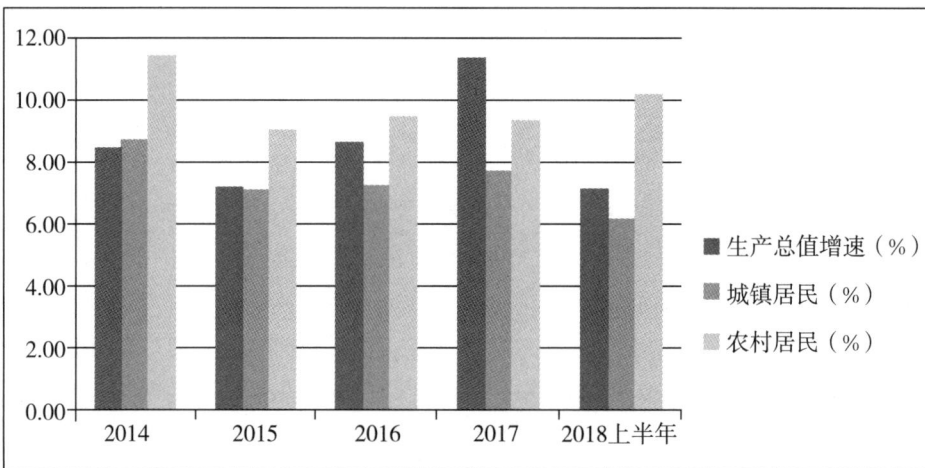

图 1   2014—2018 年上半年城乡居民收入增长比较①

居民收入水平是社会经济系统各个方面综合作用的结果，不仅会受到社会财富分配制度的影响，还会受制于地区经济发展水平与发展能力②。为此，在图 1 中特地将广西城乡居民收入增速与同期生产总值增速进行了比较。在 2014 年，广西城乡居民收入增速均快于经济增速，其中农村居民收入增速比生产总值增速高出近 3 个百分点。在 2015 年、2016 年，广西城乡居民增速与生产总值增速一样，经历了先下降再上升的变化，不过在这期间农村居民增速始终要快于生产总值增速，而城镇居民增速则恰好相反。到了 2017 年，广西生产总值增速快速上升，尽管农村居民增速仍然领先于城镇居民，但二者均落后于经

---

① 数据来源：生产总值增速根据《广西统计年鉴（2017）》和广西统计信息网 http：//www.gxtj.gov.cn/tjsjsy/201809/t20180914_148974.html 相关数据计算得到，其他数据根据表 3、表 4 计算得到。

② 鲁元平、詹新宇、赵颖：《中国省域居民收入分配问题研究——以河南和广西为例》，北京：经济科学出版社，2017，第 95 页。

济增速。在 2018 年上半年，在经济增速大幅下滑的宏观背景下，广西农村居民收入则保持高速增长，高出经济增速 3 个百分点。而同期的城镇居民收入增速，则落后生产总值增速 1 个百分点。从中可以发现，在精准扶贫的政策支持下，广西农村居民收入增速不仅明显快于城镇居民，而且广西农村居民收入抵抗宏观经济波动、保持增长的韧性要明显强于城镇居民。

三、精准扶贫以来广西城乡居民收入差距分析

农村居民收入水平是贫困精准识别的决定性因素之一，贫困人口的脱贫首先表现为经济收入脱贫。从经济视角而言，收入水平过低，以及由此导致的收入差距过大，是当前贫困的显性特征。当然了，社会的和谐稳定也需要收入分配公平提供保障。因此，在脱贫攻坚进入攻城拔寨的当下，尤其应该重视和关注精准扶贫的收入分配效应问题。广西要加快实现"两个建成"战略目标——与全国同步全面建成小康社会、加快建成西南中南地区开放发展新的战略支点，必须在努力打赢脱贫攻坚战的同时，进一步规范收入分配秩序，不断调节收入分配差距。为此，在前文基础上，重点对精准扶贫以来广西城乡居民收入差距进行分析。

（一）城镇居民高低组收入差距

表 5 统计了 2013—2016 年广西城镇居民人均可支配收入分五等份收入组中的低收入组和高收入组的收入水平，通过二者的比较可以管窥广西城镇居民内部高低收入的差距现状。从 2013 年到 2016 年，广西城镇居民中的高、低收入组均实现了收入的持续增长，其中低收入组增长了 1969 元、高收入组增长了 11279 元，高收入组增加额是低收入组的 5.7 倍。进一步计算高收入组与低收入组的收入比，反映二者的收入差距，结果发现，2013 年广西城镇居民高低组收入差距为 5.33 倍，在 2014 年下降到 5.02 倍之后，持续快速上升，直至 2016 年达到最高值 5.4 倍，反而比 2013 年还扩大了 0.07 倍。

表 5 2013—2016 年广西城镇居民高低收入组的收入差距比较①

年份	低收入组的收入（元）	高收入组的收入（元）	高低收入比
2013	9314	49602	5.33
2014	10339	51950	5.02
2015	10400	54483	5.24
2016	11283	60881	5.40

① 数据来源：根据《广西统计年鉴（2017）》相关数据计算得到。

（二）农村居民高低组收入差距

无独有偶，自 2013 年至 2016 年，广西农村居民内部高低收入组的收入差距也呈现出进一步扩大的趋势，如表 6 所示。

表 6　2013—2016 年广西农村居民高低收入组的收入差距比较[①]

年份	低收入组的收入（元）	高收入组的收入（元）	高低收入比
2013	3245	15121	4.66
2014	3252	18307	5.63
2015	4016	21396	5.33
2016	5001	24606	4.92

2013 年广西农村居民中处于低收入组的居民收入水平为 3245 元，经过 3 年的持续增长，在 2016 年达到 5001 元，总共增加了 1756 元。同期农村高收入组的收入增长了 9485 元，是低收入组增加额的 5.4 倍。高低收入组的收入差距则先由 2013 年的 4.66 倍快速上升到 2014 年的 5.63 倍，然后再持续下降至 2016 年的 4.92 倍，但仍然比 2013 年高出 0.26 倍。农村的低收入组往往是以贫困人口为主要代表，遗憾的是，随着精准扶贫、精准脱贫的不断推进，这部分低收入人口的收入水平与高收入组的差距并没有得到弥合。由此看来，尽管广西精准脱贫取得了显著成就，然而农村内部的贫困差距却在进一步扩大。由于现实中各种因素的干扰，基层精准扶贫实践遭遇政策价值目标导向与贫困者需求相背离的困境[②]，面临着贫困户参与不足、产业扶贫政策"扶富不扶贫"，扶贫资源配置和利用上陷入"内卷化"[③]等问题。精准扶贫以来广西农村居民收入差距的变化，或许为此提供了新的论据。

（三）城乡间居民收入差距

精准扶贫以来，广西城乡间居民的收入差距是否也在扩大呢？为此，表 7 进一步计算了广西城乡居民平均收入差距、城乡低收入组的差距、城乡高收入组的差距。

[①]　数据来源：根据《广西统计年鉴（2017）》相关数据计算得到。

[②]　季飞、杨康：《大数据驱动下的反贫困治理模式创新研究》，《中国行政管理》2017 年第 5 期，第 53—59 页。

[③]　刘磊：《精准扶贫的运行过程与"内卷化"困境——以湖北省 W 村的扶贫工作为例》，《云南行政学院学报》2016 年第 4 期，第 5—12 页。

表7 2013—2018年上半年广西城乡居民高低收入组的收入差距比较①

年份	城乡居民收入比	城乡低收入比	城乡高收入比
2013	2.91	2.87	3.28
2014	2.84	3.18	2.84
2015	2.79	2.59	2.55
2016	2.73	2.26	2.47
2017	2.69		
2018上半年	2.48		

通过计算发现，2013年广西城镇居民收入是农村居民的2.91倍，然后持续逐年下降，至2017年降低到2.69倍，缩窄了0.22倍。在2018年上半年更是进一步减小到2.48倍。城镇居民最高收入组与农村居民最高收入组的收入比也在逐年下降，从2013年的3.28倍下降到2016年的2.47倍，二者收入差距减小了0.81倍。可见，精准扶贫背景下，农村高收入组的收入增速要快于城镇居民高收入组。城镇居民低收入组与农村居民低收入组的收入差距则经历了先扩大、后缩小的变化历程，到2016年变为2.26倍，与2013年的2.87倍相比，缩窄了0.61倍。总体来看，精准扶贫带给广西农村居民的收入增长效应比较明显，有效地缩小了广西城乡居民高低收入组的收入差距，对广西城乡居民的收入差距实现了有效调节。

四、研究结论与建议

（一）主要结论

收入分配在精准扶贫识别、脱贫考核中的重要地位，为我们提供了一个难能可贵的、观测和反思精准扶贫绩效的视角。立足精准扶贫宏观背景，在全面描述广西精准扶贫、精准脱贫成效的基础上，对广西精准扶贫的新形势进行剖析，并在此基础上，对精准扶贫以来广西城乡居民收入分配现状进行统计描述，重点分析了收入差距的变化特征。研究发现，当前广西精准扶贫实践已经取得了显著成效，得到了国家层面的广泛认可，但是，贫困规模依然较大，新阶段的脱贫攻坚任务依然严峻。从收入分配视角来看，工资性收入和经营净收入依然分别是广西城乡居民的最大收入来源。自实施精准扶贫方略以来，广西城乡居民收入水平均实现了较快速度的增长，并且农村居民的收入增速要明显

---

① 数据来源：2013—2016年数据根据《广西统计年鉴（2017）》相关数据计算得到。2017年数据根据《2017年广西壮族自治区国民经济和社会发展统计公报》相关数据计算得到。2018年上半年数据根据广西统计信息网 http://www.gxtj.gov.cn/tjsjsy/201809/t20180914_148974.html 相关数据计算得到。

快于城镇居民，城乡居民收入差距不断缩小，发挥出了良好的城乡居民收入差距调节效果。不过，广西城镇居民内部和农村居民内部的收入差距均呈现扩大趋势，特别是农村居民高低收入组的收入差距扩大十分明显，对此应采取必要的措施。

（二）政策建议

经济增长是居民收入增长的首要驱动力。当前，广西经济发展形势遭遇前所未有的挑战，而保持经济持续稳定增长是改善广西城乡居民收入分配秩序的基础。在此基础上，广西还应该基于广西城乡居民收入差距的新变化，在精准扶贫新阶段着重提升农村贫困人口的收入水平，避免财政扶贫资金漏损，缩小农村内部的居民收入差距。具体建议如下：

首先，重视精准扶贫的收入分配效应。在党的十九大报告中，习近平总书记又一次提出"坚决打赢脱贫攻坚战"，并特别强调要"真脱贫""脱真贫"，带领困难群众创造同样的美好生活，要求到2020年必须实现现有贫困人口全部脱贫摘帽。我们不仅要看到这是一项政治任务，更要把握准这项任务的最终归属，那就是建立合理收入分配关系，破解发展不平衡的主要矛盾。反贫困是精准扶贫的面子，里子应该是调节居民收入分配，缩小收入差距，建立合理的收入分配关系。因此，我们有必要重新审视精准扶贫的目标导向，将反贫困与调节收入分配有机结合起来，高度重视并不断改善精准扶贫实践过程中收入分配效应的发挥。

其次，进一步优化财政精准扶贫资金投向。龚贤和肖怡然研究认为，对民族贫困地区农民收入增长具有显著正面影响的因素主要有自然资源禀赋结构、教育投入、地方财政支持、产业结构、基础设施建设等[1]。广西可以考虑对财政精准扶贫资金的投向进行优化，以培育和打造特色产业为目的，重点扶持对于困难群众而言受益面广、获益量大的产业和企业组织，释放产业扶贫内生动力，这既是提高贫困人口收入增长内生动力的根本举措，也是避免扶贫资源"精英俘获"的客观要求。家庭经营性收入仍然是贫困居民收入的第一来源。在精准扶贫的新阶段，广西应继续帮助贫困户做大这块"蛋糕"，这对于增加农民收入、调节居民收入分配具有重要意义。与此同时，增加以基础教育、基本职业技能教育、农村医疗卫生等为代表的公共服务产品数量。特别是在教育与健康之间，应优先选择提升农村居民的健康水平[2]。努力实现公共服务产品

---

① 龚贤、肖怡然：《精准扶贫背景下民族地区农民收入增长状况评价》，《云南民族大学学报（哲学社会科学版）》2017年第9期，第90—96页。

② 谢小丽、杜希、张桃李：《精准扶贫背景下农村资金投入与农民收入增长研究》，《当代金融研究》2018年第2期，第82—95页。

供给的均等化，可以有效地改善农村低收入组的收入水平，缩小农村内部居民收入差距。

最后，加强财政精准扶贫资金监管，减少资金渗漏，提高资金使用绩效。可以考虑构建以收入分配效应为核心指标的扶贫资金效率评价体系，围绕多维监管主体建立全方位监管系统，形成从支出端到获得端无缝对接的财政精准扶贫资金闭环监管体系，强化对财政精准扶贫资金的监管力度。

广西北部湾经济区涉农电商促进农民脱贫的现状调研和对策研究[*]

李 燕

一、引言

帮助贫困地区脱贫致富一直都是我国经济和社会发展的重要目标之一。自 1984 来，我国就开始进行有计划、有组织和有目的的扶贫开发工作。1994 年，国务院通过并实施《国家八七扶贫攻坚计划》，2001 年《中国农村扶贫开发纲要（2001—2010 年）》颁布并实施，2015 年底通过的《中共中央　国务院关于打赢脱贫攻坚战的决定》则对"十三五"期间的扶贫工作进行全面部署，要求进行精准扶贫。中共十九大提出，从现在到二〇二〇年，是全面建成小康社会决胜期，要坚决打好精准脱贫攻坚战，使全面建成小康社会得到人民认可、经得起历史检验，而贫困地区脱贫是全面建成小康社会的短板。

近年来我国涉农电商市场快速发展，市场前景广阔。2015 年涉农电商市场规模达 3530 亿元，2017 年市场规模已经达到 6256 亿元，两年间增长了 77.22％，2020 年我国

* 基金项目：2016 年度教育部人文社会科学研究项目"西南民族地区以涉农电商促进农民脱贫的实现路径研究"（项目编号 16YJA840006）。2016 年钦州学院高级别培育项目"广西涉农电商促进农民脱贫的实现机理及路径研究"（项目编号 2016PY－GJ19）。广西重点培育学科：管理科学与工程（学科代码 1201）。

涉农电商市场规模将达到 16860 亿元，未来五年涉农电商市场规模年均复合增长率约为 38.87%。涉农电商成为推动农村经济发展新的增长极，利用电子商务进行扶贫已经成为政府和公众共同关注的焦点问题。涉农电商可以有效实现产品供求信息的无缝对接，推动整个贫困地区的产业发展取得新突破，达到减贫脱贫效果。2014 年 12 月，国务院扶贫办宣布实行"精准扶贫十项工程"，其中就包括"电商扶贫"。2015 年中央一号文件高度重视"开展电子商务进农村综合示范"工作，将电子商务进农村工作作为促进农业现代化的重要抓手。国务院随后出台了《关于大力发展电子商务加快培育经济新动力的意见》，其中对发展农村电子商务做了专门部署，要求各地加强互联网与农业农村融合发展，加强鲜活农产品标准体系、质量控制体系建设并构建冷链基础设施，开展电子商务进农村综合示范。2015 年，"电商扶贫"正式作为精准扶贫工程十大措施之一纳入国家主流的扶贫政策体系，相关部委陆续将涉农电商产业链的构建纳入各项精准扶贫政策，如万村千乡的物流、农产品"最后一公里"、农产品上行、农村电商生态体系的构建等。2016 年 3 月商务部印发《2016 年电子商务和信息化工作要点》，其中指出要"继续开展电子商务进农村综合示范，优先在革命老区和贫困地区实施，提高扶贫效率和精准度"。2018 年中央一号文件为涉农电商加码，提出要"深入实施电子商务进农村综合示范，加快推进农村流通现代化"。涉农电商脱贫业已成为我国精准扶贫战略下的重要组成部分，成为新时期脱贫扶贫开发工作的重点之一。

二、广西北部湾经济区涉农电商促进农民脱贫概况

（一）涉农电商脱贫概念及形式

1. 涉农电商的概念。

本文主要研究的是广西北部湾经济区涉农电商促进农民脱贫的影响因素及对策，其中涉农电商指的是农民电子商务，是以农民为主体开展的电子商务活动。涉农电商脱贫，就是将今天互联网时代日益主流化的电子商务纳入脱贫开发工作体系，作用于帮扶对象，创新脱贫开发方式，改进脱贫开发绩效的理念与实践。

2. 涉农电商促进农民脱贫的主要形式。

涉农电商促进农民脱贫的主要形式大致有以下三种：一是直接到户，即通过教育培训、资源投入、市场对接、政策支持、提供服务等形式，帮助贫困户直接以电子商务交易实现增收，达到减贫脱贫效果。其中，最典型的方式就是帮助贫困户在电子商务交易平台上开办网店，让他们直接变身为网商。二是参与农产品电子商务产业链，即通过当地从事电子商务经营的龙头企业、网商经纪人、能人、大户、专业协会与地方电商交易平台等，构建起面向电子商务的

产业链，帮助和吸引贫困户参与进来，实现完全或不完全就业，从而达到减贫脱贫效果。三是分享农产品电子商务溢出效应，即电商规模化发展后，在一定地域内形成良性的市场生态，当地原有的贫困户即便没有直接或间接参与电商产业链，也可以从中分享农产品电子商务产业链的发展成果。

（二）广西北部湾经济区涉农电商促进农民脱贫概况

广西是全国贫困人口超过500万的6个省区之一，涉及全国集中连片特困地区的滇桂黔石漠化片区，是全国脱贫攻坚的主战场之一。经过多年的努力，广西扶贫脱贫工作取得了一定的成绩。党的十八大以来，广西坚持以习近平总书记关于扶贫的重要论述为引领，深入学习贯彻习近平总书记视察广西重要讲话精神，按照中央脱贫攻坚重大决策部署，大力推进精准扶贫、精准脱贫，2012—2017年全区累计减少贫困人口704万人，年均减贫超过117万人，实现1999个贫困村、10个贫困县摘帽，脱贫攻坚取得决定性进展。

广西北部湾经济区地处我国沿海西南端，位于北部湾顶端的中心位置，主要包括南宁市、北海市、钦州市、防城港市、崇左市、玉林市所辖区域范围，土地面积4.25万平方公里，海域总面积近13万平方公里，海岸线长1595公里，截至2017年末，人口约2070万。广西北部湾经济区农业资源丰富，名优农产品众多，如天等指天椒、大新苦丁茶、东兴肉桂、容县沙田柚、北流百香果、灵山荔枝、汉塘果苗、浦北香蕉、北海鱿鱼丝等等，但是北部湾仍有许多贫困地区，北部湾37个县（市、区）中有5个国家级贫困县，仅这5个县贫困人口就达到34.94万，占总人口比例的16.09%，远高于2017年末全国贫困发生率3.1%，因此，以广西北部湾经济区为例开展调研，对广西以至整个西部地区扶贫脱贫工作开展有很好的借鉴和启示作用。

广西统计年鉴数据显示，目前广西北部湾经济区37个县（市、区）当中，农民年收入最高的是港口区，农民收入达11069元；最低的是马山县，农民收入仅有6664元，港口区的农民收入是马山县农民收入的1.61倍。虽然经济在不断发展，但是广西北部湾经济区内仍存在5个国家级贫困县，分别是马山县、上林县、龙州县、隆安县、天等县。在农民收入排名中（从低到高），马山县、上林县、天等县首居前3位，隆安第7位，龙州第25位。这些县贫困的原因主要有自然条件恶劣、土地分散、交通不便、劳动力不足、文化教育水平低、工业发展缓慢等。

为贯彻落实国家相关政策，落实"电商广西、电商东盟"工程的部署，加快推进电子商务进农村的工作，更好地推动广西农村现代化发展，广西商务厅、财政厅先后颁布了《广西壮族自治区电子商务进农村综合示范工作方案（试行）》和《2015—2017年全区农村电子商务工作实施方案》，加速推进农村和社区电子商务，真正使电子商务走进农村，实现"农产品进城，工业品下乡"的双向流动。在广西北部湾经济区中，南宁和玉林涉农电商经营者数量和经营商品种类最多，防城港和北海涉农电商经营者数量和经营种类最少，南宁涉农电商经营者有 754 家，玉林有 1423 家，南宁电商主要经营的农产品有蔗糖、番薯，玉林电商主要经营的农产品有百香果、番石榴、沙田柚、桂圆，钦州电商主要经营的农产品主要有海鸭蛋、瓜皮、果苗，北海电商主要经营海产品，崇左电商主要经营的农产品有桄榔粉，防城港电商主要经营的农产品有八角调料和金花茶。

本文以广西北部湾经济区为例，基于北部湾 37 个县（市、区）901 个农民的调查数据，从农民贫困的原因、民众对电商脱贫的认识程度、当地电商脱贫现状、电商脱贫困难和预期视角，分析农民参与电商脱贫的意愿，并提出电商脱贫相关对策建议。

三、广西北部湾经济区涉农电商促进农民脱贫的现状分析——基于 901 份问卷

（一）数据来源

广西北部湾经济区涵盖玉林、崇左、钦州、防城港、南宁、北海 6 个市，共有 37 个县（市、区），其中马山县、上林县、龙州县、隆安县、天等县是国家级贫困县，37 个县（市、区）中农民群体收入最高的是港口区，农民群体平均年收入达 11069 元，马山县农民群体收入最低，平均年收入仅 6664 元，仅为港口区的 60.21%。本次调查涉及范围是广西北部湾经济区的 37 个县（市、区），其中 5 个国家级贫困县的选取比例高于其他地区 30%，选取广西北部湾经济区农村地区农民（主要年龄段为 20 周岁至 60 周岁）、扶贫工作站工作人员、当地村支部书记、政府工作人员及从事涉农电商相关工作人员为对象开展调查。本次调查时间为 2017 年 5—8 月，历时 4 个月，共发放问卷 937 份，回收问卷 901 份，问卷有效率为 96.16%。

（二）调查的方法和内容

本次调查主要采用文献调查、实地调查（问卷调查和访谈调查）、网络调查三种方法。首先调查组通过文献调查了解学者有关"涉农电商脱贫"的研究成果，为本次调查奠定理论基础。然后在设计问卷调查之前，调查组对广西北部湾经济区的部分农村及贫困村的贫困人口收入以及对广西北部湾经济区的涉农电商脱贫发展现状进行了摸底调研，以此完善问卷设计，在发放问卷时，采取一对一方式填写问卷。随后开展了对贫困村村委会中的电商脱贫工作人员和相关专业人士的实地调查及访谈，了解更多关于涉农电商脱贫的内容，从而进一步了解影响涉农电商脱贫的重要因素，以此弥补问卷的不足。最后通过网络

调查，寻找数据，丰富调查内容。本次调查主要内容包括调研样本的基本信息、农民贫困原因调查、民众对涉农电商的了解程度、农民对涉农电商脱贫的认识及支持程度、当地涉农电商脱贫情况、涉农电商脱贫困难及农民对涉农电商脱贫发展的预期估计。

（三）关键数据分析

1. 调研样本基本信息。

（1）性别比例。

在本次调查回收的有效问卷样本中，男性占总体比例的 52%，女性占总体比例的 48%，男女比例无太大差距，不会影响问卷结果的分析。

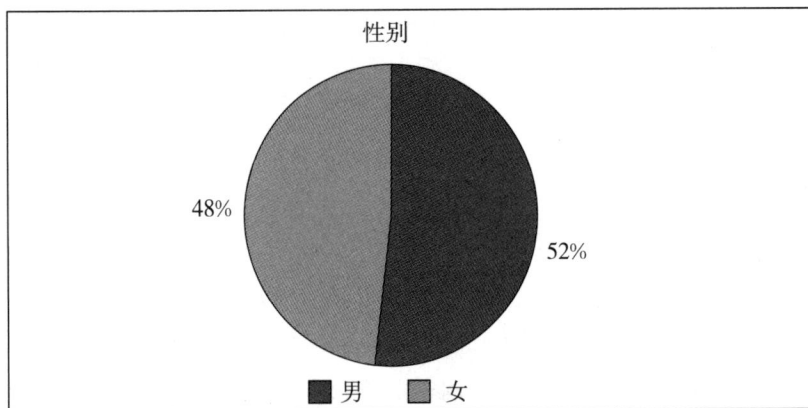

图 1　调研样本性别比例一览图

（2）年龄阶段。

在本次问卷调查的样本中，年龄段为 21～40 岁的农民人数最多，达到 432 人，占总体比例的 48%，其次为 41～60 岁农民，达到 289 人，占总体比例的 32%，年龄在 20 岁及以下的有 99 人，占 11%，年龄在 60 岁以上的有 81 人，占 9%，其中 21～60 岁农民在思想及行为上比较独立，也更愿意接受新事物、尝试新方法，这有利于涉农电商脱贫的宣传普及保证问卷调研的有效性。

2. 农民贫困原因分析。

（1）所在地区贫困状况。

本次调查中，调研样本认为当地 10% 以下的人仍属贫困的占 20%，认为当地 10%～30% 的人仍属贫困的占 33%，认为当地 30%～50% 的人仍属贫困的占 21%，认为当地 50% 以上的人仍属贫困的占 26%。通过以上数据分析，认为当地 10%～30% 的人仍属贫困的人数所占比例最多，各个阶段占比均无太大差异。

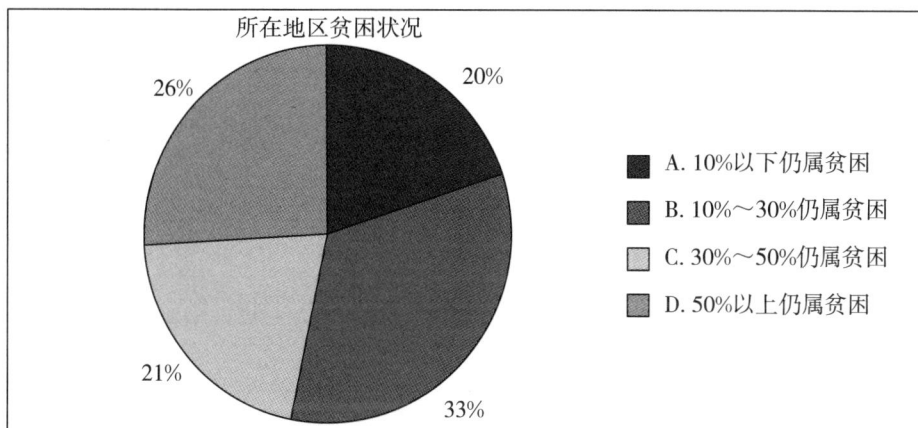

图2 所在地区贫困状况一览图

（2）当地脱贫工作进度。

在调查采访中，调研样本认为脱贫工作进度非常好的占 19％，认为当地脱贫工作进度一般的占 44％，认为脱贫工作进度不好的占 22％，对脱贫工作进度不了解的占 15％。根据以上数据分析，其中认为脱贫工作进度一般的占大多数人，而对于脱贫工作进度不了解的人最少。

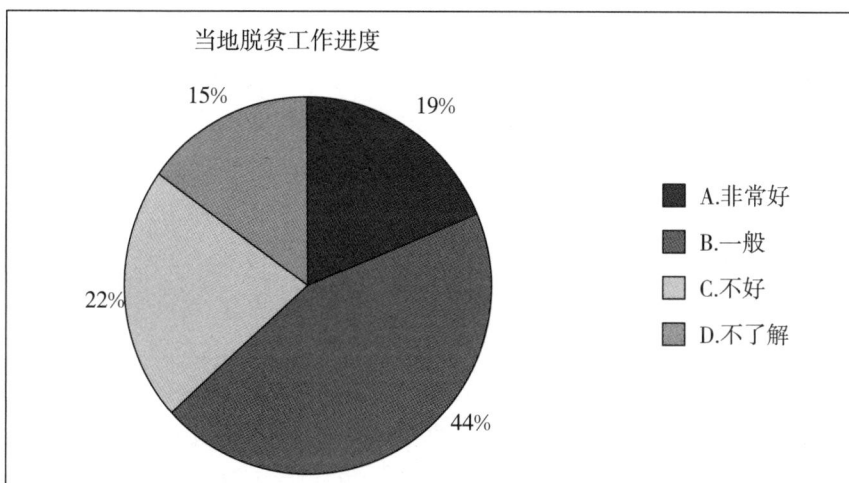

图3 当地脱贫工作进度一览图（单位：人）

（3）农民贫困原因调查。

在当地农民贫困原因的调查采访中，认为贫困原因有恶劣的自然环境、旱地山地较多的有 318 人，占比约 35.3％；认为贫困原因有教育落后导致文化水平低的有 417 人，占比约 46.35％；认为贫困原因为接受新事物能力较弱，缺乏创新和开拓进取精神的有 333 人，占比 37％；认为贫困原因有交通不便的有 339 人，占比约 37.67％；认为贫困原因有农业资源差，农业经营方式单一的有 288 人，占比 32％；认为贫困原因有城乡差距大，资金薄弱的有 492 人，占比约 44.67％。这些是农民认为导致贫困的主要原因。此外，认为贫困原因有劳动力不足，小农经营产出有限的有 171 人，占比 19％。认为有其他原因的有 129 人，占比约 14.33％。

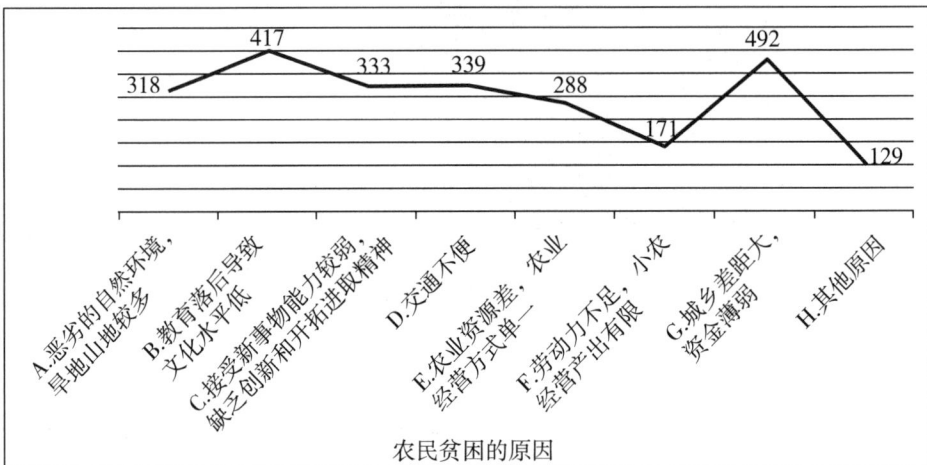

图 4　农民贫困原因一览图（单位：人）

（4）农民个人职业与贫困的关系。

调研数据显示，901 个有效样本中，463 人的职业为务农，占总体比例约 51.3％；225 人的职业为务工，占总体比例约 25％；81 人的职业为经商，占总体比例约 9％；63 人的职业为退休，占总体比例约 7％；48 人的职业为其他，占总体比例约 5.3％；21 人的收入来源为赡养费，占总体比例约 2.3％。从以上数据中可分析出，大多数农民从事以种植业为主的务农工种，从事农产品的生产，这为电商脱贫提供了脱贫的起点。

3. 民众对涉农电商的了解程度调查。

目前传统脱贫方式遇到了巨大挑战，涉农电商将成为广西北部湾经济区以至西部经济欠发达地区的创新型的脱贫方式，但由于广西北部湾经济区贫困农民教育水平比较落后，普通民众对涉农电商了解程度不深。

（1）农民眼中的涉农电商。

在调查采访中，农村居民对涉农电商的定义中，最多人认为农村电商是利用网络（淘宝、微信朋友圈）销售农产品的，有 510 人，占比约 56.67％；其次有 504 人认为农村电商是利用网络（淘宝、京东）购买生活或生产用品，占比约 56％；375 人认为农村电商是利用网络宣传本地特色资源，招商引资。还有 363 人认为农村电商是利用网络学习致富技术，获取致富资源；219 人认为是利用网络发展农村旅游。

图5 农民眼中的涉农电商

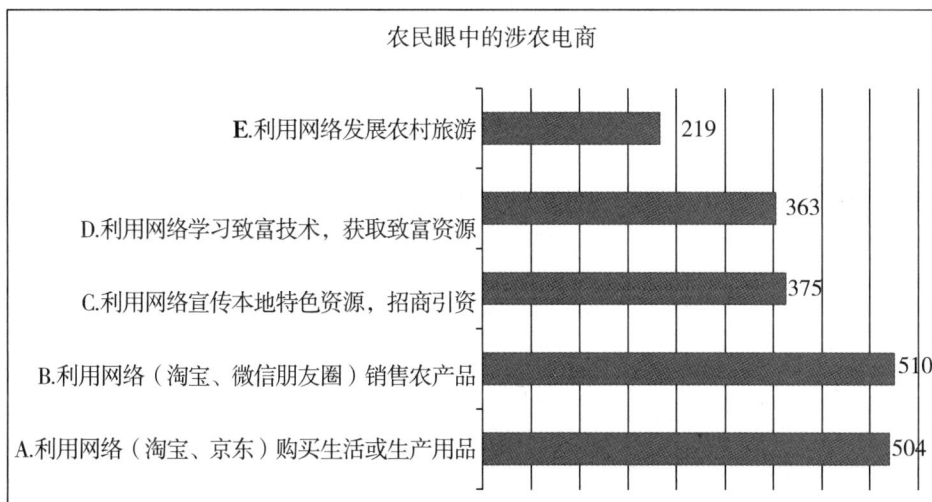

图5　农民眼中的涉农电商（单位：人）

（2）普通民众所定义的电商脱贫。

在本次调查中，调查小组对普通民众关于电商脱贫的了解进行了调查。411人认为涉农电商脱贫是培训帮扶对象学习电商知识开办网店，占比幅度最高，约45.67％。其次有393人认为涉农电商脱贫能帮助增加农产品销售渠道，占比约43.67％。绝大部分普通民众还认为涉农电商脱贫还包括利用电商帮助贫困农民了解发家致富资讯、挖掘贫困地区的潜在资源、扶持当地大户电商等。也有少部分人认为涉农电商脱贫包括培训农民学习网络销售知识、利用电商解决贫困地区物资缺乏问题，提高贫困农民生活水平。

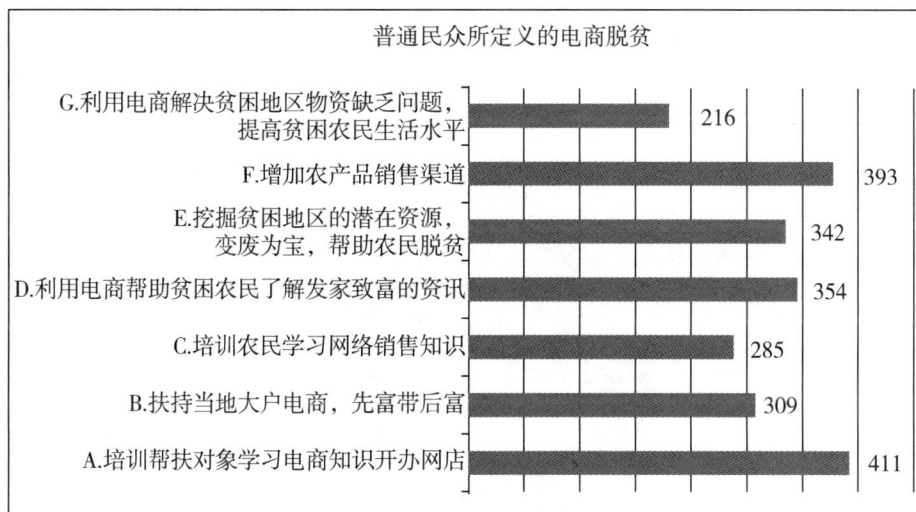

图6　普通民众所定义的电商脱贫（单位：人）

4. 当地电商脱贫情况。

在此基础上，调查组进一步调查了当地电商脱贫工作进展。广西北部湾经济区集"老、少、边、山、穷"于一体，是全国脱贫攻坚的典型战场。5 年来，广西北部湾经济区竭尽全力打好脱贫攻坚战，不断完善考核办法和激励机制，贫穷发生率由 18% 下降到 7.9% 左右。在调查中，298 人认为电商脱贫情况一般，占比 33%；291 人认为不好，占比约 32.33%；261 人对电商脱贫情况不了解，占比 29%；此外有 51 人认为电商脱贫情况非常好，占比约 5.67%。说明广西北部湾经济区电商脱贫工作开展范围广泛，有一定的效果，但也存在实际的困难影响到电商脱贫工作开展的整体效果。

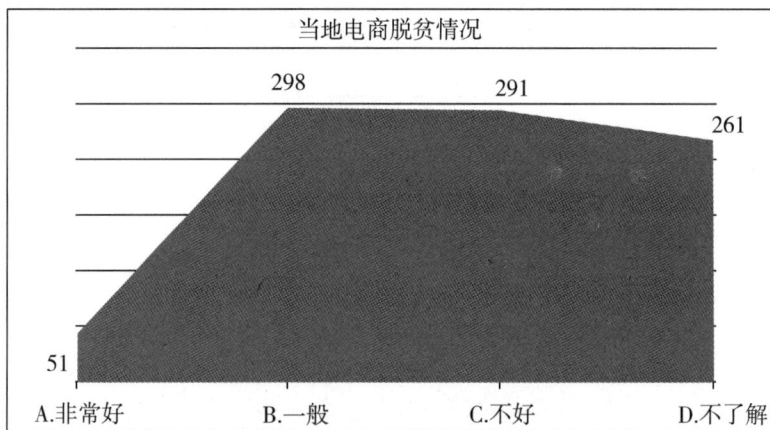

图 7　当地电商脱贫情况（单位：人）

对于电商脱贫的典型案例，当地 77% 的农民表示没有电商脱贫的案例，只有 23% 的农民表示有电商脱贫的案例。说明电商脱贫的宣传力度不够，还需要得到政府的支持。且有 621 人认为要发展电商脱贫，政府就应该加大对农民从事电商行业的支持力度，给予补助。

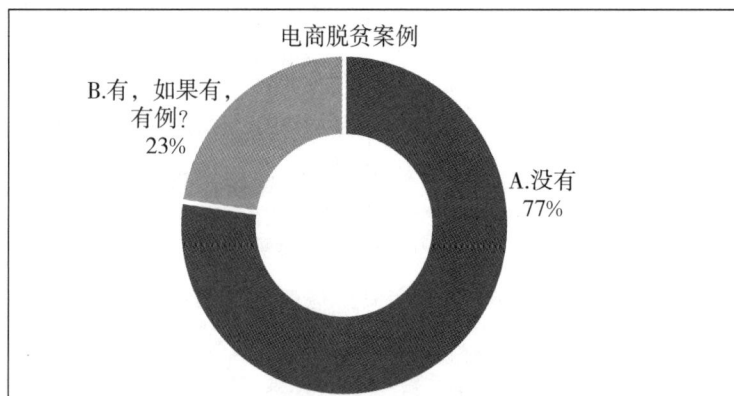

图 8　电商脱贫案例

5. 对电商脱贫的困难分析。

（1）电商脱贫的主要困难分析。

在调查样本中，最多人认为电商脱贫中会遇到的困难有不会操作电商流程，有556人；其次为不懂得涉农电商是什么，有501人；有390人认为缺少电脑或没有网是一大困难；有387人认为电商脱贫会遇到的困难是不会上网；有327人认为会遇到的困难是当地没有合适的资源或渠道开展涉农电商；有255人认为物流体系不发达也会成为一大困难。根据以上数据，最主要的困难是不会操作电商流程。

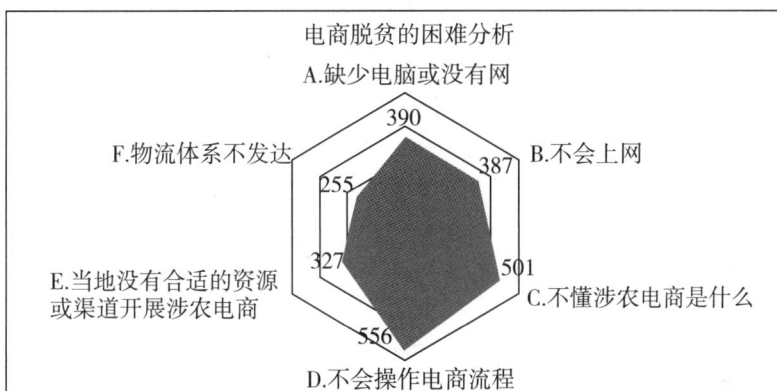

图 9　对电商脱贫主要困难分析（单位：人）

（2）电商脱贫的其他困难分析。

另外在调查中发现，土地承包、公路覆盖和物流网点是作为外部影响因素对电商脱贫产生作用。

第一，土地承包情况。在调查采访中，35％的农民有承包土地种植的情况，65％的农民并没有承包土地种植农作物。在农村地区多为以个人为单位的经营，较少人实行集中生产。

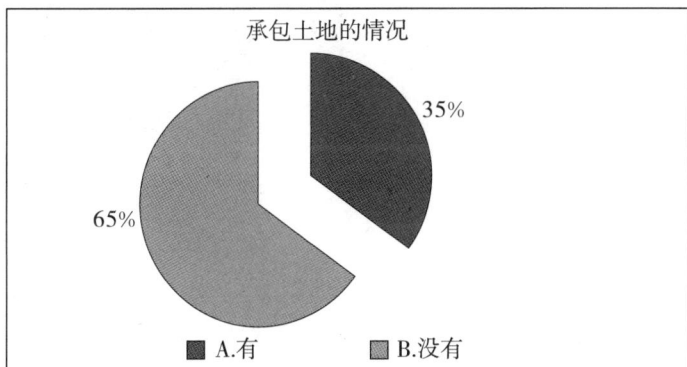

图 10　土地承包情况

　　第二，公路覆盖情况。在对于公路覆盖情况的调查中，认为当地大部分地区已覆盖的占 58％，认为当地已全部覆盖的占 31％，认为当地小部分覆盖的占 11％，没有人认为当地公路完全没有覆盖。

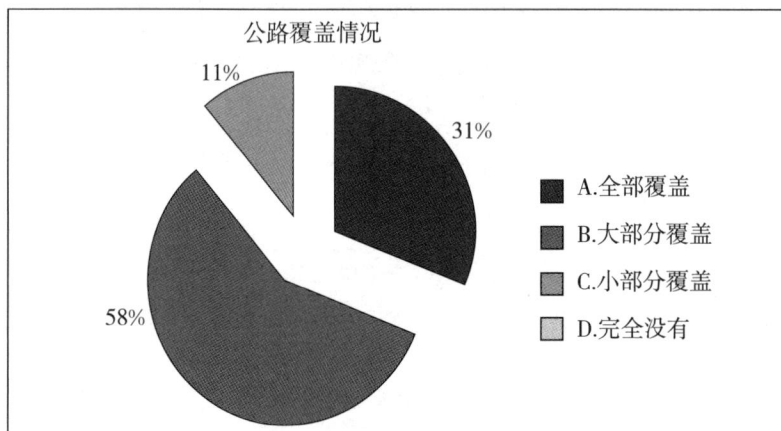

图 11　公路覆盖情况比例图

　　第三，所在地物流网点。在调查访问中，大部分地区都有邮政、圆通、中通、申通、韵达、天天和百世汇通，都占到了 30％以上。京东物流网点较少，仅占 22.3％。还有一小部分选了其他，占比 19％。虽然大部分地区都有物流网点，但是网点的个数仍比较少。

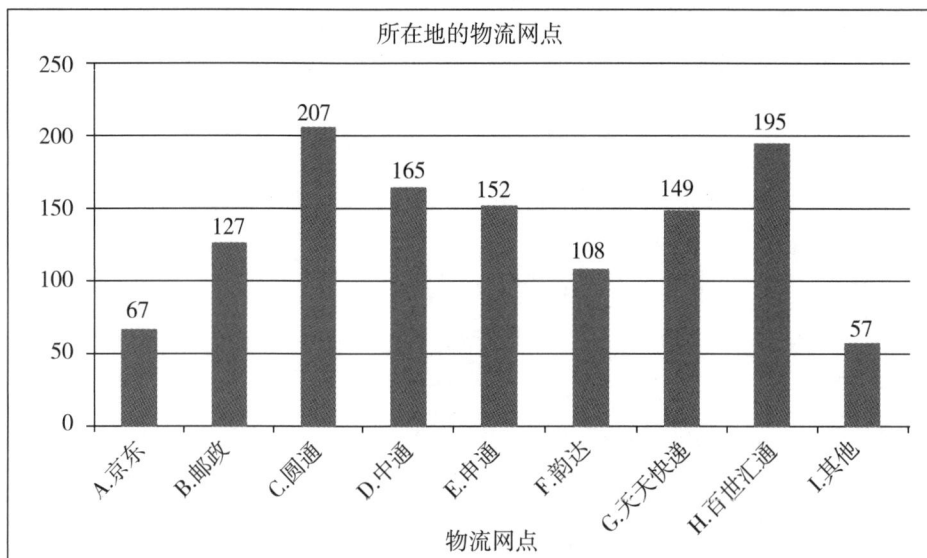

图 12　所在地物流网点数量一览图（单位：人）

6.农村贫困群体对电商脱贫的预期。

随着电商的发展，大家对电商可谓是各抒己见，纷纷发表自己的见解，其中622人认为要发展电商脱贫，政府就应该加大对农民从事电商行业的支持力度，给予补助；441人认为应该加大电商脱贫的宣传力度，增加名气；342人认为，开展电商培训并强化，提供电商脱贫人才；471人认为，应该打通农村物流，完善农村现代物流配送体系；189人认为还应该逐步健全电商脱贫运营网络；264人认为还要打造一些先进典型，发挥榜样模范的作用。

四、结论与建议

（一）结论

通过广西北部湾经济区901份调查样本的数据分析，得出以下结论：

首先，广西北部湾经济区的涉农电商脱贫发展条件不足。近年来，广西北部湾经济区的农村光缆、微波、卫星、移动通信等网络信息设备设施发展较快，覆盖率增高，但与发达地区比仍较落后，网络基础设施建设滞后势必会影响电商脱贫的进度和发展。另外发展电商的基础配套设施如物流体系不发达，物流网点不完善，公路覆盖、农产品经营方式等需要改进。

其次，广西北部湾经济区缺乏涉农电商营运和培训人才，农民电商操作水平有限。在901份调查样本中，有501人不懂得涉农电商是什么；有387人认为电商脱贫会遇到的困难是不会上网；有327人认为会遇到的困难是当地没有合适的资源或渠道开展涉农电商。这一组数据显示广西北部湾经济区缺乏涉农电商技术人才，且有的涉农电商人才主要集中于在经济条件较好的城镇地区，在贫困地区涉农电商人才集聚度非常低。

最后，广西北部湾经济区对于涉农电商脱贫宣传力度不够，农民对电商脱贫政策和途径都不太了解。农民对于"互联网＋农业"的发展模式仍有不同程度的疑惑。298人认为本地电商脱贫情况一般，占比33％；291人认为本地电商脱贫情况不好，占比约32.33％；261人对电商脱贫情况不了解，占比29％；此外，有51人认为电商脱贫情况非常好，占比约5.67％。这一组数据就充分显示了政府和企业对于涉农电商脱贫的宣传力度不够，没有起到应有的作用。

（二）对策

1.进一步完善基础设施建设。

一是要加强广西北部湾经济区互联网和基础设施投资建设力度，采取财政、金融、社会融资等多种渠道筹措项目资金，加大投入力度。进一步实施广西北部湾经济区信息化建设工程，支持南宁开展网络升级和应用创新示范工程，实现广西北部湾经济区热点区域免费高速无线局域网全覆盖，建设南宁综合数据服务中心。完善广西北部湾城市群内部光缆连接，提升骨干网络容量。

实施宽带城市工程，开展城市宽带提速网络升级改造；加快布局下一代互联网，积极布局第五代移动通信技术（5G）网络。实施"宽带乡村"工程，推进南宁市行政村通光缆。搭建城市群信息服务平台，建立健全网络与信息安全通报机制，严厉打击网络违法犯罪。

二是加强广西北部湾经济区县、乡、村、屯路网建设，优先县乡二级公路、田间机耕路建设，提高道路等级，改善交通环境，解决运输难问题。加快修建通屯路和硬化水泥路的速度，年度计划脱贫摘帽村20户以上自然村（屯）全部通砂石以上道路。配合自治区做好推进"四好农村路"、农村饮水安全巩固提升工程、电网升级改造、宽带网络、村级公共服务中心等项目建设。

三是建设县、乡、村三级电子商务服务中心，积极引入京东、淘宝等国内先进农产品电商平台。鼓励广西北部湾经济区农业相关产业的龙头企业，利用优秀的电商平台开设广西北部湾经济区特色农产品销售店铺，销售如荔枝、龙眼、鱿鱼、罗汉果等具有地方特色的农产品来带动区域电子商务产业发展水平。同时依托广西北部湾经济区各级物流企业资源，重新整合并规划农村物流基础设施，通过建立县、乡、村电商产品仓储配送中心，畅通工业品下乡、农产品进城渠道，提升农村物流服务水平。

四是统一建立中小型仓储配送物流中心，负责农产品电子商务产业链的分拣打包配送，实现流程标准化。广西北部湾经济区应采取财政专项补贴方式支持农村贫困地区物流快递发展，鼓励并支持物流企业设立村一级物流网点，降低物流成本，保证物流畅通。同时根据广西北部湾经济区农业资源禀赋与生产基础，在有条件的行政村建立集农产品生产、加工、储藏、运输、配送于一体的集散中心和冷链运输中心，缓解农产品储藏和运输的空间和时间压力，同时加大政府财政资金投入力度，加强贫困地区农产品流通体系建设，重点扶持电子商务与物流协同发展的流通模式，加强分散农户与市场之间的有效连接。

五是结合广西北部湾经济区实际情况，制定贫困地区涉农电商优惠政策和扶持办法，在资金、土地、税收等方面加大对涉农电商示范企业及项目建设的扶持。实施涉农电商脱贫主体培育工程，建立县域涉农电商商务园区，聚合涉农电商发展要素，搭建电商创业就业孵化平台，为帮助本地农村电商发展提供服务支撑。开展涉农电商发展示范点建设，鼓励并支持电商主体融入当地电商生态环境，发挥农村电商脱贫的正向导向作用。

2. 加大涉农电商人才培养力度。

一是建立人才引进机制，分维度引入涉农电商发展人才。高维度可以从电商脱贫较成功的中东部地区引进3～5个涉农电商脱贫的领军人物，形成模范引领效应，带动片区农产品电子商务的发展；中维度可以引入一定数量的专业的农村电商运营的培训人才，在较短时间内，指导较多的普通农民掌握电商运营知识，进而辐射至周围的贫困农民群体；低维度可以大规模地引进电商脱贫的运营人才和企业，这个群体掌握大量的电商产业链资源和操作技巧，可以在短期内帮助当地农民脱贫致富。

二是建立人才培养机制，广西北部湾经济区可以与地方高校合作，如广西大学、钦州学院等，在高校人才培养的课程体系里设置电商课程，加大电商运营学习深度和维度，培养大学生利用本地特色农产品开展电商创业的能力；建立和完善涉农电商人才培养体系，做到培训对象精准、学习形式多元、培训内容丰富。在培训内容方面，加强农产品销售的网店建设、装修、运营、推广等方面知识与技能的培训；在培训对象方面，需要重点针对农民工返乡青年、退伍军人、大学生村官、农村能人及带头人开展培训；在培训形式方面，可以采用专家讲授、带头人示范、外出考察和经验交流等多元化的学习形式；在政策扶持方面，需要对培训效果好、网店经营好、创收效果明显的人员给予奖励。

三是建立人才培训机制。对政府工作人员、乡村服务站点的员工、创业青年、大学生村官及企业负责人，开展电商课程全方位的专业培训。把组织涉农电商带头人、回乡创业大学生等到涉农电商先进地区学习取经形成常态，提升电商人才队伍素质，促进当地农村电商发展，带动广大青年投身到涉农电商创业、实现乡村振兴战略当中，为涉农电商脱贫工作提供多种解决方案。

3. 精心培育广西北部湾经济区特色农产品品牌。

一是利用广西北部湾经济区农产品的特色优势，挑选培育壮大一批农产品产业，实施品牌化管理战略，做好相应的质量加工、产品包装、售后服务等，提升农产品的附加值。在此基础上，积极引导培育出一批具有市场竞争力的涉农电商企业，充分发挥企业的带头示范作用。

二是强化品牌宣传。依托互联网、报刊、电视广播、宣传车、墙体标语等媒体，举办广西北部湾经济区特色农产品节会，如荔枝节、大蚝节等特色活动，利用各类媒体宣传推介广西北部湾经济区特色农产品，打响广西北部湾经济区农产品的市场品牌知名度。通过大力拓展社交电商销售渠道，将平台电商和社群推广相结合，充分利用各种农业电商社群和当地新媒体渠道，促进产销双方对接，积极扩展农产品电商线上线下营销业务，提升地方特色农产品的市场竞争能力。

三是建立适应当今农村电商需求的农产品物资、农产品质量安全追溯运营系统和投诉处理意见反馈平台，实现全方位行业监管信息共享，确保网上销售的农资、农产品质量安全可靠。强化全产业链监督管理，健全农村电商企业的诚信体系标准，可以通过借助国内先进的技术建立一套产品质量控制和非标准化产品质量追溯体系，完善农产品地理标志的认证以及防伪标识制度，通过二维码查询等方式给农产品贴上身份标签等方式来达到这个建设目标。

四是建立并完善涉农电商发展资金与项目管理制度，接受社会监督，确保政府与企业投入的涉农电商资金安全。并将涉农电商工作纳入当地党政机关绩效考核体系，对执行措施以及目标完成情况实行量化考核，定期通报各项工作的开展情况，促进涉农电商工作更好更快发展。

4. 聚焦涉农电商背景下农业与其他产业融合发展。

一方面，引导分散化、家庭经营的小规模农户围绕当地特色产业如旅游业共同发展生产，根据涉农电商市场和其他特色产业市场的发展需要统一进行生产和销售，从供给侧入手，以绿色创新理念增加绿色、有机、安全农产品供给，减少一般农产品供应，增加优质特色农产品供给量，推动农业生产从以数量为主向数量与质量并重转变，推动农业产业开发与农村电商融合发展。

另一方面，支持新型农业经营主体与电商企业协同发展，鼓励、扶持、服务企业以品牌为中心开展农业经营活动，引导特色农产品积极申报名优产品和绿色食品标识，实行农产品生产、加工、储藏的企业化、标准化运作，进一步细化农产品分类标准与质量等级，切实增强农产品对接电商市场的适应性。

5. 充分发挥政府引导与扶持作用。

一是广西北部湾经济区政府应敏锐捕捉涉农电商发展所带来的机遇，高度重视涉农电商脱贫在脱贫攻坚中的重大作用与重要意义，将电商脱贫纳入脱贫攻坚总体部署与工作体系，加快农村贫困地区电商布局，进一步整合扶贫资源，稳步推动农村电商与精准扶贫深度融合。

二是建立健全农村电商脱贫工作机制，成立电商脱贫工作领导小组，设立专门机构，明确部门职责，加快制定电商脱贫制度与政策扶持意见。积极出台市、县、乡三级具体发展意见，明确工作思路、工作目标，细化责任，确保专人负责。建立考核机制，将电商脱贫与脱贫攻坚任务相结合，列入各级各部门考核范畴，及时督查，定期考核。

三是大力开展金融支持服务，设立农村电商专项贷款项目，引入电子商务金融扶贫，统筹管理并整合使用财政投入、公益支持、社会帮扶等各类资金，帮助电商企业或个人解决资金难题。

四是营造涉农电商脱贫的良好社会氛围，充分利用报纸、电视、广播、网络等媒体，加大涉农电商脱贫宣传力度，总结并推广发达地区和本地涉农电商发展的好经验、好做法，消除农民对电商的陌生感。

广西经济形势分析与预测

广西社会科学院 编

高质量发展篇

2017年南宁市流通领域现代物流业发展研究报告

课题组

一、2017年南宁市现代物流业发展的基本情况

（一）全市物流业平稳运行①

1. 全市货运总量平稳增长。

据统计，2017年全市货运总量达35142万吨，同比增长8.37%。其中，公路货运量31212万吨，同比增长8.86%；水路货运量3697.4万吨，同比增长6.05%；航空货邮量（出港）6.31万吨，同比增长15.57%；铁路货物发送量226.46万吨，同比下降14.71%。四种运输方式货运量除铁路货物发送量外均实现了不同程度的增长。

2. 全市物流业增加值稳步提升。

2017年南宁市物流业增加值达到325亿元，同比增长9.06%。全市物流业增加值增速高于全市生产总值增速1个百分点，超额完成了《南宁市现代物流业发展三年行动计划（2015年—2017年）》（以下简称《三年行动计划》）确定的2017年物流业增加值达到280亿元的目标任务。

3. 全市社会物流总费用占生产总值的比重有所下降。

2017年社会物流总费用占生产总值的比重为17%左右，比2016年下降约0.5个百分点。物流运行效率有所提

① 资料来源：南宁市商务局。

升，完成了《三年行动计划》提出的社会物流总费用占生产总值的比重下降到18%以下的目标。

（二）物流重点领域的发展水平进一步提升

1. 电子商务物流的发展基础更加牢固。

2017年，南宁市电子商务开创创新服务商业模式，通过实体产业与互联网科技联姻，整合各方资源，取得突破性进展。重点项目进展顺利，中国—东盟（南宁）跨境电子商务产业园建成运营，南宁市跨境贸易中心在青秀区三祺广场揭牌，五象新区电商小镇开园，中国邮政东盟跨境电商监管中心建成。目前全市共有跨境电子商务相关企业200余家，大型跨境电子商务线下体验店5家，中小型跨境电商线下体验店近百家。截至2017年11月底，在南宁综合保税区办理的国际邮件业务进出口（含普通信件）总件数共计为454万件，跨境电商业务总件数共计68289件；办理进出货物报关单数2317票，进出口总额30366.66万美元，其中，办理保税物流报关单2227票，监管保税货物量9715.78吨，监管保税货物值12528.85万美元[①]。

农村电商方面，上林县获批2017年全国电子商务进农村示范县，横县、宾阳县全国电子商务进农村示范县工作稳步推进。全市已建成县级电商服务中心6个、农村电商产业园7个，完成村级服务点（体验店）约1600个，覆盖980余个行政村，农村电商覆盖率达60%以上。2017年南宁市重点企业电子商务交易额达到2500亿元[②]。

2. 农副产品物流基础设施建设取得新进展。

2017年南宁市狠抓农副产品物流基础设施建设。云鸥物流食糖仓储配送中心项目建成运营，成为广西乃至全国最大的食糖标准仓库。以食糖电子商务及后加工仓储智能配送中心为核心，配以产销各地的云仓储网络，全力打造全国最大的糖业枢纽中心。加快推进南宁农产品交易中心、南宁市大型粮食交易市场和广西海吉星农产品国际物流中心等重点项目建设。其中，南宁农产品交易中心总规划面积3000亩，将建成广西设施功能最全、影响力最广、管理领先的大型现代化农产品交易中心，现代冷链物流及城市集配信息管理中心，"南菜北运"枢纽，国家农产品可追溯体系示范基地以及农业信息惠农惠民示范基地。目前，包括农产品交易区、综合交易展销区、电子商务和农业金融区、农业会展中心等设施的项目一期工程即将竣工投入运营。南宁农产品交易中心是南宁市农副产品物流的一大亮点，项目建成后将把南宁市的农副产品物流提升

---

① 资料来源：南宁高新技术产业开发区管理委员会。
② 资料来源：南宁市商务局。

到新的水平。

3. 现代化医药物流体系更加完善。

2017年，南宁市整合药品经营企业仓储资源和运输资源，加快发展药品现代物流，鼓励绿色医药物流、第三方物流和冷链物流发展，推广应用现代物流管理与技术，规范医药电商发展，健全药品现代流通网络与追溯体系，促进行业结构调整。2017年，广西海王银河医药有限公司现代医药物流配送中心项目建成运营；九州通、太华、国药、柳药等医药物流龙头企业为了满足新医改对现代医药物流要求，提高仓储、物流管理水平，引进现代物流设备，加强医药物流供应链系统集成应用能力，提高配送效率，基本实现了物流管理信息化、自动化，构建辐射全区的现代化医药物流仓储配送中心和配送服务网络。

（三）物流运输服务体系趋于完善①

1. 公路运输网络进一步优化。

目前南宁市公路总里程达1.26万公里，形成了"一环五射二横一纵"高速公路网络，以南宁为中心2小时通达广西北部湾经济区城市与港口、4小时通达全区14个地级市、一日通达邻省省会、邻国首都的发展目标基本实现。

2. 铁路运输开辟新通道。

目前南宁市铁路网络基本实现1小时通达北部湾城市，3小时通达珠三角城市，动车通达全国16个省会城市和广西11个地级市。2017年11月28日，由中铁集装箱南宁分公司、广西宁铁国际物流有限公司、南宁震洋物流有限公司、广西铁盛洋国际物流有限公司合作开通中欧（中国南宁—越南河内）跨境集装箱班列，为南宁与东盟经贸合作开辟了新的物流通道。

3. 河港运输通航条件逐步改善。

2017年12月5日，邕宁水利枢纽工程船闸顺利通过试通航验收，进入试通航阶段。邕宁水利枢纽工程船闸实现通航后，将解决西津至老口河段航运水位衔接问题，该段航道将升级为千吨级航道，大大提升通航能力，对打造西江黄金水道具有重要的意义。目前，南宁内河港口2000吨级货船可直达粤港澳，1000吨级船舶可通航至百色，实现了江海直通运输，构成西南货物出海南线黄金水道。

4. 航空物流通道建设取得新突破。

吴圩机场通航城市达到103个，基本形成覆盖东盟和国内主要城市的"东盟通"和"省会通"航线网络格局。2017年由中国邮政航空执飞的南宁—南昌—南京全货机航线、广西顺丰速运有限公司执飞的南宁—深圳—杭州—南宁

---

① 资料来源：南宁市交通运输局、南宁市商务局、南宁市邮政管理局。

全货机航线已实现常态化运行。2017年6月，由广西机场集团与顺丰航空有限公司合作运营的南宁—香港往返全货机航线开通，进一步打通邕港的空中物流"脉络"，弥补了南宁市国际航空货运短板。

（四）城市配送网络逐步优化，快递业务快速增长

2017年南宁市继续支持商贸流通企业创新配送模式，推进物流基础设施"最后一公里"的衔接。重点推进南城百货物流配送中心、南宁现代化建材加工及物流配送中心等项目建设。继续完善南宁城区物流分拨中心、公共配送中心和末端配送站点三级网络建设，引导企业加快自有品牌末端网点建设，大力发展智能快件箱，积极发展自取服务。为了解决快递配送末端问题，市邮政管理局与南宁市住房保障和房产管理局联合起草《关于促进物业管理区域邮政快递投递服务的意见（征求意见稿）》，规范快递投递服务，并引导物业支持快递派送工作，为快递车辆通行及快件投递提供便利，建立快件投递人员进出登记制度，保障快件安全、有效投递。此外，通过开设绿色通道优先审批，引导各类快递服务中心、菜鸟驿站等第三方快递服务企业在南宁开设网点，并鼓励和引导近邻宝、顺丰丰巢、速递易等智能快件箱企业在南宁投放新柜，以解决末端派送压力。全市有类型智能快件箱约800组近30000个格口。市邮政管理局正在起草《南宁市促进快递业发展实施意见》，拟由市财政补贴智能快递箱企业在南宁市增设更多的格口，减少快递员派件等候时间，也方便市民在空闲时取件。据统计，2017年全市快递服务企业业务量累计完成16126.45万件，同比增长41.36%；业务收入累计完成23.03亿元，同比增长34.63%。

（五）物流龙头企业的培育成效显著

2017年继续鼓励物流企业参加国家等级物流企业评估，通过对首次获评3A级以上的物流企业给予一次性奖励，有效提升了企业提质增效的积极性，进一步壮大了本土物流龙头企业。2017年新增3A级以上物流企业5家，其中3A级物流企业1家和4A级物流企业4家。全市3A级以上物流企业累计达17家，物流龙头企业队伍进一步壮大。

结合特大项目和产业集群招商引资，引进国外知名物流企业。2017年4月28日，南宁市人民政府、自治区商务厅、新加坡太平船务有限公司签署了三方合作框架协议，合作建设中新南宁国际物流园，引入国际知名物流公司实现新突破。

（六）物流集聚区建设效应初显

通过政府引导、政策扶持、技术创新、要素聚集、招商引资等途径，引导相关物流企业和项目进入园区发展，促进物流园区发挥集聚效应。其中，位于五象新区的中国—东盟国际物流基地着重发展国际物流和保税物流，目前已引

进物流企业 14 家，计划总投资约 220 亿元。已入驻的重点建设项目有中新南宁国际物流园、中国邮政东盟跨境电商监管中心、南宁玉洞交通物流中心、南宁中央直属储备糖库、南宁大型粮食交易市场、南宁现代化建材加工及物流配送中心和招商局物流集团广西物流中心等。此外，南宁市不断加强与北部湾经济区内的北海、钦州、防城港等港口进行"港区合作"，努力把港口的海关、检验检疫等服务功能内移到南宁的开发区，打造"无水港"。

二、2017 年南宁市现代物流业发展分析

（一）全市货运量结构分析

2017 年全市各种运输方式的货运量如表 1。

表 1　2017 年全市各种运输方式的货运量①

	货运总量	公路货运量	水路货运量	航空货邮量（出港）	铁路货发量
2017 年运量（万吨）	35142	31212	3697.4	6.31	226.46
同比增长	8.37%	8.86%	6.05%	15.57%	−14.71%

从构成来看，公路货运量达到 31212 万吨，占全市货运总量 88.82%，公路运输仍是社会物流运输的主力军；水路货运量达到 3697.4 万吨，占全市货运总量 10.52%；航空运输和铁路运输占全市货运总量不到 1%，说明航空运输和铁路运输仍有很大的潜力可挖（如图 1）。

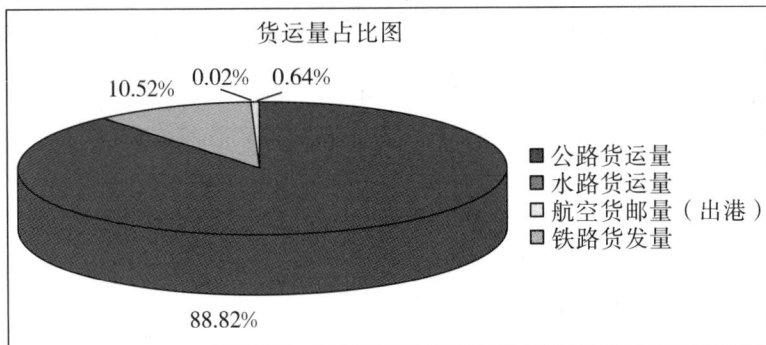

图 1　货运量占比图

从增速来看，2017 年四种运输方式的货运量除铁路货物发送量外同比均有不同程度的增长，其中，航空货邮量和公路货运量实现中高速增长，水路货运量维持低速增长，铁路货物发送量持续下降，说明铁路运输和水路运输仍是全市物流运输的短板（如图 2）。

---

① 资料来源：南宁市商务局。

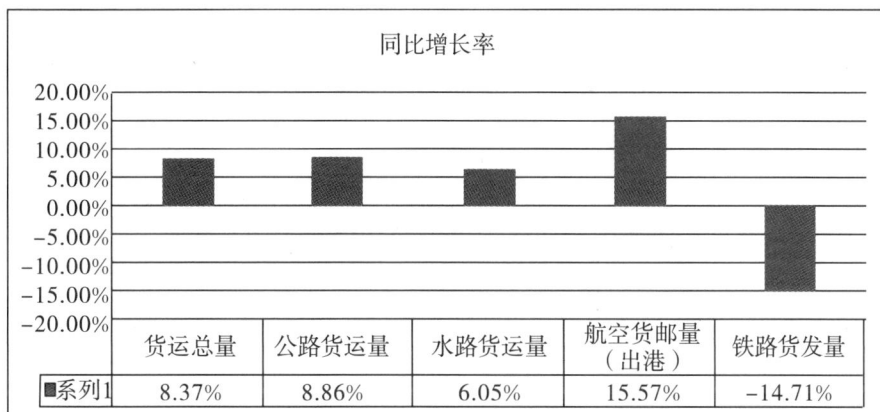

图2 2017年各运输方式货运量增速统计图

从趋势来看，全市货运量总体平稳增长，2011—2017年全市货运总量增长了1.45倍，年均增长7.5%。铁路货物发送量尚未扭转从2012年以来逐年下降的局面（如图3、图4）。

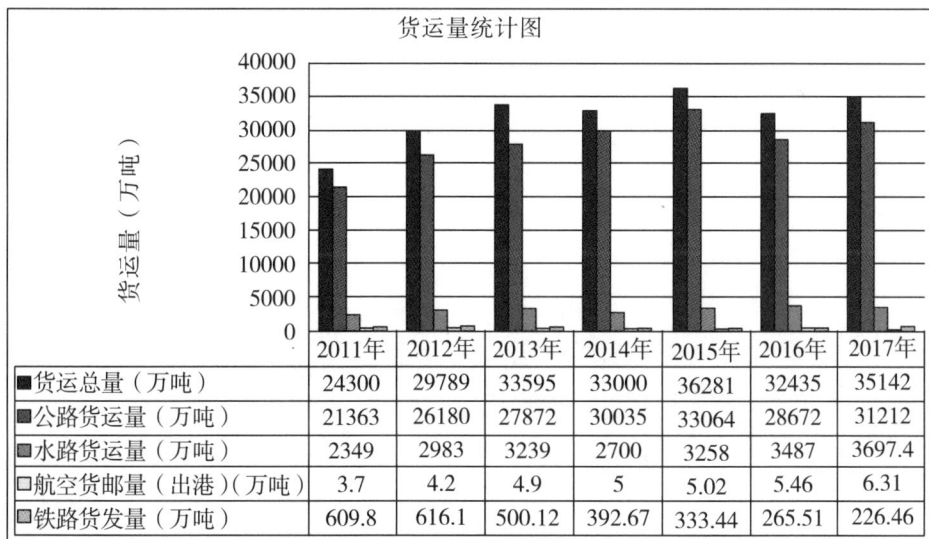

图3 货运量统计图（资料来源：南宁市商务局）

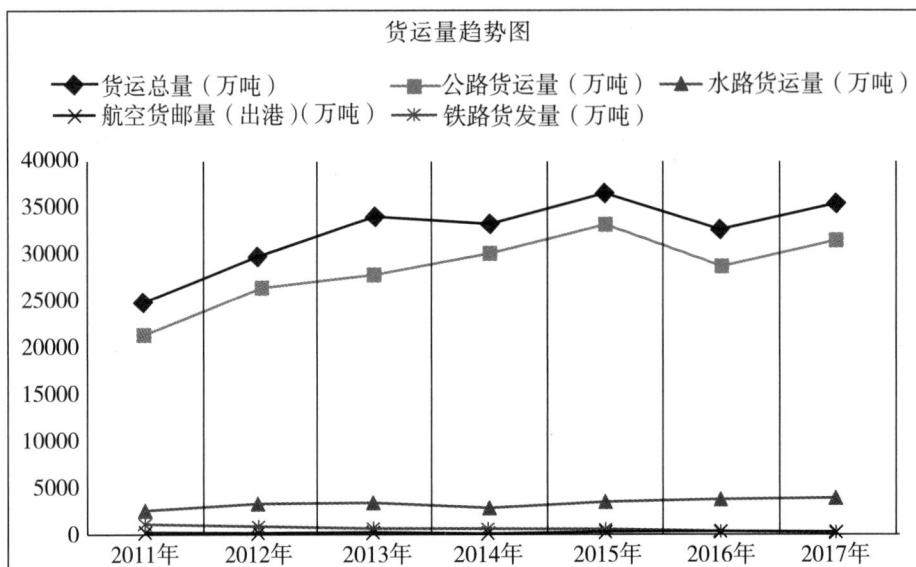

图 4 货运量趋势图

（二）全市物流增加值增长趋势分析

2017 年，南宁市物流增加值为 325 亿元，同比增加 9.06%。2014—2017 年全市物流增加值年均增长 9.78%，高于同期全市生产总值增长水平。说明南宁市物流业发展在我国经济进入新常态，经济下行压力较大的情况下，仍然保持较快增长，为稳增长、调结构、惠民生较好地发挥了支撑和保障作用（如图 5）。

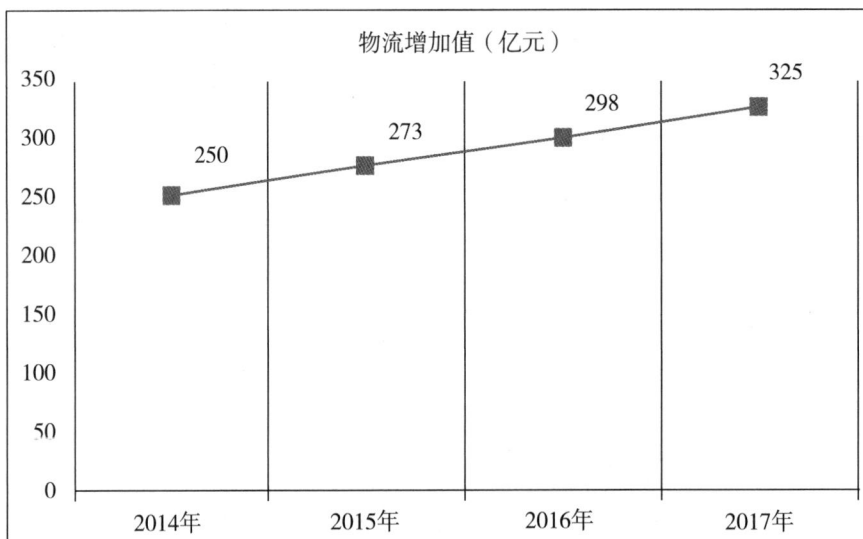

图 5 物流增加值（资料来源：南宁市商务局）

（三）南宁市社会物流总费用分析[①]

据研究，2017 年，南宁市社会物流总费用占生产总值的比重为 17% 左右，比上年下降了 0.5 个百分点，比 2014 年下降了近 2 个百分点。说明南宁市物流业的运行效率逐步提升。据统计，2016 年我国社会物流总费用与生产总值的比率为 14.9%，比上年下降 1.1 个百分点，2013—2016 年全国社会物流总费用与生产总值的比重连续 4 年持续下降，这表明我国商贸物流成本水平进入到加速回落期，与我国经济结构优化、运行效率提升和物流的高效运作密切相关。南宁市社会物流总费用占生产总值的比重比全国平均水平高 2 个百分点左右，说明南宁市物流业的运行效率和质量整体仍处于较低水平。

（四）物流发展政策分析

2017 年各级政府部门在物流规划、降低物流成本、物流信息化、物流集聚区建设等方面出台了一系列政策措施，对促进南宁市物流业的发展发挥了积极的作用。

1. 在物流规划方面。

2017 年 1 月，商务部等五部门印发《商贸物流发展“十三五”规划》，在规划中将南宁市列为全国商贸物流节点城市。2017 年 8 月市政府办公厅印发《南宁市物流业发展规划（2017—2020 年）》，提出到 2020 年，基本形成以中国—东盟国际物流基地和南宁空港物流基地为核心，七大物流园区为节点，覆盖城乡的现代物流网络体系，把南宁市建设成为服务中南西南、面向东盟的现代商贸物流基地和国际性物流城市。

2. 在降低物流成本方面。

2017 年 8 月，国务院办公厅印发《关于进一步推进物流降本增效促进实体经济发展的意见》，从“放管服”改革、降税清费、物流设施建设、标准化建设等 7 个方面提出 27 项降低物流成本的具体措施。2017 年 6 月，国家发展改革委发布《关于做好 2017 年降成本重点工作的通知》，提出 25 项降成本措施。其中，要求从加强物流薄弱环节和重点领域基础设施建设、推进发展物流新业态和集装箱运输、加强物流标准化制定等基础工作、发展“互联网＋”高效物流、降低物流用地成本等方面进一步降低物流成本。2017 年 9 月，交通运输部等 14 个部门印发《促进道路货运行业健康稳定发展行动计划（2017—2020 年）》，计划提到，切实推进道路货运行业转型升级，实现行业持续健康稳定发展；2018 年底前，完成降本减负 10 件实事，推动政策落地并取得实质性进展。

2017 年 5 月，《广西壮族自治区关于推动物流业降本增效促进我区物流业

[①] 资料来源：中国物流与采购联合会。

健康发展若干政策的意见》，从降低物流业制度性交易成本、降低货物流通成本、降低物流车辆通行成本、减轻物流企业费用负担、推进信息化标准化建设、拓宽投融资渠道、提高资源利用效率、建立健全工作机制等八大方面提出了48条具体的降本增效措施。2016年8月，南宁市政府出台《关于减轻企业负担、降低企业成本的若干意见》，提出30条为企业降本减负的措施。

3. 在物流集聚区建设方面。

2016年8月，南宁市政府出台《南宁市现代服务业集聚区认定和扶持暂行管理办法》，市政府对经认定的集聚区和项目给予政策倾斜和经费支持。2017年4月，市政府印发《南宁市现代服务业集聚区发展规划（2016—2020）》，提出重点发展现代物流、金融、电子商务和信息服务业等产业聚集区。

4. 在物流信息化方面。

2016年11月，广西壮族自治区发展和改革委员会联合自治区商务厅印发《广西互联网＋高效物流实施方案》，方案提出，建设公共物流信息平台、推动多式联运信息交换共享、推进企业物流信息化建设、完善口岸物流联动体系、加快智能仓储配送设施网络建设、加强先进仓储配送技术研发和应用、完善智慧物流配送功能、加快发展电子商务物流、推动道路货运无车承运人发展、发展"互联网＋"供应链管理新模式十项任务。

三、2017年南宁市现代物流业发展存在的主要问题

（一）物流基础设施有待进一步完善

1. 市内交通拥堵的状况没有改变。

近年来南宁市加快城市地铁等公共交通设施建设，市区道路大面积围挡施工导致交通拥堵，交通主管部门严格限制物流车辆市内通行，在一定程度上影响了物流运输和城市物流配送。

2. 南宁铁路货运仓储设施陈旧、狭小、功能不全。

南宁火车站货运场站主要有南宁站和南宁南站（沙井站）两个站场，大部分仓储设施建于20世纪六七十年代，设施简陋、空间狭小、设施不足、铁路站场技术设备落后、服务网络和信息系统不健全、缺乏口岸功能、管理体制僵化，制约了铁路货运的发展。

3. 航空货运配套设施建设进展缓慢。

南宁吴圩国际机场原有的货运站场空间小，作业区不足，货运航班较少，规划中的空港物流园建设进展缓慢，不能满足日益增长的物流需求。原有的口岸联检大楼由于航站楼搬迁，功能丧失，影响了国际航空货运的通关效率。

4. 内河港口基础设施有待完善。

中心城港区牛湾港仓储、疏港道路等配套设施尚未完全建成，西津船闸正

在改建中，通航能力受限，班轮较少，水路运输电子交易平台尚未建设，导致许多水运物资舍近求远，从贵港港出港。

（二）物流专业化水平不高

南宁市工商企业对物流外包服务认识不深刻，大部分企业物流业务主要靠自营，第三方资源被大量内部消化，使得第三物流企业发展缓慢。除电商企业外，目前南宁市工商企业将物流业务交由专营物流业务的第三方物流企业承担的比例不高，第三方物流占社会物流比重不大，物流专业化受到制约。

（三）物流信息化水平偏低

南宁市多数物流企业规模小、实力弱，对信息化重视不够，在搬运、点货、分拣、订单及数据处理等环节，以手工操作为主，缺乏系统的 IT 信息解决方案。另外，南宁市公共物流信息平台尚未完全建立，在对社会公共资源和行业资源的兼容和整合方面缺乏技术支撑。企业信息化程度低，管理水平和技术落后，现代物流业缺乏发展基础。

（四）物流成本长期居高不下

南宁市社会物流总费用占生产总值比重远远高于全国平均水平，造成这一现象主要有以下原因：一是企业缺乏专业化的管理水平，经营管理成本高；二是设施设备落后、运营效率低下；三是人力、土地、资金、燃料等生产要素价格持续上涨；四是融资难、融资贵的问题仍然突出，固定资产少的中小型企业难以得到银行贷款，多数只能通过民间借贷等渠道来融资；五是物流管理体制不完善，多头管理，难以形成合力，"大物流"的管理体制尚未形成。物流成本长期居高不下，影响了南宁市现代物流业发展的规模、质量和水平。

（五）城乡配送体系和相关营运政策不健全

目前南宁市的城市物流配送中心仍然以各家企业自身配套为主，缺乏统一的集中配送中心。配送车辆通行难、停靠难、装卸难等问题表现突出，影响了城乡配送效率；城乡末端配送设施新技术应用较少，智能化水平偏低，智慧配送水平亟待提高；关于新型运输工具上路及货运资格规定还未出台相关政策，对电动汽车、电动三轮车、电动单车等有利于降低"最后一公里"运输成本的新型运输工具未做明确规定，制约了绿色物流发展。

（六）高端物流人才不足

现代物流是一门跨学科、实践性强的理论，物流人才不仅要拥有多方面的理论知识，而且还要具备一定的实践经验。由于物流专业属于新兴学科，各院校开设这方面专业的时间不长，毕业生不多，毕业生供不应求。因此，物流公司的员工大部分从社会招聘，缺乏物流知识和专业技能，真正适应现代物流发展，能够切实为企业提供有效方案的中高级物流人才较少。此外，物流人员流动大，企业对物流人员的培训不重视，进一步制约了物流业的发展。

四、2018 年南宁市现代物流业发展的环境分析

（一）经济环境

1. 国际经济形势。

2017 年 10 月 31 日，由中国人民大学国际货币研究所（IMI）、国际货币基金组织（IMF）驻华代表处、民生证券研究院联合主办的"国际货币基金组织2017 年《世界经济展望报告》发布会"在北京举行。报告认为，全球经济进入上行周期，上行力度不断增强，预计 2017 年和 2018 年全球经济增长率将分别达到 3.6％和 3.7％，大大高于去年的 3.2％。整体来看，2018 年全球经济增长日趋强劲。

2. 国内经济形势。

根据国际货币基金组织（IMF）2017 年秋季《世界与中国经济展望报告》，中国经济 2017 年和 2018 年年增长预期被上调至 6.8％和 6.5％。党的十九大报告提出，要继续深化供给侧结构性改革，中国经济增长的质量将会进一步提高。

3. 南宁市经济发展态势[①]。

据统计，2017 年南宁市实现生产总值 4118.83 亿元，同比增长 8％，比上年同期提高 1 个百分点，全年生产总值增速高于全国、全区水平。根据 2018年南宁市《政府工作报告》，2018 年南宁市生产总值增长预期目标为 7.5％。国内外经济稳步增长为南宁市物流业发展提供有力支撑。

（二）政策环境

2017 年 12 月 20 日闭幕的中央经济工作会议提出"推动高质量发展是当前和今后一个时期确定发展思路、制定经济政策、实施宏观调控的根本要求"。要把供给侧结构性改革作为经济工作的主线，推动经济实现质量变革、效率变革、动力变革，为增强经济创新力和竞争力构筑坚实基础。一方面，要加快培育和发展新业态、新模式、新技术、新产品，在中高端消费、创新引领、绿色低碳、共享经济、现代供应链、人力资本服务等领域培育新增长点。另一方面，要立足生产和生活消费升级的需要，推动传统产业提高核心竞争力和产品附加值，向质量提升、绿色低碳、服务优化、品牌高端等方面发展。现代物流业是国民经济的基础性产业，在推进供给侧结构性改革中要坚持"创新、协调、绿色、开放、共享"发展理念。国家层面在推动现代物流业提质增效方面将会出台相关的政策措施，加上 2017 年各级政府出台的一系列促进物流业发展政策措施，南宁市 2018 年现代物流业发展的政策环境将进一步优化。

---

① 资料来源：南宁市统计局。

（三）"一带一路"及中新互联互通南向通道加快建设

"一带一路"是国家积极发展与沿线国家经济合作伙伴关系，共同打造政治互信、经济融合、文化包容的利益共同体的重要倡议。在国家赋予广西的"三大定位"中，广西作为"一带一路"有机衔接的重要门户，在"一带一路"建设中发挥重要作用，2017 年 5 月习近平总书记在广西视察时曾提出殷切期望"要打造好向海经济，写好新世纪海上丝路新篇章"。中新互联互通南向通道（简称南向通道）北联"一带"南接"一路"，实现"一带"与"一路"的无缝对接，形成了世界物流通道大闭环，大大提高了货物运输的时效性，将更有效地促进中国西部地区和东盟等"一带一路"沿线国家之间的国际经贸合作。2017 年 9 月中新互联互通南向通道海铁联运（重庆—北部湾港）常态化班列运行，2017 年 11 月 28 日中欧班列（中国南宁—越南河内）跨境集装箱直通运输班列首发，标志着南向通道建设进入快车道。南宁作为南向通道的重要物流节点城市，南向通道加快建设将对南宁市物流业的发展产生重要的影响。2017 年 9 月，中新南宁国际物流园项目启动，中新南宁国际物流园立足于打造面向东盟、服务全国的综合性现代化物流园区，在功能上可对南向通道的货物起到集聚、加工、分拨等作用。项目建成后对南宁市物流业融入南向通道和"一带一路"建设具有重要意义。

五、2018 年南宁市现代物流业发展预测[①]

货运量和物流业增加值是反映物流业发展的主要指标，下面应用 SPSS 统计分析软件并结合本报告第四部分 2018 年南宁市现代物流业发展环境分析，对 2018 年南宁市物流业增加值和货运量等指标进行预测。

用 zz 表示物流业增加值，用 zy、gy、sy、hy 分别表示货运总量、公路货运量、水路货运量、航空货邮量，取样本区间为 2011—2017 年，建立线性回归模型进行预测。

（一）2018 年全市物流业增加值预测分析

应用 SPSS 统计分析，以物流业增加值 zz 为因变量，滞后一期的物流业增加值 zz（－1）为自变量，建立自回归模型如下：

$$zz = 41.888 + 0.938zz（-1）\qquad (1)$$

t　　(5.475)　(29.208)

$R^2 = 0.995$　F＝853.109　D.W.＝1.387

该模型 $R^2 = 0.995$，拟合度非常好，各项统计检验均通过。

将 2017 年南宁市物流业增加值 zz＝325 亿元代入（1）式，得到 2018 年南

---

① 资料来源：南宁市商务局、南宁市交通运输局、广西机场集团、中铁南宁局。

宁市物流业增加值的理论预测值为 346.74 亿元。由于模型未包含未来政策环境因素的影响，根据本报告第四部分的分析，2018 年国内外经济回升趋强，党的十九大提出要深化供给侧结构性改革，中新互联互通南向通道加快建设，未来南宁市物流业的发展环境持续向好，因此，在实际预测中可以适当提升物流业增加值的理论预测值，在本研究中把理论预测值提升 3.5%，得到 2018 年南宁市物流业增加值的实际预测值为 359 亿元，同比增长 10.46%。

（二）2018 年全市货运量预测分析

1. 全市货运总量预测分析。

根据 SPSS 统计分析，货运总量 zy 与物流业增加值 zz 在 0.05 水平（双侧）显著相关。以货运总量 zy 为因变量，以物流业增加值 zz 为自变量，建立一元线性回归模型如下：

$$zy = 18138.73 + 56.465zz \qquad (2)$$

t　（3.936）　（3.094）

$R^2 = 0.657$　$F = 9.575$　D. W. = 1.65

该模型 $R^2 = 0.657$，拟合度中等，各项统计检验均通过。

将 2018 年南宁市物流业增加值预测值 zz = 359 亿元代入（2）式，得到 2018 年南宁市货运总量的理论预测值为 38410 万吨，同比增长 9.3%。因为 2018 年物流业增加值预测值 zz = 359 亿元已考虑了未来政策因素的影响，所以，把 2018 年南宁市货运总量的理论预测值视为实际预测值。

2. 全市公路货运量预测分析。

根据 SPSS 统计分析，公路货运量 gy 与物流业增加值 zz 在 0.05 水平（双侧）显著相关。以公路货运量 gy 为因变量，以物流业增加值 zz 为自变量，建立一元线性回归模型如下：

$$gy = 14778.792 + 54.946zz \qquad (3)$$

t　（3.521）　（3.305）

$R^2 = 0.686$　$F = 10.926$　D. W. = 1.686

该模型 $R^2 = 0.686$，拟合度中等，各项统计检验均通过。

将 2018 年南宁市物流业增加值预测值 zz = 359 亿元代入（3）式，得到 2018 年南宁市公路货运量的理论预测值为 34504 万吨，同比增 10.55%。因为 2018 年物流业增加值预测值 zz = 359 亿元已考虑了未来政策因素的影响，所以，把 2018 年南宁市公路货运量的理论预测值视为实际预测值。

3. 全市水路货运量预测分析。

根据 SPSS 统计分析，水路货运量 sy 与物流业增加值 zz 在 0.05 水平（双侧）显著相关。以水路货运量 sy 为因变量，以物流业增加值 zz 为自变量，建立一元线性回归模型如下：

sy＝1400.197＋6.893zz　　　　（4）

t　　（2.959）（3.679）

R^2＝0.73　F＝13.533　D. W.＝2.397

该模型 R^2＝0.73，拟合度中等，各项统计检验均通过。

将 2018 年南宁市物流业增加值预测值 zz＝359 亿元代入（4）式，得到 2018 年南宁市水路货运量的理论预测值为 3875 万吨，同比增长 4.82％。因为 2018 年物流业增加值预测值 zz＝359 亿元已考虑了未来政策因素的影响，所以，把 2018 年南宁市水路货运量的理论预测值视为实际预测值。

4. 全市航空货邮量预测分析。

根据 SPSS 统计分析，航空货邮量 hy 与物流业增加值 zz 在 0.01 水平（双侧）显著相关。以航空货邮量 hy 为因变量，以物流业增加值 zz 为自变量，建立一元线性回归模型如下：

hy＝1.447＋0.014zz　　　　（5）

t　　（3.421）（8.450）

R^2＝0.935　F＝71.398　D. W.＝1.773

该模型 R^2＝0.935，拟合度较好，各项统计检验均通过。

将 2018 年南宁市物流业增加值预测值 zz＝359 亿元代入（5）式，得到 2018 年南宁市航空货邮量的理论预测值为 6.5 万吨。因为 2017 年 6 月底开通南宁至香港往返全货机航线，每周 5 班，业载 13～15 吨，2017 年 6 月 26 日—12 月 31 日共执飞 126 个往返航班，货运量约 0.16 万吨，该航班 2018 年比 2017 年将增加货运量约 0.16 万吨；2018 年 1 月 6 日南宁—达卡往返全货机航线恢复通航，每周 3 班，业载 13～15 吨，该航班 2018 年将增加货运量约 0.2 万吨。所以，把 2018 年南宁市航空货邮量的实际预测值调整为 6.86 万吨，同比增长 8.72％。

5. 全市铁路货发量预测分析。

长期以来，由于铁路系统体制僵化，虽然 2013 年国务院提出相关改革措施，但是改革进展缓慢，加上国家实施供给侧结构性改革，煤炭、钢铁等大宗货物去产能，导致全国铁路货运量持续下降。2017 年铁路系统改革取得重要进展，铁路系统公司制改革即将完成，加上国内外经济回暖，铁路货发量触底反弹。据统计，2017 年全国铁路货物发送量为 29.18 亿吨，同比增长 10.1％。由于各种原因，2017 年南宁市铁路货物发送量未能扭转持续下降的局面，但是，2018 年南宁市铁路货物运输基础设施将进一步完善，中欧班列（中国南宁—越南河内）跨境集装箱直通运输班列将实现常态化运行，南宁市铁路货物运输有新的增长点，预计2018年南宁市铁路货物发送量将止跌回升，达到249万吨，同比增长10%左右。

表2 2018年南宁市物流业发展预测

	物流增加值(zz)（亿元）	货运总量(zy)（万吨）	公路货运量(gy)（万吨）	水路货运量(sy)（万吨）	航空货邮量(hy)（万吨）	铁路货发量(ty)（万吨）
2018年预测值	359	38410	34504	3875	6.86	249
同比增长	10.46%	9.3%	10.55%	4.82%	8.72%	10%

从上面的预测分析结果来看，一方面，2018年南宁市物流增加值、货运总量、公路货运量、航空货邮量指标将保持中高速增长，铁路货物发送量将止跌回升，增长10%，说明在国内外经济回升的预期下，2018年南宁市物流业的发展将保持较强的发展态势。另一方面，2018年南宁市水路货运量增速较低，说明近期内水运基础设施不完善等因素仍然制约南宁市水路运输的发展。

六、2018年南宁市现代物流业发展的主要思路

（一）夯实物流基础，提升物流功能

1. 加快构建面向东盟，对接"一带一路"的物流大通道。

构建以南宁为枢纽，连接南宁至东盟国家的海上丝绸之路的南向通道和贯通我国西部地区与东盟国家有机衔接"一带一路"的陆路新通道；优化进出珠三角地区的物流通道，依托南宁至广东的高速公路、高铁及西江黄金水道，为东西向物流需求提供支持；加快进出长江三角洲和中原腹地的南北通道建设，增强对中南、西南地区的辐射能力；打通南宁至贵阳、重庆、成都、西安、兰州、乌鲁木齐等国内城市，连接丝绸之路经济带的北上通道；积极开拓面向东盟的国际货运航线，并整合东盟国家电子信息等加工贸易产业对物流的需求，开通面向欧美地区的货运航线；推进中欧班列（中国南宁—越南河内）跨境集装箱直通运输班列实现常态化运行。进一步提升与东盟、北部湾港口、西江经济带等周边区域物流大通道无缝衔接的基础能力。配合推进全国高速公路不停车收费联网工作，提高运输组织效率。

2. 加快货运枢纽设施建设。

重点推进公用型货运枢纽建设，促进不同运输方式在物流节点的衔接、协调。加快推进南宁玉洞交通物流中心、南宁伶俐物流中心二期、南宁市公路枢纽基地牛湾物流园区等项目建设；以物流枢纽为推进主体，科学规划和建设多式联运设施，构建以公铁、水铁联运为核心、公路集疏运为重点的多式联运物流模式；加大支持力度，努力扩大"五定"（定点、定线、定车次、定时、定价）班列、班船，提高开行频率和运能；加快建设南宁综合物流基地。推进中新南宁国际物流园、南宁沙井铁路货运中心、南宁空港物流产业园等重大项目，推动公路港、无水港项目建设，将南宁市打造成为多式联运的综合物流枢纽城市。

3. 加快现代物流集聚区建设。

围绕南宁市电子、医药、装备制造和农副产品等支柱产业，依托内河港、公路港、铁路港、航空港等重要交通枢纽，合理规划布局现代物流集聚区。重点推进中国—东盟国际物流基地（含南宁综合保税区）、南宁空港物流基地、南宁铁路物流中心（沙井货运中心）、南宁牛湾港综合物流园和东盟经开区物流园等物流集聚区的建设。在县一级规划扶持快递电商物流园建设，进一步夯实覆盖全市的物流网络，形成"市—县（区）—乡镇（街道）—村（社区）"多层次的物流网络，形成布局合理、规模适度、功能齐全、绿色高效的物流园区网络体系。

（二）深化物流业供给侧结构性改革，促进物流企业降本增效

1. 加强市场监管体制和服务的创新。

由政府指导，行业协会牵头，成立南宁物流联盟，联盟企业信息平台互联、资源共享，互利共赢，形成规模效应，改变当前南宁物流业"小、散、弱"的局面，提高南宁物流业的整体效益。

2. 推广物流新技术的应用。

支持物流企业采用大数据、云计算、物联网等技术实现高效物流，推动装备自动化、信息化、绿色化递进升级。支持无车承运人利用移动互联网等先进信息技术，整合大量货源车源，并通过信息网络实现零散运力、货源、站场等资源的集中调度和优化配置。

3. 推进物流标准化工作。

鼓励企业采用标准化的物流设施设备，提高物流标准化服务水平，降低物流成本，提高物流效率。积极申报国家物流标准化试点城市，争取国家政策支持。

4. 促进物流供给侧要素的优化配置。

供给侧结构性改革旨在调整经济结构，使要素实现最优配置。当前，南宁市物流业的发展过度依赖劳动力、土地等传统生产要素投入，人才、技术、知识、信息等高级要素投入比重偏低。应优化物流业供给侧高级要素的配置，促进传统物流业领域的大量存量资源的置换和退出，不断提高南宁市物流业综合效率和竞争力，以增效促降本。

（三）推动物流业与制造业的融合发展，提高物流专业化水平

制定推进物流业与制造业融合发展的政策措施，支持建设与制造业企业紧

密配套、有效衔接的仓储配送设施和物流信息平台，鼓励各类产业聚集区域和功能区配套建设公共外仓。鼓励传统运输、仓储企业向供应链上下游延伸服务，建设第三方供应链管理平台，为制造业企业提供供应链计划、采购物流、入厂物流、交付物流、回收物流、供应链金融以及信息追溯等集成服务。加快发展具有供应链设计、咨询管理能力的专业物流企业，着力提升面向制造业企业的供应链管理服务水平。大力支持第三物流发展，对接制造业转型升级需求，提供精细化、专业化物流服务，提高企业运营效率。鼓励本地大中型生产制造企业将自营物流面向社会提供公共物流服务，推进物流链、产业链"双链"深度融合。

（四）创新物流服务模式，提升物流服务水平

1. 推广应用高效便捷物流新模式。

鼓励企业积极依托大数据、云计算等先进信息技术，大力发展"互联网＋"货物配载、"互联网＋"运输配送协同、"互联网＋"物流交易、"互联网＋"储位共享、"互联网＋"专线整合、"互联网＋"车辆租赁等新业态、新模式。通过搭建互联网平台，创新物流资源配置方式，改造业务流程，实现货运供需信息实时共享和智能匹配，减少迂回、空驶运输和物流资源闲置，提高服务效率。

2. 推动物流活动信息化、大数据化。

依托部门、行业大数据应用平台，推动跨地区、跨行业物流信息互联共享。构建以大中型物流企业为主，基于 Sass 的物流信息服务平台，面向中小物流企业租赁服务端口，推广应用电子运单、电子仓单、电子面单等电子化单证。积极支持基于大数据的运输配载、跟踪监测、库存监控等第三方物流信息平台创新发展。为本地物流企业加快物流速度、提升物流效益、提高物流服务质量提供技术支持。积极申报国家物流业创新发展示范城市，争取国家政策支持。

（五）壮大物流主体，提高物流企业竞争力

1. 大力引导大型骨干工商企业树立现代物流理念，结合自身发展需要，选准切入点，有序推进企业物流管理改革，发展适合自身的物流模式。

2. 鼓励道路货运企业通过组织创新、技术创新等做大做强，加快向多式联运经营人、现代物流服务商转型发展。鼓励工商企业逐步将原材料采购、运输、仓储等物流业务分离出来，建立专业化的物流配送体系，或外包给第三方专业物流企业。

3. 支持交通运输、仓储配送、货运代理、多式联运企业或中小型物流企业通过兼并、资源共享等形式进行资产重组，发展具有一定规模的物流联盟实体。

4. 加大力度培育龙头物流企业。支持物流企业参加国家等级物流企业评估，支持有能力的企业开展多式联运经营，支持铁路、水路运输企业加快向多式联运经营人转变，鼓励多式联运企业推进规模化、集约化经营。

5. 加大现代物流业的招商引资力度。结合特大项目和产业集群招商引资，引进一批国内外知名物流企业投资兴业，鼓励外来企业参与市内物流企业兼并重组，合作经营。

（六）突出重点产业，引领物流发展

1. 主动构建适应南宁市"工业强市、产业旺市"战略的现代物流体系，加快现代物流业与食品加工、化工、建材、先进装备制造、生物医药、新能源汽车和电子信息等重点产业融合，引导和支持专业物流基地和专业物流体系建设，优先发展电商物流、农副产品物流、医药物流、建材物流、电子电器物流，着力打造全产业供应链新优势。

2. 培育物流园服务升级和组织联网，为南宁市重点产业搭建物流枢纽，构建便捷高效的重点产业物流服务网络，以共享经济、平台经济加速重点产业集聚，以现代物流服务支撑产业生态圈的良性发展。

（七）完善城市配送网络和相关政策，化解城市配送难题

1. 依托重要公共交通枢纽、物流集散地规划建设或改造升级一批集运输、仓储、配送、信息交易于一体的综合物流服务基地，促进干线运输与城市配送有效衔接。

2. 根据城市总体规划和城市交通条件，加强公用型城市配送节点建设，引导仓储配送资源开放共享，推进共同配送规范化发展。支持生鲜配送终端连锁门店、快速消费品分拣中心等城市末端配送点建设，大力支持智能快件箱、无人车配送、无人机配送等新技术，解决"最后一公里"难题。

3. 改进城市物流配送车辆交通管理，建立分路段、分时段、分车型的货车通行证制度，着力解决城市配送车辆停靠难、装卸难等问题。制定城市配送电动车规范，适当放宽交通管制，支持并规范邮政快递、农产品等配送车辆临时停靠，允许符合标准的快递专用电动车用于城市收投服务。探索错峰配送、夜间配送等模式。

（八）发展绿色物流，推动物流业健康稳定发展

大力推行绿色运输，提升交通运输绿色化、智能化水平，优化运输结构和资源配置，提高资源利用效率，促进节能减排。进一步完善运输路径规划，优化配送路线，发展甩挂运输、共同配送等新型物流组织形式。突出发展绿色仓储，建设生态绿色物流园区，鼓励采用低能耗、低排放运输工具和节能型绿色仓储设施。推广采用绿色包装，引导快递企业循环使用包装材料，推广托盘标

准化及循环共用，构建循环物流系统，推动物流业健康稳定发展。

（九）实施物流引智工程，为物流业发展提供智力支持

1. 完善人才引进机制，继续扩大引进物流高层次人才。科学规划物流行业各层次所需人才队伍目标，制定物流紧缺人才培养计划，积极优化人才环境，开展物流人才项目引智工程，对符合条件的人才引进项目给予政策扶持。

2. 支持校政企深化合作，着力完善物流人才培养体系建设。政府支持校企共建一批物流业人才培养基地，以需求为目标，共同制定人才培养方案，共建实习实训基地，共同开展物流课题研究，物流人才资源共享；支持高校及教育机构开展现代物流业实务培训，积极构建学历教育和社会培训相结合的物流业人才培养体系。

3. 以物流园区、重点企业、高等院校为依托，搭建物流行业创新创业平台，共同开展物流创新创业工作，将物流科研成果、专利转化为技术优势、产品优势和服务优势。

执笔：南宁学院　陈红保

柳州市 2017 年经济运行情况分析及 2018 年经济工作主要任务

柳州市发展改革委课题组

2017 年是党的十九大召开之年，是实施"十三五"规划的重要一年和推进供给侧结构性改革的深化之年，面对错综复杂的经济环境，柳州市在自治区党委、政府的正确领导下，以习近平新时代中国特色社会主义思想为引领，全面贯彻落实新发展理念，主动适应经济发展新常态，攻坚克难，扎实苦干，实现了经济平稳较快发展。

一、2017 年经济运行总体情况

回顾柳州市 2017 年经济运行情况，从经济总量看，生产总值达到 2755.67 亿元，增长 7.1%，对全区经济增长贡献率约 13%，人均生产总值突破 1 万美元（11055 美元）。从经济结构看，一、二、三次产业比重为 6.9：54.0：39.1，第三产业增加值突破 1000 亿元（1079.05 亿元），增长 11.6%，对生产总值增长贡献率为 61%，在工业较为低迷的情况下，对稳增长起到了关键作用。从经济质量看，财政收入增长 9.1%，突破 400 亿元，人均财政收入突破 1 万元。一般公共预算收入 179.8 亿元，增长 13%，其中非税收入占一般公共预算收入比重 28.7%。工业利税增长 13.6%，工业利润增长 38.7%。从经济活力看，全市常住人口达 400 万人，净增长 4 万人，常住人口超户籍人口 13 万人，是西部地区少数几个人口净流入城市；新登记注册市场主体4.41万户，增长33.5%；城镇新增就业人数6.93万人。从全区占比来看，柳州市土地面积占全区1/13、人口占全区1/14、经济总量占全区1/7、工业总量占全区1/5、财政收入总量占全区1/6，分别居全区第五位、第五位、第二位、第一位和第二位。

二、2017年经济运行主要特点

（一）项目投资消费持续发力，经济基本面保持稳定

充分发挥投资的拉动作用，持续扩大有效需求，超额完成固定资产投资预期目标。持续夯实消费基础性作用，积极推进消费新业态发展，顺利实现稳消费目标。

投资保持较高增速。围绕补短板、调结构、增供给，努力扩大有效投资，加大政府和社会资本合作（PPP）模式推广力度，推进PPP项目落地5个，到位资金61.7亿元。持续把基础设施建设作为补短板的重要抓手，围绕柳东新区、北部生态新区、柳江区开发建设等领域加大基础设施建设投资，全年完成基础设施投资907.03亿元，增长19.2%，成为投资的主要拉动力。继续把制造业投资作为培育新经济新动能的重要举措，围绕汽车、钢铁、机械三大传统支柱产业转型升级等领域积极引导加大制造业投资，全年完成制造业投资886.34亿元，增长8.7%，增速较2016年提高8.5个百分点，呈现积极回稳态势。坚持把加大房地产投资作为提高房地产供给的重要手段，围绕保障性住房建设等领域扩大房地产有效投资，全年完成房地产投资395.08亿元，增长14.6%，促进房地产平稳健康发展。全市完成固定资产投资2697.2亿元，增长15.3%，增速较全区高2.5个百分点。

表1 固定资产投资完成情况

城市	1—12月累计（亿元）	位次	增长（%）	位次
全区	19908.27		12.8	
南宁	4307.95	1	12.6	9
柳州	2697.20	2	15.3	5
桂林	2234.24	3	4.8	14
梧州	1330.15	5	13.8	8
北海	1099.68	7	8.8	13
防城港	672.77	12	12.1	11
钦州	1088.85	8	14.5	7
贵港	983.81	9	16.9	1
玉林	1689.33	4	15.1	6

续表

城市	1—12月累计（亿元）	位次	增长（%）	位次
百色	1226.41	6	15.6	4
贺州	722.02	11	10.9	12
河池	453.20	13	12.2	10
来宾	432.16	14	16.5	3
崇左	970.50	10	16.7	2

重大项目加快推进。始终坚持把抓项目作为促投资稳增长的重要抓手，从优化项目审批、加强要素保障、创新融资体制机制等方面着手，破解项目建设难题。继续开展全市重大项目联合审批活动，一站式协调解决项目审批难题；积极拓展融资渠道，构建起地方债、企业债、城镇化基金等多元融资模式，柳州发行企业债工作受到国务院稳增长督查表彰。全市重点推进的510个重大项目，完成投资844.29亿元，完成率107.4%；柳东新区文化广场、联合电子二期等170个项目实现开工，开工率83.74%；东风柳汽乘用车SX5车型工艺开发项目、柳州港官塘作业区一期工程进港大道等99个项目实现竣工，竣工率92.52%。实施自治区重大项目64项，完成投资162.6亿元，完成率138.1%，开竣工率分别为88.24%、81.82%，均圆满完成自治区下达任务。

消费新业态加快形成。深入实施"电商柳州"工程，全市实现电商交易额798.7亿元，增长32%。三江继鹿寨、融安、柳城之后成为柳州市第四个国家级电子商务进农村综合示范县，广西糖网获批国家电子商务示范企业。加快培育消费新业态，以螺蛳粉为代表的网络消费迅猛发展，实现产业品牌化、标准化、规模化发展，螺蛳粉产值超30亿元，增长100%，袋装螺蛳粉销量位居全国米粉类电商产品第一。积极应对网购对线下消费的影响，深化消费供给结构改革，推出个性化、差异化需求，加快产业融合、行业融合、业态融合，有效稳住线下消费基本面。全市实现社会消费品零售总额1155.64亿元，增长10.6%。

表2　社会消费品零售总额完成情况

城市	1—4季度（亿元）	位次	增长（%）	位次
全区	7813.03		11.2	
南宁	2204.16	1	11.3	6
柳州	1155.64	2	10.6	12
桂林	928.12	3	11.0	10

续表

城市	1—4 季度（亿元）	位次	增长（％）	位次
梧州	445.87	6	12.6	2
北海	250.13	10	11.0	9
防城港	124.02	14	10.8	11
钦州	411.75	7	10.2	14
贵港	480.70	5	11.3	5
玉林	728.86	4	10.4	13
百色	277.35	9	12.4	4
贺州	178.85	12	11.1	8
河池	301.20	8	12.4	3
来宾	180.29	11	13.3	1
崇左	146.09	13	11.2	7

（二）大力提振实体经济，现代化产业体系加快构建

深入实施创新发展战略，发展质量和效益不断提升，成为广西首个"全国质量强市示范城市"，战略性新兴产业产值比重达 12%。

工业转型升级步伐加快。工业总量持续扩大，规模以上工业总产值突破5000 亿元大关，达 5025.22 亿元，增长 7.5%。汽车产业稳步发展，上汽通用五菱涡轮增压发动机技术改造等一批项目竣工投产。汽车产量超过 250 万辆，再创历史新高。上汽通用五菱 E100 新能源汽车成功上市，东风柳汽新能源轿车 S50EV 正在开展试乘体验，新能源汽车进入发展快车道。钢铁行业持续复苏，完成产值 901.38 亿元，增长 9.11%；柳钢集团以市场为导向，持续提升供给质量，中高端钢材比重大幅提高，钢铁产量、营业收入、利润等创下历史最高水平。机械行业逐步回暖，全年实现产值 408.48 亿元，增长 21.40%；柳工集团坚持技术创新引领产品技术升级，不断加大新产品开发力度，新产品销售额占比超过 50%，保持国内领先水平；坚持推进发明专利倍增计划，顺利通过"国家知识产权优势企业"复核。创新能力持续增强，新增国家级工业设计中心 2 家，市科技型中小企业孵化园等 3 家基地被认定为自治区小型微型企业创业创新基地，柳工集团被认定为工程建设智能装备技术国地联合工程研究中心。"两化"融合步伐加快，融合发展指数达 57.52，高出全区 37.6%。战略性新兴产业迈出新步伐，智能交通产业园一期工程、广西首家装配式建筑产业园开工建设，智慧电网产业园、工业设计城等前期工作加快推进。

表3 规模以上工业总产值完成情况

城市	1—4 季度（亿元）	位次	增长（%）	位次
全区	27138.43		13.9	
南宁	3989.82	2	13.9	10
柳州	5025.22	1	7.5	12
桂林	1980.39	5	0.2	13
梧州	2659.65	3	14.9	9
北海	2537.29	4	16.4	8
防城港	1770.10	9	20.1	5
钦州	1846.31	7	24.8	2
贵港	1182.25	10	19.5	6
玉林	1901.38	6	13.6	11
百色	1824.91	8	23.5	3
贺州	431.64	13	−11.1	14
河池	403.05	14	20.4	4
来宾	611.11	12	17.0	7
崇左	938.86	11	25.7	1

农业现代化有序推进。坚持把推进农业供给侧结构性改革作为农业农村工作的主线，持续优化传统农业产业结构，加快培育农业新业态，农业现代化进程加快。强化农业生产要素保障，加大基础设施投入，粮食、水果、蔬菜、桑蚕、茶叶、甘蔗等六大产业产量保持稳定。大力发展生态综合养殖，"三江稻田养鱼"获得国家农产品地理标志保护，柳州市稻田养鱼标准化示范区建设扎实推进。有序推进农村土地承包经营权确权登记颁证，市、县两级确权管理信息平台和数据库全部搭建完成。狠抓现代特色农业示范区建设，全市累计创建各级示范区 145 个，基本实现示范区乡乡（镇）全覆盖。积极推进新型农业经营主体建设，全年新增农民专业合作社 300 家，累计达 2500 家，其中国家级示范社 4 家，自治区级示范社 39 家。

表4 第一产业增加值完成情况

城市	1—4 季度（亿元）	位次	增长（%）	位次
全区	2906.87		4.1	
南宁	404.18	1	4.1	8
柳州	189.54	7	3.7	12
桂林	381.83	2	4.3	5

续表

城市	1—4 季度（亿元）	位次	增长（%）	位次
梧州	136.41	12	4.4	3
北海	190.54	6	3.7	12
防城港	89.27	14	3.9	9
钦州	234.95	4	3.9	9
贵港	193.65	5	4.2	7
玉林	276.91	3	3.2	14
百色	189.24	8	4.5	2
贺州	115.76	13	4.3	5
河池	158.96	11	3.8	11
来宾	159.96	10	4.6	1
崇左	181.25	9	4.4	3

现代服务业扩量提质。坚持补强现代服务业发展短板，全市第三产业增加值突破千亿元大关，达 1079.05 亿元，增长 11.6%，增速较全区高 2.4 个百分点，对经济的拉动力持续提升。宁铁柳州汽车工业物流园等 5 家集聚区获得自治区认定，新柳邕农产品批发市场被评为全国农产品批发行业 50 强，鹧鸪江钢铁深加工及物流产业园等 9 个集聚区项目建成运营。卡乐星球·OCT 华侨城开园运营，三胞国际广场、华润商业中心等城市商业综合体项目进展顺利，传化公路港项目落地建设。西鹅铁路货运中心、柳州毅德商贸物流城等项目加快推进；柳南万达广场、柳州金鹅福地一期、金绿洲星光大道城市广场商业投入运营。三江成为广西特色旅游名县，百里柳江景区荣获全国体育旅游示范基地，融水创建全国全域旅游示范县取得积极进展，鹿寨县创建广西特色旅游名县扎实推进，融安县打造"广西最美风情江·城养生胜地"有序开展。工业旅游新业态加快发展，工业博物馆荣获"国家工业遗产旅游基地"称号。

表5　第三产业增加值完成情况

城市	1—4 季度（亿元）	位次	增长（%）	位次
全区	8191.54		9.2	
南宁	2115.15	1	8.4	13
柳州	1079.05	2	11.6	2
桂林	871.41	3	8.5	12
梧州	415.98	7	10.4	5

续表

城市	1—4 季度（亿元）	位次	增长（%）	位次
北海	370.64	9	13.3	1
防城港	231.12	13	8.3	14
钦州	449.86	5	8.9	9
贵港	422.68	6	8.8	10
玉林	688.49	4	9.1	8
百色	383.20	8	9.8	7
贺州	222.16	14	9.9	6
河池	344.15	10	8.7	11
来宾	253.65	12	11.5	3
崇左	328.17	11	10.6	4

（三）落实协调发展理念，城乡一体化进程加快

深入贯彻落实协调发展理念，实施城乡一体发展战略，以重大项目建设为载体，统筹城乡基础设施建设，城市承载能力不断提升，县域经济实现较快发展。

城市新框架有效拓展。重点围绕"一主三新"城市框架，拓展柳州城市发展新版图。柳东新区重点围绕国家产城融合示范区建设，推进柳东文化艺术中心及体育园、三门江立交改扩建工程、官塘大桥、曙光大道等项目建设，公共服务设施不断完善，城市集聚能力进一步增强。柳江区统筹推进白莲大道、毅德商贸物流城等城市建设十大工程，柳江大道、兴柳路（二期）全线贯通，菱特动力、威鹏汽配等一批产业项目实现竣工，新区在基础设施、公共服务和产业等方面融入市区一体化进程加快。北部生态新区重点推进北进路、古灵大道及江湾大道等一批重大基础设施建设，积极推进广西工业设计城、智慧电网及湿地公园等一批重大项目前期工作，新区开发建设取得重大突破。

新型城镇化建设成效突出。持续深化户籍制度改革，取消投资纳税设置落户条件，全面放开对高校毕业生、技术工人、技术院校学生和留学回国人员落户限制。依托智慧柳州时空信息云平台，搭建柳州市国家新型城镇化综合试点信息应用平台。顺利通过国家新型城镇化综合试点中期评估，成功入围全国第三批"城市双修"试点城市，试点任务有序推进。柳州市以人为本，产城融合的成功经验获得国家发展改革委推广。扎实推进鹿寨县中渡镇国家特色小镇建设，积极开展市级特色小镇认定，柳东新区雒容镇、三江丹洲镇等8个乡镇成为柳州市首批市级特色小镇，推进农业转移人口就地城镇化步伐加快。柳北区

沙塘镇、鹿寨县寨沙镇等 2 个国家建制镇示范试点，柳城县沙埔镇、柳江区百朋镇等 6 个广西百镇建设示范工程建设有序推进。融安县获得 2017 年第三批国家级结合新型城镇化开展支持农民工等人员返乡创业试点。

县域经济实力不断增强。深入实施县域经济发展"三年行动计划"，县域经济发展实现重大突破。柳州市 4 个县区获得全区 2016 年度"广西科学发展十佳县"，占入围全区数量近 1/3。其中鹿寨县、融水苗族自治县入围十佳县，柳南区、鱼峰区入围先进城区。五县经济增速均高于全市增速，五县及柳江区经济增速均较全市增速高出 2 个百分点以上，其中柳江区、融水苗族自治县、鹿寨县增速达 2 位数以上，五县及柳江区经济总量占全市经济总量比重较 2016 年提高 0.7 个百分点左右。

表 6 县区地区生产总值完成情况

区县名称	1—12 月（万元）	同比增长（%）	排位
城中区	3080601	9.5	4
鱼峰区	4385826	8.1	8
柳南区	7010443	7.6	9
柳北区	5259334	0.2	10
柳江区	2520409	13.2	1
柳城县	1363600	9.3	6
鹿寨县	1625024	11.0	3
融安县	743890	9.5	4
融水苗族自治县	985737	11.7	2
三江侗族自治县	518281	9.3	6

全国性综合交通枢纽加快建设。积极组织开展柳州市全国性综合交通枢纽规划编制工作，与自治区中长期交通规划保持有效衔接。加快铁路枢纽建设，柳州火车站西站房正式启用，焦柳铁路怀化至柳州段电气化改造开工建设。加快西南出海北线通道水运项目建设，红花枢纽二线船闸实现开工建设，官塘港 2 个泊位开港运营。柳州至梧州、桂林至三江、三江至柳州高速公路建成运营，柳州市实现县县通高速公路。加快轨道交通前期工作，规划环评通过环保部审查；推进柳州至三江、柳州至贺州、柳州至河池城际铁路前期工作取得积极进展。

（四）加强生态文明建设，宜居柳州建设步伐加快

深入贯彻落实绿色发展理念，实施绿色崛起战略，加大生态系统保护力度，提升绿色发展能力，扩大生态产品供给，成功获批国家低碳城市。

空间管控能力有效增强。以全国空间规划试点和全国城市总规修编试点为契机，积极实施主体功能区规划，开展《柳州市全域空间规划（2016—2035）》《柳州市城市总体规划（2016—2035）》编制工作，完善国土空间保护开发制度，实施《柳州市莲花山保护条例》。初步划定全市生态保护、基本农田保护、城镇开发边界三条红线，合理确定城镇、农业和生态三类空间，国土空间开发保护制度日益加强，环境治理和生态保护体系加快构建，促进区域经济社会协调发展、绿色发展。

绿色发展成效凸显。扎实推进国家循环经济示范城市建设，循环产业链不断完善。深入实施国家第三批低碳城市试点工作，温室气体排放清单编制等基础性工作有序开展。静脉产业园开工建设，推进固体废物统一管理、集中处理、综合利用。中缅天然气长输管道工程柳江支线投产运行，能源供给结构进一步优化。柳工集团高端土方机械绿色设计平台建设项目获工业和信息化部绿色制造系统集成项目认定，东风柳汽、上汽通用五菱、柳钢集团、鱼峰水泥等4家企业通过能源管理体系认证。

生态环境保护得到加强。围绕改善环境质量，统筹谋划，抓住重点，深入推进水、气、土污染防治，促进环境质量持续改善。全面落实"水十条"，推行"河长制"，强化柳江流域水环境综合整治，消除竹鹅溪黑臭水体，水环境质量不断改善。实施"气十条"，加强钢铁、火电、水泥、造纸、制糖等重点行业监管力度，对污染物排放超标问题进行综合整治，空气质量持续改善。扎实推进"土十条"，落实重金属污染防治，有效降低环境污染风险。推进节能减排工作，落实污染物排放许可制，实施最严格的排污准入机制，主要污染物排放控制在自治区下达范围内。

（五）注重保障改善民生，群众幸福感进一步提升

深入贯彻共享发展理念，实施共享发展战略，有序推进精准脱贫，更加注重社会民生补短兜底，着力提高公共服务水平和质量，人民群众获得感和幸福满意度明显提升。

精准脱贫全面推进。全力推进脱贫攻坚"十大行动""七个一批"，实现贫困村脱贫出列69个，实现脱贫54766人，圆满完成自治区下达的年度任务。全年投入财政专项扶贫资金15.99亿元。全年建成20户以上自然村（屯）道路1071.6公里，建成巩固提升农村饮水安全工程227处，新建村级公共服务中心45个，完成贫困村电网改造升级项目216个，贫困地区基础设施大幅改善。突出抓好产业扶贫开发，大力发展贫困村集体经济，投入产业扶贫资金2.34亿元，支持贫困人口发展扶贫产业，贫困人口"造血"能力不断提升。大力推进易地扶贫搬迁工程，实施易地扶贫搬迁项目37个，全年建成住房8300

套，搬迁入住 3.73 万人。

社会保障能力不断加强。实施更加积极的就业政策，全市城镇新增就业人数 6.93 万人，农村劳动力转移就业 7.66 万人次，均超额完成自治区下达的任务；城镇登记失业率 3.52%，低于自治区目标控制线 0.98 个百分点。统筹城乡医疗保险工作，全市基本养老保险参保率达 90%，基本医疗保险参保率达 97%。更加注重让人民共享发展成果，持续促进居民增收，城镇居民人均可支配收入 32840 元，增长 8.5%；农村居民人均可支配收入 12210 元，增长 10%；城乡居民人均可支配收入比由 2016 年的 2.73∶1 缩小到 2017 年的 2.69∶1。积极推进低保线与贫困线相衔接，市区城市低保标准提至每人每月 550 元，市区农村低保标准提至每人每年 3500 元，各县农村低保标准稳步提升。全市基本建成保障性住房 9352 套，分配入住 2945 套，胜利小区、柳铁新城等 30 个职工危旧房改造项目顺利推进。

公共服务供给持续加强。实施市区义务教育学校基本建设三年攻坚等专项建设计划，市财政累计投资 26.6 亿元，新建、改扩建学校 31 所，新增学位 7.4 万个，有效缓解进城务工人员子女"入学难"、中小学校"大班额"等人民群众关心的热点难点问题。五县五区全部通过县域义务教育基本均衡发展国家督导评估，率先成为广西所有县区全部通过国检的地级市。持续推进健康城市建设，中医院东院投入使用，先进医疗设施供给能力不断提升。持续改善公共文化设施，柳州市图书馆新馆、柳东新区文化广场等项目顺利推进。扎实推进养老服务基础设施建设，北部"柳钢仙源颐养中心"、中部"河东老年公寓"建成投入使用，南部"白云颐养中心"加速推进，东部、西部项目正在积极谋划。

在总结成绩的同时，我们也清醒地看到存在的不足以及面临的复杂形势，主要是：一是经济下行压力依然较大。当前柳州市经济全面企稳的基础还不牢固，迅速回升的条件还不具备，最困难的阶段还会持续一段时间。二是工业经济急需培育新动能。工业增长对传统产业依赖度较大，产业仍处于深度调整中，传统产业增速放缓，处于新旧动能换挡期，急需加快培育新动能。三是区域发展不平衡不充分问题依然突出。全市仍有 20 万农村贫困人口尚未脱贫，80% 集中在三江、融水、融安北部三县，三个贫困县基础设施较落后，产业基础薄弱。

三、2018 年经济发展的总体要求、预期目标和主要思路

2018 年是深入贯彻落实党的十九大精神的开局之年，是全面建成小康社会，实现新时代"三步走"战略第一阶段目标的关键一年，也是改革开放 40 年和自治区成立 60 周年，柳州市将围绕"率先建成"和"打造龙头"双目标

砥砺奋进，全面做好经济社会发展各项工作。

（一）总体要求

以习近平新时代中国特色社会主义思想为指导，坚持稳中求进的总基调，以中央赋予广西"三大定位"为战略基点，加快实施"五大发展战略"，推进"三大建设"，营造"三大生态"，适应把握引领经济发展新常态，以推进供给侧结构性改革为主线，梯次推进"一主三新"建设，着力打造经济新的增长点。

（二）预期目标

在充分考虑 2018 年的发展形势，遵循经济增速高于国家增速和不低于自治区增速两个基本原则，并结合柳州实际，提出 2018 年主要经济指标预期目标。

——地区生产总值增长 7.5%左右。经过对三次产业增长情况进行测算，2018 年第一产业、第二产业、第三产业增加值分别有望增长 3.5%、6.5%、10.5%，推动经济分别增长约 0.25 个百分点、3.25 个百分点和 4 个百分点。虽然与"十三五"规划提出的目标 8%有 0.5 个百分点左右差距，但也做了最大程度衔接。

——固定资产投资增长 15%。从基础设施投资看，国家稳增长政策持续推进，自治区成立 60 周年项目准备较为充分。预计 2018 年基础设施建设投资可延续 2017 年下半年以来的高速增长势头，全年可实现 19%左右的增长。从制造业投资看，由于 2017 年以来经济下行压力不断增大，企业投资积极性趋缓，制造业投资增速相对放缓，预计 2018 年制造业投资增长 7.5%左右。从房地产投资看，随着房地产市场的进一步调控，预计对 2018 年房地产投资造成一定影响，但受刚性需求影响预计总体依然能够保持中高速增长。以上三大领域投资合计占全部投资比重 83%左右，按照以上增速预计可以支撑投资增长 15%。

——财政收入增长 8%。虽然受经济大环境及减税等因素影响，近年来财政收入增速总体放缓，但支撑 8%增速的基础依然存在。从主要税源看，上汽通用五菱、烟厂、东风柳汽等重点企业税收总体稳定，新的税源也在积极拓展；从区域看，柳东新区、柳江区近年来财政收入保持在两位数以上的较高增速，且势头依然较为强劲，预计 2018 年仍将持续发力，成为全市财政收入增长的主要动力。

——规模以上工业增加值增长 6.5%。当前，全市工业经济发展正处于产业结构转型升级的关键时期，虽然汽车、钢铁、机械等传统产业对规模以上工业增加值拉动力呈疲软态势，但考虑到规模以上工业增加值对地区生产总值能否完成既定目标具有决定性影响，因此规模以上工业增加值增速不能过低，定为 6.5％是完成地区生产总值 7.5％的基本要求。

——社会消费品零售总额增长 10％。一是在继续发挥投资对稳增长关键性作用的同时，柳州市必须更好地发挥消费对稳增长的拉动作用。二是随着柳州市加快推进新型城镇化发展，需要有大量的基础设施建设，产业结构和消费结构的升级也必将带来巨大的消费需求。三是以螺蛳粉为代表的网络消费能力不断提升，对消费的促进作用更加突出。综合考虑，增长 10％虽具有挑战和压力，但也具有一定基础。

——城镇居民人均可支配收入增长 7.5％，农村居民人均可支配收入增长 9.5％。近年来，全国居民收入基本与经济增速同步，自治区和柳州市也基本实现了这一目标。因此 2018 年，综合考虑各种因素影响，在遵循收入增长与经济增速基本同步且不低于自治区平均水平，以及农村居民人均可支配收入增速适当高于城镇居民人均可支配收入原则的基础上，分别设置为 7.5％和 9.5％。

——外贸进出口总额增长 8％。经过对全市重点外贸企业（柳钢、柳工、上汽通用五菱、东风柳汽、银海铝业）的调研摸底，综合考虑，2018 年增速设置为 8％。

（三）主要思路

2020 年，是我国全面建成小康社会的收官之年，也是完成"十三五"规划纲要提出的目标任务的收官之年。为确保到 2020 年如期实现既定目标任务，做好今后三年工作，特别是 2018 年经济社会发展工作尤为重要。为此，提出 2018 年启动实施 6 个三年行动计划，全力冲刺既定目标任务。

——实施产业升级三年行动计划。加快推进汽车、钢铁、机械三大传统支柱产业转型升级，加快培育城市轨道交通、智能制造、装配式建筑等新兴产业，力争到 2020 年战略性新兴产业产值比重达到 15％。

——实施重大项目建设三年行动计划。围绕基础设施、产业转型、生态环保等领域实施重大项目建设三年行动计划，以重大项目建设促进稳投资，持续夯实稳增长基础。

——实施新型城镇化建设三年行动计划。按照柳州市国家第一批新型城镇化综合试点要求，以人的城镇化为核心，统筹推进产业集聚、要素集聚、人口集聚新型城镇化建设，力争到 2020 年全面完成申报任务书确定的各项目标任务。

——实施县域经济发展三年行动计划。贯彻落实党的十九大提出的乡村振兴战略和自治区提出关于加快县域经济发展重大部署，重点推进县域基础设施建设，加快培育县域产业体系，提高公共服务水平，力争到 2020 年五县经济总量占全市比重较 2017 年提高 1.5 个百分点。

——实施美丽柳州三年行动计划。围绕生态经济、低碳城市、环境保护等领域启动实施美丽柳州三年行动计划，加大生态环境保护和修复力度，力争到

2020年绿色发展成效进一步凸显，美丽柳州影响力进一步增强。

——实施脱贫攻坚三年行动计划。围绕率先在广西全面建成小康社会目标，实施脱贫攻坚三年行动计划，有序推进贫困县、贫困村脱贫出列，贫困人口脱贫摘帽，力争到2020年全面建成小康社会。

四、2018年经济发展主要任务

（一）加快构建现代产业体系

贯彻落实新发展理念，以供给侧结构性改革为主线，推动经济发展质量变革、效率变革、动力变革，提高全要素生产率，促进新动能更快发展、新产业更快成长、传统产业更快改造提升、新旧动能加快接续转换。

推动工业高质量发展。实施城市转型升级质量发展导则，开展全领域质量提升行动，推进全国质量强市示范城市建设。加快推进国家信息中心大数据工业应用（柳州）基地建设，完成国家汽车质量监督检验中心（柳州）一期验收申报工作。协同争创国家自主创新示范区，努力创建国家创新型城市。实施汽车机械零部件再升级改造计划，推进上汽自动变速器和新型发动机、联合电子二期等项目建设，推进东风柳汽新能源轿车S50EV成功上市。着力调整钢铁产业结构，积极发展短缺关键品种，推动钢铁产品向高附加值、高品质、高科技转型，全面提高钢铁产品质量。实施机械工业二次创业，推进柳工机械和欧维姆的深度国际化，重点加快柳工挖掘机装配智能工厂和智能化工厂升级改造等项目建设。大力发展战略性新兴产业，积极培育城市轨道交通产业，重点推进第一批已签约项目建设，积极开展第二批配套企业招商。大力推进装配式建筑产业标准化、模块化、集约化设计和大工业化生产，重点推进广西建工柳州装配式建筑产业园、柳钢钢结构装配式建筑产业现代化基地建设。积极发展智慧电网产业，加快与南方电网合作，建设智慧电网产业园。加快工业云与大数据应用类试点示范项目建设，推进工业大数据发展。提升壮大新能源汽车、高端装备制造、电子信息、新材料、节能环保、生物与制药产业等战略性新兴产业，着力构建"4＋6"战略性新兴产业发展新格局。持续扶持好重点培育的30家战略性新兴产业骨干企业尽快做大做强，积极推进军民融合产业深度发展。

加快农业现代化进程。坚持质量兴农、绿色兴农，以"三区三园一体"为平台，推进农业供给侧结构性改革。继续做大做优传统农业，优化提升农业产业结构，巩固粮食生产，加强"双高"糖料蔗基地建设，提升农业现代化水平。继续加强农村水电路气房和基本公共服务体系建设，加快石漠化综合治理、节水灌溉增效示范等农业基础设施项目建设，不断改善农业生产条件。狠抓现代特色农业示范区创建工作，积极申报国家现代农业示范区。推进农村一二三产业融合发展，以现代特色农业示范区为基点，推广农旅融合、农产品深加工，加强农业产业化示范基地和农产品加工物流园区创建工作。优化农业产业结构，增加绿色优质农产品供给。培育发展多元化新型农业经营主体和服务主体，发展壮大农民专业合作社。挖掘农业生态、休闲、文化及教育功能，推动农业与健康养生、休闲娱乐、教育文化等深度融合。加快实施"互联网＋现代农业"行动，运用现代信息技术提升农业生产、经营、管理和服务水平。鼓励在城乡接合部发展工厂化农业、立体农业等高科技农业，积极发展个性化定制服务、会展农业、创意农业、农业众筹等新型业态。

做大做强现代服务业。深入实施服务业发展十大工程，着力发展现代物流、科技服务、工业设计等生产性服务业，积极推进全市服务业集聚区建设，大力推进鹧鸪江钢铁深加工及物流产业园、宁铁柳州汽车工业物流园、华乐物流园、空港物流园等集聚区建设，着力打造广西汽车城官塘水公铁多式联运物流港。引导德邦、顺丰等快递物流巨头升级为区域分拨中心，重点推进西鹅铁路货运中心、传化公路港等一批重大物流项目建设，积极引进京东云落户柳州，加快打造国家区域物流节点城市和区域现代商贸物流中心。提升发展生活性服务业，加快推进中央厨房、新型健康养生休闲服务中心、大型综合性生鲜超市等现代生活服务项目。实施"电商柳州"服务工程，着力打造区域性电商集聚中心、网货营销中心和网络交易中心。加快构建现代金融体系，鼓励金融创新，发展多层次资本市场，着力打造区域性产业金融服务中心。深入推进旅游名城建设，挖掘山水自然资源、民俗风情、历史文化等旅游资源的潜在价值，着力打造"休闲柳州、百里柳江、千年侗寨、东方斗马、桂中食府"等精品旅游品牌。扎实推进融水、鹿寨广西特色旅游名县创建和融水、三江"国家全域旅游示范区"创建工作，重点推进百里柳江、程阳八寨创建国家5A级旅游景区等旅游项目建设，不断提升旅游品质。

（二）进一步扩大有效需求

继续把投资和消费作为拉动柳州市经济社会发展的主动力，着力推进重大项目建设三年行动计划，力争完成全年固定资产投资增长15％，完成社会消费品零售总额增长10％的目标任务。

狠抓重大项目建设。继续把抓重大项目建设作为推进城市建设、产业升级、促进投资的重要抓手，强化重大项目资金、用地、审批等方面的协调力度，加大项目建设各项要素保障，推动重大项目建设全面提速。继续狠抓自治区层面、市级层面、大会战、自治区成立60周年和"十三五"十大城市建设工程等五个方面重点项目建设，共涉及项目541个，涉及总投资5067.2亿元，年度计划投资823.4亿元，新开工柳州市动车组存车场、宝钢汽车零部件二期扩建工程等项目212项，年度计划投资264.1亿元；续建柳州经合山至南宁高速公路、上汽通用五菱技术中心试验室建设等项目 207 项，年度计划投资 401.4 亿元；竣工白沙大桥、东风柳汽迁建 10 万辆商用车等项目 122 项，年度计划投资 157.9 亿元。继续增强重大项目策划力度，围绕实现"十三五"经济社会发展的总体目标，谋划和储备一批项目，形成"开工一批、续建一批、竣工一批、储备一批"的项目滚动机制。

着力扩大有效投资。始终坚持把稳投资作为拉动当前经济稳增长的重要抓手，加大关键领域和薄弱环节补短板工作力度，发挥投资对优化供给结构的关键性作用。继续把基础设施建设投资作为扩大有效投资的主要方向，实现 19% 以上增速；积极扭转制造业投资低迷态势，加大招商引资力度，扩大制造业有效投资，力争实现 7.5% 以上增速；持续优化房地产投资结构，增加房地产供给，保持房地产投资增速在合理区间，促进房地产健康发展。继续拓展多元融资，积极引导民间投资，大力推广政府和社会资本合作（PPP），2018 年再推出一批 PPP 项目，实现 PPP 融资 60 亿元，逐步推进城市轨道交通 PPP 项目。

促进消费提档升级。持续增强消费对经济发展的基础性作用，大力开展增品种、提品质、创品牌活动，顺应消费需求变化，挖掘消费潜力，积极培育消费热点，引导消费需求，促进消费品提档升级。积极发展医养结合、文化创意、全域旅游等新兴消费，支持社会力量提供教育、文化、养老、医疗等服务。进一步调整收入分配格局，促进低收入者收入持续增加，中等收入群体不断扩大，社会总体消费能力同步提升，提振城乡居民的消费信心。主动应对电子商务对柳州市实体商贸企业销售的分流，积极引导并扶持企业发展电子商务，支持企业依托地方优势产业或知名品牌开展网络营销，实现网络经济与实体经济的有机结合。

（三）统筹推进城乡协调发展

围绕推进新型城镇化三年行动计划、县域经济发展三年行动计划，深入贯彻落实乡村振兴战略，逐步建立健全城乡融合发展的体制机制，促进城乡协调发展。

加快全国性综合交通枢纽建设。围绕广西构建面向东盟的国际大通道的定位，建设高质量的"柳州枢纽"，协同"南宁渠道"。大力推进河池—柳州—肇庆—深圳高铁、河池—柳州—肇庆—广州铁路、涪陵至柳州铁路以及柳州至三江、柳州至河池、柳州至贺州城际铁路项目，畅通连接珠三角、大西南和东盟国家的物流通道。加快实施柳州经合山至南宁、桂林至柳城、融水至河池等高速公路项目，竣工柳州至南宁高速公路改扩建工程，完善干线公路、城市道路、农村公路布局，建立以高速公路、国道、省道为主体，以县城、乡镇、村屯为节点的公路运输网络。积极推进西江黄金水道港口和柳州航空口岸建设，加快柳州港官塘作业区、江口作业区等项目建设，全方位打造立体式、综合型、智能化的交通枢纽体系。构建东联粤港澳大湾区、西贯云贵川地区、南连北部湾经济区、北抵长江中下游地区，背靠大西南、面向东盟的对外交通新格局，打造成为面向东盟、服务西南中南、融入粤港澳大湾区的枢纽节点。

加快新区开发建设。柳东新区加快国家产城融合示范区建设步伐，着力打通东外环柳东段、雒容至东泉公路等对外交通大动脉，以及曙光大道、江滨大道等新区环路主干道，全面推进东风柳汽商用车等整车项目以及两大整车基地技术研发中心建设，大力发展新能源汽车、城市轨道交通等战略性新兴产业，不断增强新区对全市经济的引领拉动作用。柳江区统筹推进城市建设十大工程，重点围绕十大工业招商项目，积极推动园区产业转型升级，加快推进先进装备制造业、电子信息等产业向园区集聚，加快在基础设施、公共服务及产业等方面融入市区一体化进程。北部生态新区积极统筹教育、医疗、卫生等公共基础设施布局，推进"三横三纵"主干道路网和湿地公园建设，加快发展智能制造、工业设计等产业，打造以城带乡、城乡互动、生态休闲的新型城镇化建设示范新区和智慧城市新区。

加快县域经济发展。围绕"路、水、电、网、气、园"等重点领域，实施县域交通基础设施建设三年大会战，加快"四好农村路"建设，重点推进 13 条 295 公里乡乡通二级（三级）公路，199 条 1826 公里村村通双车道路，构建县乡村互联互通的交通体系。持续推进国家新型城镇化建设，加快特色小镇、国家建制镇示范试点、百镇建设示范工程建设，有序推进农业人口就地市民化，进一步发挥县城及试点镇对县域经济社会发展的集聚、辐射和带动作用。坚持立足县情、发挥优势，在扬长避短中培育特色，在整合资源中形成特色，在差异发展中突出特色，探索"以特兴县、以特制胜"的特色产业发展之路。

鹿寨县积极培育壮大石墨烯、新能源等新兴产业，壮大机械、汽配等汽车配套产业，加快打造导江至江口经济带、鹿雒经济带、鹿寨经济开发区和江口工业园，实现从南片区和西片区全方位融入柳州一体化发展。

柳城县围绕北部生态新区开发建设，加快沙埔、河西、六塘工业片区建设和四塘工业集中区开发，逐步形成以"双沙"道路—鸡公山至柳城—马大路—马山至柳州高速公路为轴的柳州环北经济走廊。

融安县围绕建设柳州市域次中心城市的战略定位，抢抓新机遇，加快建设以融安金橘为主的现代农业体系和以香杉产业为主的生态工业体系，推进浮石香杉工业园区与高泽工业园区扩容提质。

融水苗族自治县围绕"秀美融水·风情苗乡"旅游发展定位，以创建"广西特色旅游名县"和"国家全域旅游示范区"活动为抓手，加快环元宝山旅游经济带和沿贝江旅游经济带建设，做大民俗和生态旅游产业，推进全域旅游。

三江侗族自治县巩固提升"千年侗寨·梦萦三江"旅游形象，全力打造桂湘黔三省区交界处旅游集散中心、旅游目的地和全国民族文化旅游生态休闲养生中心。持续扩大三江茶、三江茶油和三江高山稻鱼国家地理保护产品品牌影响力。

（四）持续深化改革扩大开放

持续深化供给侧结构性改革等重要领域和关键环节改革，继续强化区域合作，进一步扩大开放，有效激发内在发展活力。

深化供给侧结构性改革。深入贯彻落实供给侧结构性改革"1＋5"政策文件，加大督促检查，确保改革取得更大成效。持续推进去产能工作，重点推进化工、建材等传统高污染产业转型升级，逐步淘汰落后产能，推进产能结构向中高端迈进。推进房地产去库存，继续稳住商品房低库存率，重点加快非住宅商品房去库存。实施防范化解重大风险攻坚战，积极优化信贷投向，推动处置不良资产，降低企业债务率，确保金融平稳运行。切实降低企业成本，打好降本增效"组合拳"，持续为企业"松绑减负"，力争全年降低企业各类成本及税费15亿元以上。切实提高补短板的精准性和有效性，贯彻落实26条补短板举措，持续打好以交通为重点的基础设施建设攻坚战，做好社会托底和化解风险工作，保障基本民生。

持续深化重点领域改革。继续深化"一枚印章管审批"改革工作，推进县区相对集中行政许可权改革试点工作，深化投融资体制机制改革，推进投资在线监管平台使用，整合政务服务功能，不断提升审批效率。持续推进国资国企改革，完善国有企业监事会制度体系，推动国有资本做大做强。深化机构和行政体制改革，推进事业单位分类改革、行业协会商会与行政机关脱钩等各方面改革。纵深推进金融制度改革，完善金融监管平台，防范化解重大风险，坚决打击违法违规金融活动，建立个人征信系统，加强薄弱环节监管制度建设。全面实施市场准入负面清单制度，深化商事制度改革，完善鼓励、支持、引导非公有制经济发展的政策环境和市场环境。扎实推进农村综合改革、供销综合改革，有序推进事业单位公务用车改革。持续推进公立医院改革，推进紧密型医联体和医共体建设，进一步扩大县域医联体和医共体建设范围。

提升开放合作水平。大力推进珠江—西江经济带、粤桂黔高铁经济带、桂中城市群建设，加强与上海漕河泾等东部园区合作，提升区域合作水平。加快发展外向型经济，主动融入"一带一路"建设，深化以东盟为重点的国际区域合作，实施新一轮加工贸易倍增计划，加强国际产能合作，加快企业走出去步伐，推动大企业深耕市场，促进中小企业开拓市场，积极引导内贸企业开展外贸业务，培育外贸经济新增长点。加快柳州口岸建设步伐，争取柳州保税物流中心（B型）投入建设，推动区域通关一体化改革，积极构建出海出境联运网络。强化精准招商，深入实施招商引资三年行动计划，强化项目包装策划，重点围绕产业招商加大工作力度，全面开展系列招商引资专项行动，力争在企业和项目引进方面取得新突破。

（五）加快生态宜居柳州建设

牢固树立和践行绿水青山就是金山银山理念，实施污染防治攻坚战和美丽柳州三年行动计划，实行最严格的生态环境保护制度，着力提升绿色发展能力，扩大生态产品供给，加快建设生态宜居柳州，努力创建国家生态园林城市。

扎实推进空间规划。以主体功能区为基础，统筹空间规划试点、城市总规修编试点和土地利用总体规划编制试点，坚持生态优先，把新发展理念贯穿改革试点始终，持续强化国土空间管控。坚持底线思维，全面完成生态保护红线、永久基本农田、城镇开发边界三条控制线划定，优化生产、生活、生态"三生"空间，合理控制发展规模。加强"多规合一"信息平台建设，推进基础数据共享，用"互联网＋空间规划"，推进"一张图"管理，有效提升城市现代化管理能力。

大力发展生态经济。继续推进国家循环经济示范城市和低碳城市建设，加快发展生态工业，强化对传统工业绿色化改造，推广无污染清洁化工业生产，加快发展节能环保、生物医药、新型建材、新一代信息技术、新材料等产业，构建工业生态产业链。重点推进柳城虎鹰建材有限公司循环经济综合利用、鹿寨县经济开发区国家级循环化改造、广西柳州汽车城电镀工业园等项目。加快发展生态农业，深入实施生态农业畜牧业循环提升工程，创建一批标准化、无公害、绿色、有机农产品示范生产基地，大力推进低产林改造，着力发展林下经济。加快发展生态服务业，挖掘和提供更加丰富的绿色产品和绿色服务，逐步把绿色消费培育成为新的热点，实现城市绿色可持续发展。

加强环境综合治理。深入推进"花园城市"2.0版建设，打造"紫荆花城""春花秋水"品牌，确保顺利通过国家园林城市复核验收。抓好"美丽柳州"乡村建设，巩固提高"清洁乡村""生态乡村"成果，扎实推进"宜居乡村""幸福乡村"建设。实施"绿水工程"，严格落实"河长制"，加快柳江流域水环境综合治理工程、白沙污水处理厂二期工程、龙泉山污水处理三期工程等项目建设，从源头上治理水污染问题。推进城市环境卫生基础设施建设，重点加快静脉产业园建设，加快实施餐厨垃圾资源化利用和无害化处理工程、生活垃圾焚烧处理工程等项目。实施"蓝天工程"，继续做好节能减排工作，确保各项减排指标控制在自治区下达范围以内。探索建立生态环境保护长效机制，实行环境保护责任追究、环境损害赔偿、自然资源资产离任审计等制度，打造宜居、宜业、宜人的可持续发展城市。

（六）更加注重保障和改善民生

坚持在发展中保障和改善民生，在发展中补齐民生短板，深入实施脱贫攻坚三年行动计划，着力解决人民日益增长的美好生活需要和不平衡不充分的发展之间的矛盾，使群众在共建共享发展中有更多获得感。

全力推进脱贫攻坚。深入实施脱贫攻坚"十大行动""七个一批"，开展金融扶贫、健康扶贫、教育扶贫、旅游扶贫、电商扶贫，积极动员社会力量参与扶贫。大力推进贫困地区交通、水利、教育、卫生、文化、社会保障等基础设施和基本公共服务建设，实现贫困村 20 户以上自然村（屯）硬化道路全覆盖。加快贫困地区农网改造升级、农村饮水巩固提升、农村危房改造等工程，推进光缆入村入户，力争实现行政村、自然屯宽带信息网络全覆盖。稳妥推进易地扶贫搬迁工程，力争 2018 年新建易地扶贫搬迁住房 3400 套，搬迁 1.56 万人，扎实推进易地扶贫搬迁配套产业发展，确保贫困人口搬得出、留得住、能致富。突出抓好产业扶贫，支持贫困地区发展特色产业，扶持壮大贫困村集体经济，构建县有扶贫支柱产业、村有扶贫主导产业、户有增收致富项目的产业扶贫新格局。

健全基本公共服务体系。统筹推进学前教育、义务教育和高中教育基础设施建设，加快职业教育和高等教育建设，重点推进广西科技大学（柳东校区）等项目建设，推进广西科技大学鹿山学院向应用型本科院校升级。加快工人医院整体搬迁、国家中医药传承创新工程等建设。大力推进养老项目投资主体、投资方式多元化，推动示范性养老 PPP 项目的开展，开工建设城区、开发区 500 张床位养老项目。加快推进市民服务中心、柳州市图书馆、城市档案中心等重点文化设施建设项目，积极参与国内外文化合作和竞争，推动柳州文化产业走出去。

进一步提升社会保障水平。坚持就业优先战略和积极就业政策，实现更高质量和更充分就业，持续优化就业创业环境，大力推进"大众创业、万众创新"，促进以创业带动就业，重点推进职业技能公共实训基地建设，强化就业援助，提高公共就业服务能力。加强社会保险体系建设，深化社会保障制度改革，推动柳州市社会保障由制度全覆盖到人群全覆盖。统筹推进社会救助体系建设，进一步完善社会救助制度，努力提高社会救助整体水平。进一步提高城乡最低生活保障标准，实现农村低保制度与扶贫开发政策有效衔接。加大保障性安居工程建设，着力推进公共租赁住房、经济适用房、限价商品房等保障性住房建设，实施新一轮棚户区改造，扎实开展老旧小区改造试点工作，不断改善低收入群体基本住房条件。

2018年

广西 蓝皮书

广西经济形势
分析与预测

高质量发展篇

柳州市推动经济高质量发展研究报告

柳州市发展改革委课题组

"我国经济已由高速增长阶段转向高质量发展阶段，正处在转变发展方式、优化经济结构、转换增长动力的攻关期。"这是习近平总书记在党的十九大报告中做出的重大判断。中国特色社会主义进入了新时代，我国经济发展也进入了新时代，其基本特征是由高速增长阶段转向高质量发展阶段。高质量发展是我们当前和今后一个时期确定发展思路、制定经济政策、实施宏观调控的根本要求。

一、对高质量发展基本特征和本质的认识

（一）提出高质量发展的时代背景

中国经济在40年的改革开放中，极大释放了生产力，2017年生产总值规模达到82.7万亿元，位居世界第二大经济体，综合经济实力、老百姓收入水平大幅提高。1978年，中国人均生产总值只有384美元（柳州人均生产总值为629美元），2017年，中国人均生产总值达到9281美元（柳州人均生产总值突破了1万美元，达11055美元）。

经过40年的发展，中国经济"量"的增长非常亮眼，已经抛掉了"落后的社会生产"帽子。高速发展的同时，一些变化和矛盾也在凸显，供给结构与需求结构的不对称问题非常突出。柳州的发展和全国一样，过去经济以量取胜，在当时那个"温饱不足、腰包不鼓"的发展阶段，以

粗放式的方式换取经济的高速发展，也因此吃了苦头，比如我们牺牲了环境、破坏了山体、污染了河流，在 80 年代，柳州是全国四大酸雨城市之一，"十雨九酸"，深切体会过酸雨城市的切肤之痛。现在力争以质取胜，已经尝到了甜头。从柳州来看，柳州的柳工参与"一带一路"、布局海外、南极科考，柳州欧维姆凭借领先的预应力机械技术为"中国天眼"、港珠澳大桥等一批国家重大战略项目建设提供了核心技术支撑，柳州新能源汽车模式得到时任国务院副总理马凯的批示推广……柳州 2017 年还成为全国质量强市示范城市，在发展产业的同时，生态环境也得到保护，相继获得国家园林城市、"中国人居环境范例奖"等称号。

正是在这种背景下，习近平总书记在党的十九大报告中做出了我国经济由高速增长阶段转向高质量发展阶段的重大判断，为今后我国经济发展指明方向、提出任务，具有重大现实意义和深远历史意义。

（二）对高质量发展基本特征的认识

习近平总书记明确指出："高质量发展，就是能够很好满足人民日益增长的美好生活需要的发展，是体现新发展理念的发展，是创新成为第一动力、协调成为内生特点、绿色成为普遍形态、开放成为必由之路、共享成为根本目的的发展。"他还从供给、需求、投入产出、分配、宏观经济循环等多个方面，深刻阐述了高质量发展的内涵。

创新成为第一动力。近年来，我国劳动力等生产要素低成本优势减弱，资源环境约束不断加大，加快自主创新、提高全要素生产率支撑经济增长的重要性日渐突出。唯创新者进，唯创新者强，唯创新者胜。要实现高质量发展，必须把创新摆在国家发展全局的核心位置，坚定实施创新驱动发展战略，不断推进理论创新、制度创新等全方位创新。柳州作为一座不沿海不沿边、没有丰富资源的城市，要实现高质量发展，更要大力实施创新驱动发展战略，运用科技杠杆，引导工业、现代农业、服务业等转型升级。

协调成为内生特点。我国社会主要矛盾已经转化为人民日益增长的美好生活需要和不平衡不充分的发展之间的矛盾。从领域范围上看，各区域各领域各方面发展还不够平衡。从层级和质量上看，一些地区、一些领域、一些方面还存在发展不足的问题。在高质量发展的背景下，柳州必须深入推进供给侧结构性改革，推进供需动态平衡，着力实施乡村振兴战略和区域协调发展战略，促进城乡、区域、经济社会协调发展，最终达到"唱和如一，宫商协调"。

绿色成为普遍形态。高质量发展是资源节约、生态友好的发展。但是由于我国工业化是时间压缩型的（西方国家用了二百多年，我国只用了几十年），因而在经济高速增长的同时，资源环境承载能力已经达到或接近上限，资源消耗多、环境污染重、生态受损大,成为全面建成小康社会进程中的突出短板。虽然柳州经过近年来生态环境综合整治,有了"山清水秀地干净"的美誉,但保护生态永远在路上。柳州要实现高质量发展,必须在绿色上下功夫,坚决摒弃唯GDP论,追求有质量、有效益、没水分、可持续的经济增长,加快形成节约资源和保护环境的现代产业体系、城乡空间格局、生产生活方式,让柳州山更绿、水更清、天更蓝。

开放成为必由之路。经过改革开放40年的发展,我国经济已经深度融入世界经济,引进外资、对外投资、对外贸易实现了历史性跨越,但我国出口产品质量、档次和附加值不高等问题尚未得到根本解决。要在复杂多变的国际环境和激烈的国际竞争中赢得主动,必须坚持引进来和走出去相结合,推动形成全面开放新格局,发展更高层次的开放型经济,加快贸易强国建设,推动实现国际化的高质量发展。柳州就应紧紧抓住开放发展战略和推进"一带一路"建设的重大机遇,着眼形成全面开放新格局,以"核心枢纽""实业引擎""开放高地"三大建设为突破口,打造新高地、拓展新空间,形成发展新优势。

共享成为根本目的。实现高质量发展,就必须抓住人民群众最关心最直接最现实的利益问题。近年来,柳州大力推进基础设施建设攻坚战,加大城市交通、市政公共设施、环境治理、防洪水利、城市美化工程等基础设施建设就是为了满足群众不断增长的公共设施需要。我们践行公交优先的理念,初步建成以快速公交为骨干、常规公交为主体、出租汽车为补充、水上公交和公共自行车为辅助的城市综合交通运输服务体系,缓解交通拥堵问题,有效回应了群众高效出行的诉求。我们正在打造城市"十五分钟"生活圈,就是让人民在城市生活得更方便、更舒心、更美好。我们正在举全市之力推进精准脱贫攻坚战,就是要让全市20.92万农村贫困人口不愁吃、不愁穿,基本医疗、住房安全得到保障,让全市人民一起共享改革发展成果。我们将始终坚持以人民为中心的发展思想,让龙城的孩子能够幸福快乐地成长,让龙城的成年人能够体面而有尊严地工作,让龙城的老年人能够健康无忧地老去。

(三)对高质量发展本质的认识

什么才是高质量的发展?单纯地只看生产总值,是不能完全反映经济发展的质量。如有些地方盲目修桥修路,没过多久因出现质量问题而拆掉,虽然生产总值数据有增无减,但经济质量并未体现出来。

何为高质量发展?不光体现在生产总值的增长上,还体现在多个层面,如环境得保护,百姓得实惠,投资有回报,企业有利润,政府有税收,等等。

环境得保护,百姓得实惠也是高质量的体现。过去城市的发展更多的是以经济发展作为目标,相对单一。但从长远的价值取向来看,当国家和城市的经济发展进入到一定阶段后，在经济目标外，人民还有更多的追求，包括追求更生态的环境、更清洁的空气、更舒适的生活、更绿色便捷的交通等。所以，高质量发展不仅仅体现在经济总量、结构等指标上，人民群众在教育、医疗、卫生等民生方面的获得感也是高质量的重要体现。

经济高质量发展，就是要绿色生产总值，老百姓是直接受益者、最先受益者，也是最终受益者。更高质量发展意味着提供更多高端产品和优质服务；更高质量标准也能让消费安全更有保障，衣食住行用都更放心；更高质量发展意味着单位生产总值的能耗降低，污染减少了，环境质量上去了，城乡居民的生活质量和健康水平也提高了。

比如，柳州从"酸雨之都"蝶变为"紫荆花城"，柳州人民朋友圈里晒幸福。这些年，柳州每年投入绿化美化资金 2 亿元以上，大力实施"生态花园，五彩画廊""绿满龙城"等工程，柳州现有 26 万株洋紫荆花树，是中国紫荆花树种植数量最多、规模最大的城市。累计关停 35 家污染企业，柳江河饮用水保护河段保持国家地表水Ⅲ类标准以上，市区空气二氧化硫、二氧化氮年均值稳定达到国家二级标准。柳州先后成为国家森林城市、全国绿化模范城市、国家循环经济示范城市、国家卫生城市和国家低碳城市。

投资要有回报，企业有利润，政府有税收，这都要求我们提高产品的附加值率，提高工业的增加值率。目前，柳州的工业处于产业链、价值链中低端的格局依然没有根本改变。工业主要集中在加工制造业，在"微笑曲线"两头上游与下游的研发设计、品牌经营等方面做得还远远不够。除了烟草等行业增加值率高以外，汽车、机械产业的增加值率仅 25％左右，钢铁行业的增加值率不到 20％，投入产出比较低。

与首府南宁相比，2017 年南宁规模以上工业总产值和增加值分别为 3990 亿元、1190 亿元，柳州分别为 5025 亿元、1345 亿元。工业总产值多出南宁 1000 多亿元，但增加值却仅仅多出 155 亿元。这也从另一个侧面反映出我们工业经济的投入产出比亟待提高，经济效益更要提高。

而这些，归根结底要依靠科技创新。

科技创新是城市长盛不衰的源泉。回顾历史上三次科技革命的中心，从十八世纪英国的伦敦，到十九世纪后期德国的法兰克福、慕尼黑和柏林，再到二十世纪美国的纽约、波士顿和洛杉矶，我们看到了一个又一个城市因为抓住了科技革命的机遇而先后崛起。反之，谁在科技创新上保守，谁就会被无情地淘汰。比如，柯达错过了数码时代，诺基亚错过了智能机时代等而走向了衰落。

不论是传统行业还是新兴行业，都需要不断创新、不断转型，因为在需求侧，今年的"新"可能就是明年的"旧"。国内最典型的案例之一是华为，从名不见经传的民营科技企业发展成世界 500 强和全球最大的通信设备制造商，靠的就是持续创新，2017 年，华为把当年销售收入的 15％投入研发。

柳州的汽车产业发展历程靠的就是不断地创新，从 1969 年广西第一台自主制造的汽车下线，到 2017 年全年汽车产量突破 250 万辆，从曾经的以微车为主到商用车、乘用车并驾齐驱，再到如今进军新能源汽车领域，柳州汽车产业一路追赶、超越，总产量已升至全国第三位，新能源汽车发展更是走在全国前列，柳州正打破依赖工业传统路径发展的思想，向创新驱动转型。

二、对高质量发展指标体系、政策体系、标准体系、统计体系、绩效评价、绩效考核办法等制度设计的考虑

（一）对高质量发展指标体系设计的考虑

推动高质量发展，首先要构建评价高质量发展的指标体系，更加科学地对经济发展水平进行多维度衡量，并找出国家和地方当下经济高质量发展所存在的缺陷和面临的问题。过去的指标体系主要包括速度、总量、财政等方面，反映经济建设方面的指标偏多，反映经济结构、社会发展、人类需求、生态环境保护等方面的指标少。高质量发展则需要增加反映产业、行业、地区等各方面的结构协调性方面的指标、质量效益指标和新动能发展指标，多用质量效益指标去考核各类主体。

按照"创新、协调、绿色、开放、共享"的新发展理念，根据柳州实际情况，近期，我们结合正在开展的空间规划和城市总规修编试点工作，围绕这五方面初步构建了高质量发展指标体系，该指标体系从经济规模、产业升级、科技创新、交通提升、区域协同、城乡融合、生态环保、农业发展、民生保障等方面对经济社会发展进行全面的评价，该指标体系包括 48 个指标（详见表1）。与过去的经济发展评价指标体系相比，该指标体系对高质量发展理念的评价更加全面，更符合科学发展观和全面建设小康社会的总体要求。

表 1　柳州推动经济高质量发展指标体系研究表

创新发展	1. 全市地区生产总值占自治区的比重（％）及全市全部工业总产值占自治区的比重（％）
	2. 当年新增企业数占企业总数比例（％）
	3. 研究与试验发展（R&D）经费占地区生产总值的比重（％）
	4. 战略性新兴产业产值占比全部工业总产值的比重（％）
	5. 受过高等教育人口占劳动年龄人口比例（％）及新增劳动力平均受教育年限
	6. 园区工业用地地均产值（亿元/平方公里）

续表

开放发展	1. 年客运总量（亿人次）和年货运总量（亿吨）
	2. 客运铁路比重（占对外客运比例）及货运铁路与水运比重（占对外货运比例）
	3. 与周边重要城市间交通时耗（小时）
	4. 全国主要省会城市或经济发达城市通航（个）
	5. 年新增常住人口（万人/年）
	6. 国际学校数量以及国际企业数量（个）
	7. 接待外来旅游人数以及柳州居民出境人数（万人/年）
协调发展	1. 常住人口规模：市域常住人口规模（万人）、市区常住人口规模（万人）
	2. 常住人口人均生产总值（万元/人）
	3. 固定资产投资和增长比例以及社会消费品零售总额和增长比例
	4. 城镇化率指标：常住人口城镇化率（％）、户籍人口城镇化率（％）
	5. 城乡建设用地：城乡建设用地总规模（平方公里）、各市县城乡建设用地规模（平方公里）、集体建设用地比重（％）、人均城乡建设用地（平方公里）、农村人均建设用地（平方公里）
	6. 公路网密度（公里/百平方公里）
	7. 用水总量（亿立方米）及人均水资源量（立方米/人）
	8. 耕地保有量（万亩）
	9. 森林覆盖率（％）
	10. 河湖水面率（％）
	11. 农村人居环境：农村自来水普及率（％）、农村生活垃圾集中处理率（％）、农村卫生厕所普及率（％）
绿色发展	1. 城镇、农业、生态三类空间比例（％）
	2. 国土开发强度（％）
	3. 开发边界内建设用地比重（％）
	4. 水功能区达标率或主要河流水质优良率（％）
	5. 城市空气质量优良天数（天）
	6. 单位地区生产总值水耗（立方米/万元）
	7. 单位地区生产总值能耗（吨标煤/万元）
	8. 城乡污水处理率（％）
	9. 城乡生活垃圾无害化处理率（％）
	10. 公交出行分担率（％）
	11. 城市道路网密度（公里/平方公里）
	12. 机动车平均行驶速度（公里/小时）
	13. 新增绿色建筑比例（％）

续表

共享发展	1. 人均基础教育设施用地面积（平方米）
	2. 人均公共医疗卫生服务设施用地面积（平方米）
	3. 人均公共体育用地面积（平方米）
	4. 人均公园和开敞空间面积（平方米）
	5. 人均紧急避难场所面积（平方米）
	6. 人均人防建筑面积（平方米）
	7. 社区公共服务设施步行 15 分钟覆盖率（%）
	8. 公园绿地步行 5 分钟覆盖率（%）
	9. 千人养老机构床位数（张）
	10. 公共服务设施无障碍普及率（%）
	11. 居民满意度（包括对当地历史文化保护和利用工作的满意度、对社会服务管理满意度、对城市社会安全满意度）

（二）对高质量发展政策体系设计的考虑

推进高质量发展，要尽快建立和完善贯彻新发展理念的政策体系，包括财政、货币、金融、产业、科技、环保、对外开放等综合性政策。要做好顶层设计，出台一揽子综合性政策，提高政策的系统性、整体性和全局性，这样才有利于推动和促进高质量发展。

高质量发展的政策体系要把数量型政策与质量型政策相结合，长期政策与短期政策相结合，把正向引导与负向约束相结合，运用负面清单制度来引导高质量的发展。从完善宏观政策、产业政策、微观政策、社会政策等多个方面健全高质量发展的政策体系。高质量的政策体系要求政府更多地把政策重点倾注在培育科技创新上，并以此促进战略性新兴产业发展与传统产业升级转型相结合，达到传统制造业与互联网的深度融合，即"两化"融合，以信息化为支撑促进经济高质量发展。

柳州按照高质量发展的新理念，提出了产业升级、机制创新、交通提升、区域协同、城乡融合、农业发展、美丽柳州、品质宜居、民生保障、文化传承等十大行动计划。依托珠江—西江经济带和粤桂黔高铁经济带建设，加快建设国家重要的先进制造业基地步伐，把柳州打造成为全方位服务西南中南地区开放发展的实业引擎。通过充分发挥企业创新主体作用，推进企业自主创新，加快构建科技公共服务平台，强化区域协同创新，营造良好的政策、法制和市场环境等措施，力争创建国家创新型试点城市。打造全国性综合交通枢纽，提升城市辐射力。深度融入"一带一路"建设，打造柳州对内对外新格局，加强与沿海沿边周边地区合作，做大外贸经济总量和提升城市影响力。建立健全城乡融合发展体制机制，促进城乡协调发展，注重城乡要素互动、功能互补、联动并进，实现以工促农，以城带乡，城乡融合。实施乡村振兴战略，推进农业农村优先发展。加快推进生态示范城市建设，构建高品质的生态空间体系，营造山清水秀的自然生态。持续优化人居环境，推动形成人与自然和谐发展现代化建设新格局，打造宜居宜业宜人的城市。全力提高民生保障水平，不断满足人民日益增长的美好生活需要。着力补齐民生短板，积极营造团结和谐的社会生态。保护历史资源，创建多元文化特色的城市魅力空间，弘扬和谐创新、包容进取的柳州文化精神，提升文化自信。

（三）对高质量发展标准体系设计的考虑

高质量发展应在宏观、中观和微观层面都有所表现，因而在这三个层面上都应建立合理的标准体系。首先，在宏观方面，高质量发展的标准体系表现为中高速合适的增长速度。其次，在中观方面，高质量发展的标准体系表现为结构合理的产业系统和梯度合理的地区差异。最后，在微观方面，高质量发展的标准体系表现为产品和服务的质量标准系统化和品牌系统化。构建高质量发展的新型标准体系，既要具有国际可比性，也要符合中国实际，以高质量标准规范经济生产、经济活动以及市场经济行为，引领经济高质量发展。

柳州在这方面将以全国质量强市示范市为载体，出台相关方案，加强质量认证体系建设，促进全面质量管理实施，加快经济高质量发展的步伐。大力推广质量管理先进标准和方法、广泛开展质量管理体系升级行动、推动质量认证制度改革创新、加强认证活动事中事后监管、培育发展检验检测认证服务业、深化质量认证国际合作互认等。通过推进产品与服务的质量标准系统化，提升制造业领域关键零部件和中间品的国产配套水平。因此有助于对其进行考核与衡量，并促进其在对比中实现升级赶超。抓好品牌建设工作，培育出更多有较高国际和国内影响力的大品牌，形成自己的比较优势，带动相关企业及产业发展，并积极参与相关行业高质量发展标准制定。

（四）对高质量发展统计体系设计的考虑

随着中国经济从高速增长阶段转向高质量发展阶段，必然要求政府部门加快统计制度的改革与创新，加快对经济发展中的新动能、新经济的统计制度以及统计方法的研究与建立。

加快建成高质量的统计指标体系和统计调查体系，更好地服务于现代化经济体系建设和经济高质量发展。现有指标体系，反映经济建设方面的指标偏多，反映社会发展、人与自然和谐发展的指标少，要按照新发展理念要求，增加完善五大建设方面的指标体系。另外，现有指标体系反映总量指标多，反映结构调整和转型升级的指标少，反映新经济新动能成长和质量效益方面的指标也不充分，要按照建设现代化经济体系和实现高质量发展的要求，增加反映产业、行业、地区等各方面结构协调性方面的指标、质量效益指标和新动能发展指标。在高质量发展阶段，要更加重视民生事业发展和资源环境改善情况，就业、收入、消费、生态环境等指标重要性不断提升，建议完善劳动力调查制度，发布调查失业率数据、绿色发展等更多反映民生的指数。

随着第三次科技革命的进一步深入，要充分利用大数据、互联网、云计算等新兴技术来提高统计生产力，变革统计生产流程，提高统计效率，提高数据质量。在统计对象方面，更多关注人的统计，比如就业、失业、居民消费行为等方面。

对柳州来说，需要按照新发展理念的要求，对照五大发展战略的指标体系，加快相关统计指标的设计与完善工作，为高质量发展绩效评价和政绩考核奠定基础。研究建立反映提质增效和转型升级的指标体系、调查方法和评价办法。研究反映破除无效供给、培育新动能、降低实体经济成本等工作的实施情况的统计监测，特别是要完善反映新动能发展的"三新"统计制度和方法的发展统计监测工作。通过"放管服"改革，改善和完善营商环境监测。此外，还要尽快实现统计体系的共建共享，帮助各部门对发展形势进行全面了解，并以此做出统一的科学的判断。

（五）对高质量发展绩效评价体系设计的考虑

绩效评价是通过量化指标和评价标准，采取一定的评价方法，对高质量发展目标的完成度和为实现这一目标所进行的项目措施成果所进行的一种科学的综合性评价。高质量发展下的绩效评价就是对其完成程度及投入与效益进行的结果分析，这就意味着要在一定程度上淡化对经济增长速度和数量的追求，而重视质量与效益的提升，更加重视经济建设、社会建设与生态建设的协同发展。既要保证绩效评价流程的合理性，又要保证绩效评价主体的多元性。要建立有效的绩效评价激励机制，把物质激励与精神激励、个人激励与组织激励、一般激励与权变激励结合起来，为高质量发展注入竞争活力。

对于柳州来说，把经济结构、质量效益、民生保障、生态环境、新动能培育、民主法治、经济安全等与高质量发展密切相关的指标纳入考核体系，建立健全统计数据质量的责任制、问责制、监督制。高质量发展绩效评价除对经济规模和经济增长速度的考核以外，还应该从6个方面来考核：

一是经济效益。比如，资本产出效率、资本利润率、劳动生产率、全要素生产率等。二是经济结构。比如，战略性新兴产业产值占比全部工业总产值的比重，知识技术密集型产业比重等。三是创新成果质量。比如，反映高质量专利的三方专利所占比重，国际论文引用数等。四是经济可持续性。比如，单位生产总值能耗、污染物排放量、PM2.5、城市优良空气比率等方面的绩效。五是城乡协调发展。比如，农村自来水普及率，城镇、农业、生态三类空间比例，城乡生活垃圾无害化处理率等。六是经济开放度。比如，接待外来旅游人数（万人/年）、柳州居民出境人数（万人/年）、国际学校和国际企业数量等。

（六）对高质量发展绩效考核体系设计的考虑

高质量发展的绩效考核要求我们弱化速度指标，坚持质量第一、效益优先，切实破除唯 GDP 论，完善干部考核评价体系，把质量提高、民生改善、社会进步、生态效益等指标和实绩作为重要考核内容。在构建高质量发展的政绩考核体系时，应引导地方政府和干部树立正确的政绩观，克服政策设计中的短视性，从长期出发进行经济社会发展规划，建立政策决定的终身负责制，运用法律和政策制度进行监督使得决策更加严谨，进一步发挥政策的理论前瞻性和现实指导性。高质量发展的绩效考核体系关键在于落实，因而需要改进考核方式，完善考核结果运用，为经济发展提供有效机制和制度导向。

科学合理的绩效考核体系既要看发展又要看基础，既要看显绩又要看潜绩，特别是要把民生改善、社会进步、生态效益等指标和实绩作为高质量发展考核的重要内容。

三、对上述各体系之间关系的考虑

推动高质量发展的指标体系、政策体系、标准体系、统计体系、绩效评价和绩效考核六大体系是有机结合、相辅相成的，打一个形象的比喻，六大体系之间的关系就像去医院检查身体是否健康的过程。

指标体系如同医院体检的各类项目，如常规性的血压、血糖、体重、心律等一系列指标，这些指标组成了一个可以大致评价身体是否健康的一个体系。我们的经济指标体系也是如此，要通过体现科技创新、区域协调、生态绿色、经济开放、成果共享等方面的指标，来体现一个地方的经济发展的质量高低。

政策体系就如同是促进身体健康的合理膳食结构、合理的作息时间表和适量的体育锻炼等导向，这些可以很好地保障和调节指标处于合理的范围。我们出台的政策也是如此，如供给侧结构性改革，去产能、去库存、降成本，这些政策体系具有"风向标"作用，对产业发展、布局等起到导向作用，目的都是使经济发展进入良性循环、高质量发展的轨道。

标准体系就如同针对不同的人群采用的不同标准，分年龄段、性别，采取的标准也不一样。如不同年龄的人群、性别，血压、心律等指标的标准也会根据不同的年龄、性别等特征的不同而有所不同。我们衡量一个地方的经济，对不同的区域应该采取不同的评价标准，如东西部经济发展基础、资源禀赋不同，评价的标准就会有所区别，即便是经济体量相同的城市，其产业结构、主体功能区都有所区别，对重点开发区域、重点生态功能区、农产品主产区等都会有不同的标准。

统计体系就如同通过血压计、血糖仪及抽血化验、心电图等科学的方式进行检测，这些检测结果通过一个体检单反映出来。我们对经济的发展统计也是如此，需要建立一套相对科学合理的统计指标，以真实、客观地反映高质量发展情况。

绩效评价就好比是评价一个人的血压、血糖含量、心律等指标是否在健康或正常的范围，给出一个评价结论。如心律过快、过慢都不在健康的范围。我们的经济也是如此，需要建立一套有效的绩效评价体系，通过一些价格指数等指标来反映经济的过冷、过热。

绩效考核就如同通过一系列的考核，看看在一个时段（如一年），人的膳食、作息、锻炼、服药等措施是否促进了身体健康，如果效果不太理想，也就是反映效果不明显，则要对膳食结构、作息时间、服用的药物等相关措施进行调整。高质量发展的绩效考核也是如此，通过一套完整、客观的绩效考核体系，科学判断我们采取的经济政策、措施是否对经济发展起到推动作用，并将考核结果运用到干部考核等领域，为我们推进落实高质量发展保驾护航。

一段话概括六大体系之间的关系：指标体系是提出反映经济发展质量的框架设计，政策体系是经济发展的导向，标准体系是衡量不同发展阶段、不同的主体功能区域的标准，统计体系是科学记录经济发展的数据指标，绩效评价则是反映经济发展态势的客观评价，绩效考核就是评价一段时间内我们采取的一系列政策体系是否有效促进经济调度发展，这些都可以通过科学的指标体系和统计体系，对不同的区域采取不同的标准体系，分类得出绩效评价，以反映经济发展的质量高低。

总而言之，高质量发展的指标体系、政策体系、标准体系、统计体系、绩效评价体系、绩效考核体系相辅相成、缺一不可，是高质量发展的制度环境体系中不可分割的组成部分，构建高质量发展体系将有效推进经济发展，实现质量变革、效率变革和动力变革。

四、对推动高质量发展的下一步工作的考虑

推动高质量发展，需要坚持"一切关乎长远"的发展理念。

我们既要从全区、全国甚至全球看柳州，寻求区域发展优势，肩负起西江经济带龙头城市、双核驱动重要一核的历史使命，更需要向内使力，找准自身问题并解决和实现自我的发展。分析哪些因素会变、哪些不会变，在变与不变中弄清不做什么，要做什么。

"不做什么"，包括"不该做什么""不能做什么""留下什么"，体现的既是底线思维、忧患意识，更是长远意识、责任意识、历史意识，"不能断了子孙后代的粮"。面对环境污染、交通拥堵、资源短缺、气候变暖等问题，可以肯定的是，面向未来，城市化和工业化的负面效应将进一步显现，城市的自然生态环境将日益重要，我们应有长远意识。如果对历史缺乏应有的尊重，历史文化建筑和街区不断消失，就会迷失城市文化，中断城市记忆，我们决不能让城市无处安放平静的心灵，我们一定要守住城市的命脉。

"要做什么"，包括"应该做什么""必须做什么"，体现的既是主动作为、机遇意识，更是担当意识、使命意识。当前，我国进入经济高质量发展的关键期，国家赋予广西构建面向东盟的国际大通道，打造西南中南地区开放发展新的战略支点，形成"一带一路"有机衔接的重要门户三大定位。面对这样的重大机遇，把握得好就会成为转型发展动力，把握得不好就会成为挑战，这些要求我们做到审时度势，把握规律，顺势而为，避免错失良机。

围绕"不做什么""做什么"，柳州将重点围绕拉伸"长板"，补齐"短板"，筑牢"底板"，推动经济质量变革、效益变革、动力变革。

（一）拉伸"长板"

2017年，柳州汽车产量突破250万辆，居全国第三位，柳州工业总产值突破5000亿元，这些在广西区内十分亮眼，特别是柳州人引以为豪的汽车、钢铁、机械三大支柱产业，集中展示柳州的长项所在。拉伸柳州发展的长项，首先要认识长项，凸显并进一步发挥所长，进而出台一系列有针对性的举措，让长项持续成为拉动经济社会发展的"高速发动机"。我们已经明确在优化存量上下功夫，加快产业转型升级；在扩充增量上下功夫，加快培育新的增长点，着力创建"中国制造2025"国家级示范区，建设现代中国制造城和打造万亿工业强市。

一是在优化存量上下功夫，加快产业转型升级。我们将更加重视传统产业改造升级，鼓励企业瞄准先进水平苦练新功，不断提高发展的质量和效益，推动柳州经济从速度型效益向质量型效益转变。汽车产业将发展具有高附加值、市场需求大的轿车、SUV等乘用车产品，打造商用车高端品牌，推进汽车产业向中高端车型、高附加值产品升级发展。对于钢铁产业，我们将支持企业加大技术创新和新产品开发力度，促进钢铁产品向精深加工发展，延伸钢铁产业链，加快钢铁产业向高附加值产品转型发展。对于机械产业，我们将重点向智能化发展，加快广西智能制造城（柳州）建设，引进和培育一批拥有核心知识产权的关键零部件、装备主机和系统集成的智能制造企业和项目，逐步提升工程机械、建筑机械研发制造能力，积极拓展现代农用机械、矿山机械等新兴领域，推进产业中高端化发展。

二是在扩充增量上下功夫，加快培育新的增长点。培育新的增长点，就意味着培育壮大高技术含量、高知识含量的产业，培育壮大市场潜力巨大、国际竞争力强的产业，培育壮大能够引领、支撑未来发展的战略性新兴产业。在新的发展阶段，原有发展模式已经难以为继，过度依赖能源原材料发展的大环境已经不存在，必须改变高消耗、高污染、低效益的传统发展模式，唯有加速培育战略性新兴产业，才能重塑柳州产业发展新优势。结合柳州实际，我们已经瞄准并具备一定基础，将优先培育城市轨道交通产业、智能电网、装配式建筑、工业大数据四大新兴产业，提升壮大新能源汽车、高端装备制造、电子信息、新材料、节能环保、生物与制药六大优势产业。

（二）补齐"短板"

金无足赤，十个手指伸出来有长有短，柳州发展有自己的长处，也不可避免存在一些短板。其突出表现在：区域发展不平衡，协调发展还不充分，交通地位持续弱化，经济开放度不高，服务业增加值比重低，等等。短板的形成不在一天两天，往往存在多种因素的制约，解决起来也不会那么轻而易举，但越是这样，越要集中精力、集中资源、集中政策、集中一切办法，补好补齐。我们坚信，只要持续发力，短板就可能变成"跷板"，成为推动柳州发展的"潜在发动机"。

一是建设高质量的"核心枢纽"。长期以来，柳州是广西最重要的铁路交通枢纽，但近年来逐步弱化，高铁仅有南北向对外通道，缺少与广东、云南、贵州方向的直接连通铁路，客货运输线路迂回，绕行里程较长，未能与国家"四纵四横"高铁主骨架和"八横八纵"主通道形成有效衔接，尤其是与粤港澳大湾区缺少高铁干道和铁路货物通道支撑，导致在粤港澳大湾区分工协作以及"一带一路"建设中缺乏连通衔接的比较优势。我们将围绕中央赋予广西构建面向东盟的国际大通道的定位，以柳州列入全国性综合交通枢纽为契机，加快建设柳州向东对接的通道，加快柳州至深圳、广州客货运铁路规划建设，以建设全国性综合交通枢纽为契机，做强做实铁路枢纽，畅通柳州连接珠三角、大西南和东盟国家的物流通道，使柳州成为贯穿亚欧的"桂渝新欧"国际铁路大动脉和联通新加坡的中新互联互通南向通道的交汇节点，打造高质量的"核心枢纽"。

二是建设高质量的"开放高地"。我们将围绕中央赋予广西形成"一带一路"有机衔接的重要门户的定位，积极参与"一带一路"建设，全面构建面向东盟的重要国际合作基地。积极投入珠江—西江经济带开放开发，主动融入粤港澳大湾区，强化与粤港澳大湾区之间的互联互通，参与粤港澳大湾区的产业分工协作与经贸合作。加快"走出去"步伐，拓展产业开放领域和国际合作空间，深度挖掘汽车、机械等产业国际竞争优势，支持上汽通用五菱、柳工等企业进一步加快全球化战略布局，通过兼并收购、借船出海、抱团出海等模式，加快形成具有国际知名度和影响力的优质品牌，打造国际加工制造基地和外向型产业集群，提升"柳州制造"的国际地位。提升"引进来"能力，加快引进优势产业、国内外知名大型企业以及高端项目，补齐补强产业链，培育发展新产业，助推产业转型升级。

三是建设高质量发展的"实业引擎"。"实业兴市　开放强柳"，长期以来，柳州始终坚持发展实体经济不动摇。当前，柳州实体经济发展正处于从量变逐步向质变转化的关键转折期，面临新经济不足、金融支持实体经济不强等问题，未来，柳州将深入实施质量强市战略以及品牌战略和标准化战略，大力弘扬"工匠精神"，培育百年老店、铸造百年品牌、夯实百年基业；推动互联网与实体经济深度融合发展，大力发展分享经济、数字经济、绿色经济等新经济、新业态、新模式；积极发展面向制造业的产品后市场服务、研发设计服务等现代服务业，做大做强现代服务业。持续推进金融业供给侧改革，提高金融服务制造业水平。总之，柳州将站在全区、全国大局中谋划，找准柳州发展新的时代坐标，着力打造高质量发展的"实业引擎"。

（三）筑牢"底板"

一个木桶如果只是有几块短板，充其量是水装多装少的问题，如果底板不固，出现漏洞，那就成了不能装水的问题。中央经济工作会提出，按照党的十九大的要求，今后三年要重点抓好防范化解重大风险、精准脱贫、污染防治三大攻坚战。在这当中，就有不少亟待解决的问题属于"底板"问题，对此必须确保万无一失，否则就可能"一失万无"。为了巩固"底板"，柳州分别提出了应对措施，强化"底板安全"意识，强化底线思维，坚决防止补好了"短板"却忽视了"底板"，确保"底板"坚如磐石。

一方面，坚决打好防治污染攻坚战。我们将坚持有所为有所不为，在追求经济发展上，绝不以牺牲环境、破坏资源来换取经济一时的发展。我们要的是高质量的发展，要追求绿色GDP。坚持底线思维，全面推进生态保护红线、永久基本农田、城镇开发边界三条控制线划定，优化生产、生活、生态"三生"空间，合理控制发展规模。严格控制"两高"（高污染、高能耗）项目建设，制定、落实重污染企业搬迁改造计划，加快推进重污染企业搬迁入园和改造提升；对国家明令淘汰的，以及污染严重且达不到环保要求的落后产能坚决予以淘汰。加快发展生态工业，强化对传统工业绿色化改造，推广无污染清洁化工业生产，加快发展节能环保、生物医药、新型建材、新一代信息技术、新材料等产业，构建工业生态产业链。实施"蓝天工程"，探索建立生态环境保护长效机制，实行环境保护责任追究、环境损害赔偿、自然资源资产离任审计等制度，打造宜居、宜业、宜人的可持续发展城市。

另一方面，抓好防范化解重大风险。我们认为金融在经济社会发展中发挥核心和保障作用，是防范化解重大风险的重要任务，更是巩固发展成果的压舱石。我们将进一步规范民间借贷，坚决打击和处置非法集资、无牌经营、不当套利等金融乱象，守住不发生区域性金融风险的底线，营造诚信安全金融生态，积极引导金融资本向实体经济倾斜，防止"脱实向虚"。加强国有企业管控、严防债券兑付风险、加快资金融通、积极稳妥开展市场化债转股、加大股权融资力度、大力处置"僵尸企业"，对扭亏无望、失去生存发展前景的"僵尸企业"依法兼并重组或清偿破产。严格落实《关于进一步规范地方政府举债融资行为的通知》文件精神要求，进一步规范融资平台公司融资行为管理，推动融资平台公司尽快转型为市场化运营的国有企业、依法合规开展市场化融资，有效严控隐性债务增量，合理有序化解债务存量风险，降低政府债务杠杆率。

柳州工业高质量发展问题研究

关勇军 瞿旻

党的十九大报告做出了我国经济已由高速增长阶段转向高质量发展阶段的重大论断，推动高质量发展将成为当前和今后一个时期确定发展思路、制定经济政策、实施宏观调控的根本要求。工业是实体经济的主体和建设现代化经济体系的主要着力点，推动工业高质量发展是实现经济高质量发展的必由之路。2018 年 5 月底，自治区召开了全区工业高质量发展大会，自治区党委书记鹿心社和自治区政府主席陈武做了重要讲话，提出：到 2020 年，初步形成工业高质量发展新体系；到 2025 年，工业高质量发展新体系更加完善，工业发展总体达到全国中上水平。作为广西工业重镇，柳州工业高质量发展是贯彻落实党的十九大精神、全区工业高质量发展大会精神、扎实推动经济持续健康发展的必然要求，也是实现经济从"数量扩张"转向"质量提升"、"要素驱动"转向"创新驱动"的必然要求。因此，柳州工业高质量发展问题的研究具有非常重要的实践价值。

一、工业高质量发展的内涵

（一）高质量发展的内涵

有关高质量发展的内涵并无统一观点，廖群（2018）认为高质量发展应该包含七大理念，即以人民为中心、经济结构水平高、经济效益高、平衡、低风险、创新驱动、绿色。李伟（2018）认为高质量发展意味着高质量的供给、高质量的需求、高质量的配置、高质量的投入产出、高质量的收入分配和高质量的经济循环。林兆木（2018）则提出高质量发展应是生产要素投入少、资源配置效率高、资源环境成本低、经济社会效益好的发展。以上观点从各个层面探讨了高质量发展的内涵，总体来说，创新、绿色、共享、效率等理念成为高质量发展的核心。因此，以下观点得到广泛认可，即高质量发展是能够更好满足人民日益增长的美好生活需要的发展，是体现新发展理念的发展，是创新成为第一动力、协调成为内生特点、绿色成为普遍形态、开放成为必由之路、共享成为根本目的的发展。

（二）工业高质量发展的内涵

工业高质量发展属于经济高质量发展的重要组成部分，其内涵也有不同解读。工业和信息化部部长苗圩（2018）在中国发展高层论坛上提出制造业高质量发展的三大任务和六个方面，三大任务包括：调整优化制造业的产业结构；大力发展创新设计、科研开发等生产性服务业；适应消费升级的需要，全面提升产品的质量、服务的质量，注重品牌建设。六个方面包括完善制造业的创新体系，加快发展先进制造业，促进制造业区域协调发展，加强制造业质量品牌的建设，营造有利于制造业高质量发展的良好环境，进一步提升制造业开放水平。在全区工业高质量发展大会上，自治区党委书记鹿心社（2018）提出了工业高质量发展的"六个更"，即"创新能力更强"（科技活力充分释放，新技术、新产业、新业态、新模式蓬勃发展，创新发展能力和加工制造能力显著提升）、"融合程度更深"（"两化"融合程度，一二三产业协同发展，产城良性互动，军民融合发展）、"供给质量更高"（符合产业和消费升级方向，产品质量和服务质量大幅提升，中高端供给和有效供给增多，不断满足新时代人民群众生产生活的新需求）、"产业结构更优"（产业集聚明显提高，轻重失衡、高低失衡、新旧失衡状况根本扭转，新旧动能接续顺畅）、"经济效益更好"（工业企业盈利持续向好，劳动就业不断扩大，财税持续稳定增收，综合效益明显提升，工业经济迈向价值链中高端）、"资源消耗更少"（资源能源节约高效利用，清洁生产全面施行，节能降耗成效明显，可持续发展能力显著增强，实现绿色发展、循环发展、低碳发展）。

二、柳州工业高质量发展的基础和挑战

（一）柳州工业高质量发展的基础

2017年，柳州市人均生产总值突破1万美元，达到全区人均水平的2倍。作为全区工业发展的"脊梁"，柳州市以全区1/14的人口，创造了1/5的工业总产值、1/7的经济总量，对全区经济增长贡献率约14%，可以说，柳州工业高质量发展取得了较好的基础，具体表现如下。

1. 工业规模快速壮大。

目前，柳州全市拥有工业企业 8000 多家，规模以上工业企业达到 815 家，其中大型工业企业 24 家，中国制造业 500 强企业 4 家。柳州全市工业总产值从 100 亿元到 1000 亿元，用了 14 年；从 1000 亿元迈向 5000 亿元，只用 11 年；2017 年突破 5000 亿元大关，达到 5116.1 亿元，2011—2017 年年均增长 7.8%，对全市地区生产总值的贡献超过 48%。工业规模总量快速壮大，工业综合实力稳步增强，一直位于广西各城市之首。

2. 产业结构持续优化。

目前，柳州已形成以汽车、钢铁、机械为支柱，新能源汽车、节能环保、高端装备制造、电子信息、制药、建材、日化等产业并存，门类较齐全的工业。汽车产业完成产值 2543.8 亿元，位居全国城市第三。钢铁行业加快向高附加值产品转型发展，开发高强汽车板、核电用钢、海洋用钢等高附加值产品，品种钢产量比重达 63.5%。机械产业加快向智能机械产品转型发展，2017 年，实现产值 408.5 亿元，增长 21.4%。电子、医药、新材料、先进装备制造等战略性新兴产业快速发展，2017 年，产值达 515.36 亿元，占全市工业比重 11%。

3. 工业发展质量不断提高。

柳州在全区率先实施"质量强市"战略，把"质量强市"与"工业强柳"深度融合，积极开展质量提升行动，制造业质量竞争力持续增强，2017 年成功获批广西首个全国质量强市示范市。2017 年，制造业质量竞争力指数达到 84.22，制造业增加值率达到 25.47%，制造业全员劳动生产率达到 51.08 万元/人。全市已培育出中国质量奖提名奖 1 个、中国名牌产品 4 个、自治区主席质量奖 5 个、广西名牌产品 265 个、广西服务业品牌企业 17 家。

4. 企业创新能力持续提升。

2016 年度柳州全社会 R&D 经费支出占生产总值比重为 1.6%，规模以上制造业研发经费内部支出占主营业务收入比重达到 1.01%；规模以上制造业每亿元主营业务收入有效发明专利数达到 0.4 件。目前拥有 1 个国家级高新区和 280 家国家高新技术企业，拥有国家级企业技术中心 3 家、国家级工程实验室 1 个、国家级工程技术研究中心 1 家、国家级技术创新示范企业 4 家、国家创新型企业 4 家。入选国家小微企业创业创新基地城市，荣获"最具创新力城市"荣誉称号。

5. 绿色发展有新成效。

柳州在全国率先实施大气二氧化硫主要污染物排放总量控制，工业经济加快向低碳增长模式转变。积极构建绿色制造体系，加快建设绿色工厂、绿色园区，发展绿色技术、绿色设计、绿色产品；加快发展循环经济，推进资源再生利用产业规范化、规模化发展。实施上汽通用五菱河西基地环保改善、柳工高端土方机械绿色设计平台建设、柳钢锅炉节能改造等一批项目,其中:柳工的"高端土方机械绿色设计平台建设项目"获批工业和信息化部绿色制造系统集成项目。2017 年与 2010 年相比,全市规模以上工业企业万元工业增加值能耗累计下降约 40%,单位生产总值能耗下降超 60%,工业主要污染物排放量超额完成国家及自治区要求,实现了工业转型、金山青山共赢发展。先后成功入选国家循环经济示范城市名单,入围第三批国家低碳试点城市。

(二)柳州工业高质量发展的挑战

与绵阳、株洲、宝鸡等对标城市相比,柳州工业高质量发展仍存在一些挑战,具体表现如下:

1. 产业规模小,集中度不高。

工业总量方面,2016 年柳州全市工业增加值总数为 1232.52 亿元,略高于绵阳、株洲和宝鸡等同类城市,但与成都、芜湖、徐州、昆山等工业强市相比,仍有较明显的差距(见表 1)。

表 1　柳州与对标城市工业增加值比较(2016 年)

城市	柳州	绵阳	株洲	宝鸡	芜湖	昆山	徐州	成都
工业增加值(亿元)	1233	763	1197	952	1367	1608	3010	4509

资料来源:根据各地市统计年鉴整理。

规模以上工业企业数量不足,2017 年柳州全市规模以上工业企业数量为815 家,在全区的占比不到 15%。企业实力不够强,柳州全市工业企业进入中国企业 500 强的仅柳州钢铁股份有限公司和五菱汽车集团控股有限公司 2 家企业,在全国的排名分别为第 238 位和第 358 位,总体处于中下游区间。

2. 产业断层缺位比较严重。

产业结构是地区产业发展质量的重要指标。目前,柳州市产业结构失衡较为严重,轻工业占比过低,重工业大而不强,尤其是 2000 年以来重工业发展步伐明显超过轻工业,2000—2016 年,轻工业占比从 30.77% 大幅下降到11.41%;重工业占比则从 66.23% 上升到 88.59%,轻工业发展面临着日益边缘化的处境。重工业虽然成为全市经济发展的主导力量,但面临着大而不强的发展困境。近年来,中西部对标城市如宝鸡、绵阳,以消费品工业为核心的轻工业产业链和高附加值轻工业实现快速发展,战略性新兴产业发展步伐滞后,2017 年柳州市战略性新兴产业占比 11%,四川绵阳市则达到 37.5%。总的来看,无论轻重产业结构还是战略性新兴产业的发展均与对标城市存在一定差距。

3. 产业结构层次较低。

制造业技术含量低、附加值不高。汽车、钢铁等支柱产业的大多数产品以中低端为主、附加值较低、高端产品市场占有率不高，产业链延伸的深度和广度有待进一步提升。产业结构较单一、传统产业比重较大、产业转型升级步伐还不够快。2017 年，汽车产业"一枝独秀"，占比超过 50％，汽车、钢铁、机械等传统产业占比超过 2/3；高新技术企业占工业总产值比重不到 1/3，四川省绵阳市则达到 54.1％。因此，柳州市仍有较大提升空间。

4. 产业竞争力不强。

制造业以粗初加工为主，精深加工能力不强，高附加值产品占比低。如柳州汽车主流车型单台平均售价在 8 万～9 万元，毛利率水平在 10％左右，中高端车型开发有待加强；柳州钢铁产业仍以粗钢为主，抗风险能力差，在汽车板等高附加值产品方面仍有较大提升空间。机械产业在智能化转型方面任重而道远，其他产业"散、小、弱"，培育不足。同时，规模以上企业研发强度仅有 1％且中高端人才缺乏，严重制约了产业竞争力的提升。

5. 企业运营能力不足。

运营能力体现了企业的发展效益和发展质量。如表 2 所示，2016 年柳州市与对标城市相比，利润率仅有 2.99％，处于垫底水平。利润率低对企业资金积累和效益提升都会造成较多负面影响，导致企业在运营过程中出现诸多问题。这表明，柳州传统资源型行业比重依旧较大，转方式、调结构任重道远。

表 2　柳州市与对标城市利润率比较分析（2016 年）

地区	主营业务收入（亿元）	利润总额（亿元）	利润率（％）
柳州	4405.59	131.64	2.99
宝鸡	2327.67	173.85	7.46
绵阳	2540.73	122.97	4.84
株洲	3155.7	166.5	5.28

数据来源：各市统计公告及统计年鉴。

三、柳州工业高质量发展的重要任务

实现柳州工业高质量发展，要依靠三条路径，即产业结构优化，增长动力转换及提高效率和集约化程度。"强龙头、补链条、聚集群"是工业高质量发展重要思路。基于工业高质量发展的路径和思路，提出柳州工业高质量发展的重要任务如下。

（一）推动传统产业转型升级

1. 积极推动汽车产业稳中做强。

柳州汽车产业发展的总体基调是稳定总量，巩固提升国内汽车行业战略地位；增加品种，向轻量化、高端化、智能网联方向发展；加快发展汽车金融、

汽车展会、车联网、用户信息服务等后市场服务；提升整车自主研发能力，增强零部件综合集成水平，大幅提高整车和零部件生产本地配套率；努力打造国际知名、国内一流的中高端汽车制造基地。具体来说，以上汽通用五菱汽车股份有限公司、东风柳州汽车有限公司等企业为龙头，重点开发和发展新微轿、中型轿车、MPV、SUV等乘用车，加快发展中高端产品。以广西汽车集团有限公司等企业为龙头，加快发展新型发动机、自动变速器、制动系统、悬挂系统等关键零部件，加快发展传统汽车离合器、车桥、曲轴、电子元器等零部件，大力发展轮毂、汽车冲压件、汽车饰件系统、高端轮胎等优势大宗零部件。积极开发旅游观光车、冷藏车、混凝土搅拌车、环卫运输车等特种专用车。

2. 加快优化钢铁产业结构。

柳州钢铁产业发展总基调是优化产业基地布局，优化产品结构，增加中高端产品，延伸产业链。具体来说，以柳州钢铁集团为龙头，规划柳钢本部基地、沿海基地、玉林不锈钢基地发展重点，柳州本部重点发展碳素结构钢、优碳钢、合结钢、轴承钢等长材产品，沿海基地重点发展钢绞线用线材、硬线、焊线、冷镦钢线材等工业用线材系列产品，玉林不锈钢基地重点发展3系列、4系列不锈钢产品。积极发展汽车用钢、船舶用钢、优质薄板材、家电以及工程用钢等中高端品种钢，进一步延伸钢材产业链。

3. 加快推动机械产业"二次创业"。

柳州机械产业发展总基调是拓展领域，增加品种，延伸产业链。具体来说，以广西柳工集团有限公司等企业为龙头，打造工程、建筑、现代农业三大机械板块。工程机械方面，重点发展大型、节能型装载机、挖掘机，积极发展叉车、推土机、起重机等产品，加快工程机械扩大海外市场。现代农业机械方面，重点研发节能高效的甘蔗收割机多系列产品，不断向耕、种、管、收全产业链延伸，打造高端农机装备基地。建筑机械方面，积极培育和发展应用于铁路、公路、建筑、水利等领域的整机产品。同时，加快发动机、柴油机、变速箱等核心零部件的研发制造，构建工程机械发动机、传动等系统产业链。

4. 加快推动轻工产业振兴发展。

柳州轻工业发展总基调是增品种、提品质、创品牌，集聚聚焦、重整壮大。围绕柳州化工股份有限公司、柳州两面针股份有限公司的转型，注入新产业，重点发展中高端化工和日化产品，提升产品竞争力和市场占有率。重点加快制糖、螺蛳粉、农副产品加工、纺织等轻工产业发展。螺蛳粉产业方面，培育广西螺霸王食品有限公司等骨干企业，培育壮大酸笋、豆角、腐竹等食材基地和原料加工企业，打造螺蛳粉全产业链。制糖产业方面，支持制糖企业战略重组，以广西凤糖生化股份有限公司为龙头，重点发展食糖深加工。农副产品加工产业方面，重点发展木材、粮油、糕点、乳品、茶叶、茶油、果蔬等加工产品。纺织产业方面，重点发展新型竹节纱、色纺纱、纺织新纤维混纺纱等产品，积极发展高支高密无梭布、色织布、牛仔布等面料，打造区域性高端纺织服装制造业基地。

（二）大力培育发展重点新兴产业

1. 大力发展高端装备制造业。

围绕广西智能制造城建设，重点发展轨道交通装备、智能电网装备、机器人等产业。轨道交通装备方面，培育柳州轨道交通产业发展有限公司，发展跨座式单轨车辆和线路专有产品，引进轨道交通产业链配套企业，加快发展牵引及控制系统、制动系统、车内电器等机电系统设备，打造从整车生产到零部件配套和维修服务的全产业链。智能电网装备方面，引进许继电气股份有限公司等一批骨干企业，重点发展智能楼宇、智能家居、虚拟电厂等智能用电设备，打造智能电网研发制造全产业链。机器人方面，以柳工、上汽通用五菱机器人应用团队为龙头，培育壮大和引进一批智能机器人企业，重点发展上下料、分拣、包装、焊接等工业机器人及系统集成和服务机器人。

2. 大力发展新能源汽车产业。

围绕上汽通用五菱汽车股份有限公司、广西汽车集团等龙头企业，重点发展系列中高端纯电动、插电式混合动力整车产品，引进上海卡耐、宁德时代、浙江方正、上海电驱动、苏州智绿等一批新能源汽车配套企业，积极发展电池、电机、电控等新能源汽车零部件，全面提高汽车产业链本地配套率，加强新能源汽车配套设施建设，打造新能源汽车产业集群。

3. 大力发展新一代电子信息技术产业。

围绕汽车、机械等优势产业，大力推动新一代电子信息技术产业的发展。以联合汽车电子有限公司柳州工厂、耐世特汽车系统（柳州）有限公司等为龙头，重点发展汽车整车和发动机电子控制系统、电动助力转向、汽车仪表等汽车电子零部件，加快发展车载光学、车载雷达、高精定位、集成控制、车载互联终端等系统，积极发展应用于公共交通管理、糖业蔗区管理、汽车导航、物流、林业、城市管理等领域的卫星导航终端设备、应用系统开发与系统集成。

4. 大力发展节能环保产业。

围绕家居建材类产业，重点发展新型绿色建材、装配式建筑、生产生活废品二次利用。新型绿色建材方面，以广西鱼峰集团水泥有限公司为龙头，推进建材产品向绿色化和部品化发展，重点发展新型干法水泥，大力发展预拌混凝土、新型墙体材料，加快发展保温、防火隔热等新型绿色建材。装配式建筑方面，以广西建工集团有限责任公司等企业为龙头，重点发展 PC 混凝土结构、钢结构等主体结构产品，内墙、吊顶、幕墙等内外装产品，积极推进绿色建材等上下游产业发展。生产生活废品二次利用方面，推进工业生产及生活垃圾的无害处理和循环利用，重点推进建筑垃圾资源化处置厂示范项目建设，提高大宗工业固体废弃物等综合利用能力。

5. 大力发展生物与制药产业。

围绕广西柳州医药股份有限公司、广西金嗓子有限责任公司、广西花红药业股份有限公司等龙头企业，重点发展民族医药、中成药、中药提取物、中药饮片产品，加快研究开发各类药膳、药酒、药茶、健康饮品。以安琪酵母（柳州）有限公司为龙头，重点发展酵母深加工、食品添加剂产品，积极发展生物活性多肽、糖氨聚酸、氨基酸等生物制品。依托广西仙草堂制药有限责任公司，推动灵芝孢粉、灵芝胶囊等产品产业化发展。

6. 大力培育发展生产性服务业。

以延伸制造业价值链高端化为方向，重点培育发展工业设计、工业大数据、工业物流等生产性服务业。工业设计方面，引进洛可可科技有限公司等一批工业设计企业，围绕汽车及零部件、食品包装、医药健康等产业，大力发展功能设计、结构设计、形态及包装设计。工业大数据方面，以建设柳州工业大数据公共服务平台、北部生态新区大数据产业园为契机，推进大数据在产品全生命周期和全产业链中的创新与应用，打造全国工业大数据融合应用先行区。工业物流方面，围绕建设柳州制造业物流中心，加快发展鹧鸪江钢铁深加工及物流产业园、宁铁柳州汽车工业物流园等一批大型优势产业物流集聚区，引进或培育一批业务精湛、服务能力强、国际化的供应链综合服务商，构建技术先进、高效快捷的工业物流体系。

（三）推动"两化"深度融合，提升发展效率水平

1. 推进重点领域智能化改造。

通过开展"两化"融合示范创建，实施"机器换人、设备换芯、生产换线"，用新一代信息技术优化装备、设备功能，全面改造传统产业现有的制造体系。在汽车及零部件、机械制造、钢铁、电子、服装等领域的关键环节和关键工序，实现企业设计、工艺、制造、管理、监测、物流等环节的集成优化。在化工、建材、食品、医药等流程制造领域，提升企业的资源配置优化、实时在线优化、生产管理精细化和智能决策科学化水平。提升工业制造和重大产业装备的信息化、数字化和网络化水平。

2. 推动互联网与制造业融合创新。

加快建设智能制造云服务中心、大数据中心等线上平台，构建以市场需

求、原料供给、市场消费、售后服务为一体的智能制造产业生态系统，积极推进"互联网＋制造"。鼓励企业发展基于互联网的个性化定制、众包设计、协同制造等新型制造模式，构建数字驱动的工业新生态，加快建设和推广一批面向汽车、机械工业互联网平台和新型工业 App。

四、柳州工业高质量发展保障措施

（一）加强组织领导

从贵州省及贵港市工业发展经验来看，"一把手抓工业"是个很好的经验。贵州省明确各级党政一把手抓工业，创造出工业经济增速在全国的排位稳定保持在前三位的佳绩；广西贵港市的市委书记和市长抓工业发展，创造了"贵港速度"，产业发展"从无到有"，短短几年时间，打造出广西第二汽车制造城。因此，柳州市也应高度重视工业，组成由市委书记、市长担任组长，分管副市长任副组长的工业高质量发展领导小组，统筹协调工业高质量发展工作，把更多懂工业、爱工业、本领强、作风硬、能吃苦、能奉献的优秀干部安排到项目第一线，充实到各级党政领导班子和工业部门。

（二）加大对外开放合作力度

柳州工业高质量发展，需要旧动能的转型升级和新动能的培育发展，这些都离不开对外开放合作。建议如下：其一，拓展产业合作新空间。借助中国—东盟自由贸易区升级版和中新互联互通南向通道建设，深化与东盟的产能合作，支持上汽通用五菱、柳工、欧维姆等企业加强海外投资，建立境外产业基地、研发中心，提升"柳州制造"国际地位。其二，加强与东盟国家的产业合作，深化与日本、韩国等国交流合作，拓展与欧美地区的交流合作。其三，加强工业招商引资。实施产业链招商、精准招商、以商招商行动计划，以强龙头、补链条、聚集群为方向，重点引进强链、补链、延链项目，瞄准世界和国内 500 强企业、跨国公司、行业龙头企业，引进关联度大、技术含量高、上下游衔接好的综合性项目，推动产业向价值链高端攀升。

（三）加强创新引领

如前所述，创新是工业高质量发展的第一动力，柳州工业高质量发展离不开科技、制度、政策等方面的创新。其一，加强科技创新。要建设完善产业、企业、产品创新链，支持和鼓励企业建设高水平技术中心、工程（技术）研究中心、重点（工程）实验室，建立博士后工作站、院士工作站。推进共建区域性公共技术服务平台，支持园区、龙头企业或产业联盟共建公共服务平台，支持企业与科研院所共建产学研战略联盟，力争在新能源汽车、智能电网、机器人、铝深加工、石墨烯等领域取得重大突破，引导和支持行业龙头企业参与地方、行业、国家、国际标准的制订修订，抢抓产业技术标准话语权。其二，加强制度创新。以园区为载体，积极探索和创新园区发展的管理方式和运营模式，支持有条件的工业园区引进各类市场投资主体参与建设和经营，以租赁、转让的方式进行项目经营和管理。其三，加强政策创新。完善产业用地供地管理流程，建立以单位土地面积投资强度、产出效益、创造税收等为指标的分区域、分行业工业用地标准体系；进一步降低制度性交易成本、物流成本、税负成本、融资成本和加快企业资金周转等一揽子政策措施；试行工业项目投资承诺制，以目录清单形式向社会公布准入条件及相关规划、安全、环境、消防、节能等方面标准和要求，督促企业在投产前完成相关行政许可事项；全面推行招商签约项目全程代办服务，推动行政审批事项和公共服务事项办理改革。

（四）争取自治区层面的支持

积极争取自治区层面在资金投入、生产要素保障等方面的支持对柳州工业高质量发展也非常重要。其一，争取资金投入支持，争取自治区对北部生态新区基础设施建设、工业园区基础设施建设、柳州市强优龙头企业给予资金补贴；对新建的自治区级及以上企业技术中心、工程技术研究中心、重点实验室，当年新认定的给予重点补助；对企业新产品的研发，符合条件的优先纳入自治区科技计划给予支持。其二，增强生产要素保障，对龙头企业及其重点配套企业新增项目用地，符合自治区重大项目条件的，由自治区发展改革委纳入自治区统筹推进重大项目，属国家及自治区审批（核准、备案）纳入自治区统筹推进重大项目涉及占用耕地指标的，补充耕地指标由自治区统筹安排。列入自治区统筹推进重大项目的建设用地报批审查通过后，新增建设用地指标直接由自治区核销。柳州北部生态新区其他新建项目，根据建设的实际需要，优先保障项目用地。柳州市不在自治区级以上园区范围用电 10 千伏重点工业企业，按自治区级以上园区用电政策参与电力市场交易。支持柳州重点工业园区建设天然气直供管道，对用气大户企业依法合规直接供应，实行优惠气价。其三，加快铁路建设。争取自治区加大推进黔桂铁路增建二线、柳州至广州铁路项目的前期工作，力争"十三五"规划期内动工建设，解决交通物流瓶颈问题。

推动柳州螺蛳粉产业高质量发展研究

赵嬉林

2018年
广西蓝皮书
广西经济形势
分析与预测

高质量发展篇

柳州螺蛳粉是自然环境和历史文化交融传承中汉族和少数民族饮食文化碰撞下的完美结合体，是广西知名的地方特色小吃。在柳州市委、市政府工业化的理念打造下，柳州螺蛳粉实现了产业化、标准化、品牌化、规模化发展，袋装柳州螺蛳粉产值由 2015 年的 5 亿元增长到 2017 年的 30 亿元，袋装螺蛳粉生产企业由 2014 年底的 1 家发展到 2017 年的 78 家，2017 年底柳州螺蛳粉网上店铺达到 8755 家，日均销量超过 80 万袋，培育出一批有影响力和知名度且消费者喜爱的品牌，促进了一二三产业融合发展，有效带动产业扶贫和农民增收，解决就业人口超 5 万人，推动"小米粉"走上了地方特色经济"大产业"道路。

一、柳州螺蛳粉产业的发展历程

（一）1979—1985 年，是柳州螺蛳粉孕育期

柳州人自古有嗜螺、吃粉的传统饮食习俗，两者的一次偶然结合诞生了柳州螺蛳粉，巨大的需求让很多人投入到螺蛳粉行业，由于并没有官方统一的标准，各摊店各显其能随意搭配。根据消费者的偏好，柳州螺蛳粉调配逐渐趋于一致，制作工艺、品味特质逐渐形成。

（二）1986—2013年，是柳州螺蛳粉的起伏发展期

在制作工艺、品味特质等统一以后，柳州螺蛳粉摊店在柳州大街小巷遍地开花，成为柳州人夜宵、午餐和晚餐的饮食首选，柳州螺蛳粉从业者开始重视现代化餐饮管理，对螺蛳粉的口味稳定化、原材料成本控制、配菜多样化、店面环境等方面进行改善提升，2008年柳州螺蛳粉手工制作技艺入选自治区级非遗名录。2011年柳州市政府提出了"螺蛳粉进京"项目，推动柳州螺蛳粉连锁餐饮品牌向外扩张发展。

（三）2014—2017年，是柳州螺蛳粉产业化、标准化、品牌化、规模化发展期

2014年底，柳州市委书记郑俊康提出要用工业化的理念来谋划和发展柳州螺蛳粉，柳州螺蛳粉进入了工业化生产、袋装速食的时代。2015年柳州市政府首次提出了促进柳州螺蛳粉产业发展的"五个一工程"（一个标准体系、一个地理标志证明商标、一套丛书、一个螺蛳粉产业园、一个协会），并于2016年印发《促进柳州螺蛳粉产业发展的实施方案》进一步明确，2016年，柳州螺蛳粉产业园启用，柳州螺蛳粉食品安全地方标准出台，"柳州螺蛳粉"地理标志证明商标注册申请正式上报国家工商行政管理总局商标局，通过"互联网＋螺蛳粉"，柳州螺蛳粉成为网红美食，借助"广西特产行销全国"等平台畅销全国，经过不断的打造，柳州螺蛳粉成了一张响亮的城市名片，风靡全球。

（四）2018年至今，柳州螺蛳粉产业的升级发展期

2018年，柳州市委、市政府出台了《柳州市大力推进柳州螺蛳粉产业升级发展的实施方案》《柳州市全面推进螺蛳粉产业升级发展的若干政策措施》《柳州螺蛳粉原材料示范基地认定办法》等文件，全面实施柳州螺蛳粉产业升级发展战略，促进柳州螺蛳粉产业一二三产业融合发展。

二、柳州市打造柳州螺蛳粉产业的供给侧改革经验

（一）政策促动，促进产业升级发展

柳州市委、市政府高度重视发展地方特色产业，2011年市政府首次提出了"螺蛳粉进京"项目，随后柳州螺蛳粉实体门店在北上广深等国内各大城市迅速增长，据不完全统计，2017年底柳州螺蛳粉全国实体门店超过了5000家。为把柳州螺蛳粉从"现煮堂食"的地方街头小吃发展为袋装速食的现代化产业，柳州提出要用工业化的理念谋划和发展柳州螺蛳粉产业，要坚持质量为先，以标准化体系护航柳州螺蛳粉产业健康发展，政府要搭建产业发展平台，制定标准规范市场发展。2014年底袋装螺蛳粉开始崭露头角，2015年柳州市首次提出推进柳州螺蛳粉"产业化、标准化、品牌化、规模化"发展，并在2016年柳州市政府出台的《促进柳州螺蛳粉产业发展的实施方案》明确了"四

化发展"和"五个一工程"。在基本完成"五个一工程"任务目标后，2018 年柳州市委、市政府又出台了《柳州市大力推进柳州螺蛳粉产业升级发展的实施方案》，利用 5 年时间，实施柳州螺蛳粉产业升级发展战略，重点推进"六个一工程"，打造柳州螺蛳粉"双百亿"产业（即袋装螺蛳粉销售收入 100 亿元，配套及衍生产业销售收入 100 亿元），同时出台《柳州市全面推进柳州螺蛳粉产业升级发展的若干政策措施》等一系列的配套文件，在资金投入、金融支持、基地建设、土地保障、人才支撑、"双创"支持等方面制定了系统的政策措施，全方位保障螺蛳粉产业升级发展。

（二）制定标准，实现产业化标准化生产

柳州市把产品质量作为柳州螺蛳粉产业发展的生命线，将标准化的理念贯穿整个产业。为规范柳州螺蛳粉生产，柳州市报请自治区卫计委颁布实施了《食品安全地方标准　柳州螺蛳粉》（DBS45/034－2016），对预包装螺蛳粉的产品分类、原辅料的技术要求、螺蛳粉的感官要求、理化指标、微生物指标、添加剂使用、企业生产加工的过程要求、检验方法和包装标识等方面做了详细规定。报请自治区食药监局出台了《柳州螺蛳粉生产许可证审查细则》，在企业生产准入上从发证产品范围及申证单元、基本生产流程及关键控制环节、必备的生产资源、产品相关标准、原辅料的有关要求、检验要求、其他要求等方面做出了规定，严把准入关口。所有预包装柳州螺蛳粉的生产企业都要强制执行。2018 年 2 月，柳州市成立了柳州螺蛳粉检验检测中心，为产业链上产品质量安全提供强有力的检测技术支撑。把加强原材料的质量安全监管放在首位，构建市、县、乡三级农产品监管检测体系，逐步建立米粉、酸笋、螺蛳等重要原材料的可追溯体系，把好"从田头到餐桌"的质量关。通过常态化的专项检查、严格的发证审查等形式，对柳州螺蛳粉生产企业实行全覆盖检查，加大监督整改和立案查处力度，开展约谈和业务培训指导，强化信息公示，发挥社会监督作用，倒逼企业全面提升管理水平和质量安全，以最严格的监管把好"从工厂到用户"的安全关。

（三）品牌驱动，提升产品核心竞争力

牢固树立"品牌就是核心竞争力"的理念，实施商标品牌发展战略。2017 年柳州市政府开展了柳州螺蛳粉（预包装）品牌评比工作，政府拿出 650 万元重奖获奖的 6 个优质品牌，为柳州螺蛳粉产业树立行业标杆。申请注册"柳州螺蛳粉"地理标志证明商标，2018 年 7 月 20 日，"柳州螺蛳粉"地理标志证明商标获国家市场监督管理总局知识产权局核准注册，打造"柳州螺蛳粉"区域公用品牌，开展地理标志证明商标授权使用管理工作，为"柳州螺蛳粉柳州造"奠定坚实基础，开展地理标志证明商标维权保护工作，切实维护柳州螺蛳粉区域公用品牌形象。依托"柳州螺蛳粉"区域优势商标品牌，不断培育和壮大产业链上的龙头企业和市场主体，推广"龙头企业（农民专业合作社）＋商标（地理标志）＋基地（农户）"的生产经营模式，引导优势酸笋、螺蛳等上游原材料等产品加强商标品牌运作，积极推进"商标富农"工作，促进农民增收、农业增效，实现产业扶贫。支持"三品一标"（无公害农产品、绿色食品、有机农产品和农产品地理标志）和品牌创建，鼓励企业积极开展科技创新，加快技术改造，争创名牌。

（四）网红思维，助推"引爆"市场

充分利用"互联网＋螺蛳粉"将柳州螺蛳粉打造为家喻户晓的"网红美食"，开拓线上市场。一是平台互动，不断创新网络营销手段。强化与阿里巴巴旗下淘宝、聚划算、特色中国、1688等平台项目紧密互动，策划促销活动、微博直播、网络视频等直播活动，不断吸引流量，保持螺蛳粉热度，提高知名度，2016年柳州市商务委通过柳州日报微博与淘宝联合发起"灵魂美食螺蛳粉"微博直播，24小时获得5000万人的阅读量。二是打造螺蛳粉网上"集聚区"，2015年以来，柳州市政府开展阿里巴巴·柳州产业带、淘宝特色中国·柳州馆、京东中国特产·柳州馆等电商平台建设，引导柳州螺蛳粉等地方特色产品触网上市，2017年底各大电商平台的螺蛳粉店铺8755家，形成了螺蛳粉"网上集聚区"。三是充分利用广西三月三国际电商节和"6·18""11·11"等网上消费购物节，进行广告引流，打造网上"柳州螺蛳粉节"，通过电商、微商、移动及社交等平台销售、展示和宣传柳州螺蛳粉。四是利用网红思维创新品牌传播途径，充分利用热门手机App、短视频、网红明星等制造热点，打造网红美食，进行产品宣传和推介。在"互联网＋螺蛳粉"推动下，柳州螺蛳粉迅速打开了消费市场，2017年日均销量突破了80万袋。

（五）节会为媒，擦亮城市特色名片

坚持以市场为导向，紧抓消费升级步伐，不断完善线下销售网络。自2012年中国柳州国际水上狂欢节举办第一届柳州螺蛳粉美食节"万人同品柳州螺蛳粉"至今，柳州螺蛳粉美食节已成功举办六届，成为中国柳州国际水上狂欢节的经典项目，并逐渐打造成美食盛宴、文化盛典、经贸盛会。顺利承办了自治区主办的以"柳州螺蛳粉"为主题2018年全区农产品加工现场会和2018年全区提升质量安全推动地方特色食品产业发展现场会，推广介绍了柳州螺蛳粉产业化、标准化、品牌化、规模化全产业链发展的经验和做法。充分利用展会拓市，在自治区商务厅的支持打造下，2016年柳州螺蛳粉成为广西特产行销全国的核心品牌，参加自治区商务厅举办的系列国内、国外巡展活动，广交会、德国展等国内外重大的展会上柳州螺蛳粉以其独有特色大放异彩，不仅开拓和巩固了国内核心主营市场，而且还不断向欧洲、美国、东南亚等市场迈出了步伐，柳州市政府主动出击，通过统一包装、统一设计、统一形象，以抱团参展的模式参加了2016—2018年的全国糖酒商品交易会，东亚国际食品交易博览会、农博会等。在2018年的全国糖酒会上柳州螺蛳粉企业现场签约额达1.66亿元。开展"柳州螺蛳粉走出去""柳州螺蛳粉中央厨房"等项目建设，引导柳州螺蛳粉入商超、高铁等，支持企业线下拓市。

（六）融合发展，完善产业生态体系

柳州市构建了以柳州螺蛳粉为核心的全产业链发展模式，开创"螺蛳粉产业培植"推动"造血扶贫"新路径，挖掘竹笋、螺蛳、豆角、木耳、大米等柳州螺蛳粉原材料的种养殖优势，开展柳州螺蛳粉原材料示范基地创建工作，推动上游原材料的标准化、产业化发展，引导农民、专业合作社等与生产企业进行产销对接，发展订单式现代农业，提高农民收入，实现精准扶贫。以柳州螺蛳粉为核心积极创建国家级现代农业产业园，2018年6月22日柳南区现代农业产业园获国家农业农村部公示创建国家级现代农业产业园，按照"一区一镇多基地"进行总体布局，"一区"为科技创新与加工流通区，"一镇"为螺蛳粉特色小镇，"多基地"为螺蛳粉原材料种养基地。建设近20万平方米的柳州螺蛳粉产业园，带动米粉、螺蛳、酸笋、腐竹、豆角、木耳等原材料的加工，促进第二产业有序发展。2017年仅柳州螺蛳粉快递出港量就超过2000万件，约占柳州快递包裹量的76%，柳州快递出港量三年增长8倍。带动柳州电子商务交易量的暴增，2017年柳州市电子商务交易额实现798.73亿元，同比增长了32%，成就了柳江区基隆村成为广西第一个"中国淘宝村"。柳州市螺蛳粉工程技术研究中心成立，第一台柳州螺蛳粉无人售卖烹饪机亮相2018年全国科技活动周。柳州螺蛳粉产业园获批为国家4A级旅游景区，以螺蛳粉为主题的实体餐饮店不断创新。基本形成现代农业、餐饮服务、食品加工、电子商务、快递物流、文化旅游等于一体的产业链条，构建了较为完整的产业生态体系。

（七）宣传推介，构建品牌传播体系

"小米粉成大产业"的背后是柳州市委、市政府强力推动、广泛宣传造势。2012年，时任柳州市委书记的陈刚亲临位于北京朝阳门外的首家"螺蛳粉进京"项目实体门店，为柳州螺蛳粉线下拓市宣传造势。2016年全国两会上，柳州市委书记郑俊康在广西代表团媒体开放日现场为柳州螺蛳粉进行推介。柳州市委、市政府注重"柳州螺蛳粉"全媒体宣传推广，重点聚焦人民网、新华网、中国网、广西新闻网、《广西日报》、《柳州日报》等传统媒体，辅以新媒体自媒体的推广宣传，以网络视频直播、促销活动等为推手，通过网站、线上宣传、微信公众号等渠道推送。据不完全统计，自2014年底至今，由《人民日报》、人民网、新华网、中国网、广西新闻网、《广西日报》、《柳州日报》等主流媒体宣传报道的柳州螺蛳粉上千篇，2018年以来更有香港大公《文汇报》、《中国日报香港版》等面向亚太地区的媒体进行宣传报道；中央电视台《舌尖上的中国》《走遍中国　食在八方：龙城尽飘螺蛳香》等电视节目对螺蛳粉进行报道；柳州市商务委淘宝汇吃栏目举办"一千零一夜"等网络视频直播。除此以外，还通过电商、展会、节庆活动以及制作宣传片，出版螺蛳粉系列丛书，挖掘历史文化，制作工艺品动漫作品，引导产品入商超、火车站、高铁、机场，热门手机App短视频等开展宣传，不断提高柳州螺蛳粉的品牌影响力。

三、制约柳州螺蛳粉产业高质量发展的主要因素

（一）机制体制尚未理顺，有效制度供给短缺

党的十九大报告指出，推动高质量发展，必须牢牢把握高质量发展的要求，坚持质量第一、效率优先，以供给侧结构性改革为主线，推动经济发展质量变革、效率变革、动力变革，提高要素生产率，着力构建市场机制有效、微观主体有活力、宏观调控有度的经济体制，增强经济创新力和竞争力。当前我国正在进行一场系统性、整体性的全面深化改革，但阻碍资源要素优化配置、制约生产力发展的壁垒仍然存在，在促进柳州螺蛳粉全产业链发展上的有效而具体的制度供给仍然不足，在产业培育、科技研发、人才保障、政策保障等方面，特别是上游原材料供给上，现行的农村经营制度中如农村土地产权制度、土地经营和收益分配制度、相关配套制度等不够完善，严重制约上游产业的现代化发展。随着科技进步、人民群众的消费需求的变化，制度创新意识不够或反应迟缓，制度滞后等都会导致有效制度供给不足。有效供给不足还表现在审批、程序等方面，导致政府效率低，营商环境差等。推动地方特色产业的高质量发展必须要先理顺体制机制，破解有效供给不足等问题。

（二）技术水平不高，生产和管理方式落后

技术水平是影响柳州螺蛳粉产业高质量发展的一个重要因素，柳州螺蛳粉产业的发展仍然处于起步阶段，产业链上的企业（合作社、基地）规模较小，研发力量明显不足，尤其是对产业的核心技术、关键技术的研发能力较弱，自主创新能力偏弱，处于产业链的低端。产业链与创新链融合不紧密，科技创新对产业链的支撑不够，科研成果转化、科技应用推广等普及率不高。通用和专用人才资本积累不够，人才结构性矛盾日益凸显，人力资本的配置与技术追赶、产业升级的需求不相适应。柳州螺蛳粉的关键技术如米粉研发、螺蛳研发、螺蛳粉创新、食品保鲜等技术仍然需要不断地完善升级，柳州螺蛳粉生产技术、工艺设备等都没有舶来品，需要依靠创新研发和技术转化，在实践中不断探索创造。柳州螺蛳粉上游原材料如螺蛳、竹笋、豆角、木耳的良种选育等

关键技术研发、高效优质标准化种养技术集成示范基地建设、农业生产的全程机械化、工厂化育苗、产业化的生产关键技术研究和标准化示范、智能灌溉、施肥等现代精准农业技术应用推广、农产品的深加工等新产品研发、新技术推广及科技成果转化等极度缺乏，严重制约了上游原材料的产业化、标准化、品牌化、规模化发展。受技术水平的限制，全产业链的生产和管理水平相对落后。

（三）发展不协调，整体效益不高

柳州螺蛳粉产业整体上来说龙头企业规模小，产品的科技含量低，产品的附加值低，产业链条短，抗风险能力差，辐射带动能力还较弱，市场竞争力不够强大。上游原材料尚未形成组织化、规模化、标准化种养，原材料种养殖方式还较为传统，生产水平和生产效率低下，达不到一定生产规模，不能形成特色农产品，很难整体打包推广，石螺、酸笋等特色农产品的特色不显著，推广力度不够，难以形成规模效益。螺蛳、酸笋、大米、木耳、豆角等原料产品开发、加工的相关工艺技术、设施设备研发应用等相对滞后，原材料加工水平不高，规模较小，产业集聚度不高。一二三产业融合度有待进一步提高，融合层次较低，目前第一产业和第二产业合作方式比较单一，主要以订单农业为主，且大多数是初级原材料，在生态农业、休闲旅游、采摘观光、民俗风情等为主的现代农业开发挖掘的程度不够。一二三产业融合的带动能力还不够强，主要是原材料示范基地的经营主体尚处于成长期，规模小，结构单一，经营能力不强，收益尚未体现，且未注重农耕文化、民族文化等的打造，发展后劲不足。一二三产业融合发展的支撑条件不足，尤其是农村的基础设施、机械化、现代化、生产技术等缺乏，公共服务的供给不足。

（四）标准不健全，品牌意识不强

柳州螺蛳粉产业标准化体系建设是整个产业链上的标准体系建设，涉及从种养殖、加工、相关辅料或加工设备的产品标准、附属衍生产品的标准、安全标准、检验标准、管理标准等方面，目前柳州螺蛳粉产业的标准《食品安全地方标准　柳州螺蛳粉》于2016年起颁布实施，但围绕全产业链的团体标准、行业标准仍然缺位。且在《食品安全地方标准　柳州螺蛳粉》制定时主要考虑国内因素较多，涉及国际市场的因素需要在标准执行过程中不断总结经验，修订完善。2018年"柳州螺蛳粉"获批注册地理标志证明商标，但商标品牌的运用和保护仍然要不断地在实践中探索经验，国际商标注册包括马德里国际商标注册尚未启动，绿色食品认证、有机食品认证、质量管理体系国际认证率还比较低，酸笋、螺蛳等上游原材料尚未树立标杆品牌，国家地理标志保护产品少。柳州螺蛳粉产业尤其是上游特色农产品如酸笋、螺蛳的质量意识和商标品牌意识不够，商标品牌影响力弱，造成消费者难以识别，市场认可度不高。

（五）人才匮乏，缺乏智力支撑

在大众创业、万众创新的新时代，运用"互联网＋螺蛳粉"打造下的柳州螺蛳粉，与新科技、新业态的结合日益紧密，实施创新驱动是关键，而人才是科技创新的源泉，迫切需要创新型、技术型、应用型的人才保障，而柳州螺蛳粉产业链人才匮乏问题日益凸显，成为阻碍创新、制约柳州螺蛳粉高质量发展的重要因素。主要体现在人才总量少、投入不足、企业招聘不到亟须的人才。上游原材料缺乏新型经营主体、龙头企业、职业农民、种养殖能手、农业领域技术专家、管理人才等，严重制约了原材料的产业化、标准化、集约化发展。柳州螺蛳粉的工艺、技术、食品研发、电子商务、市场营销、检验检测、质量安全等产业链上的技术人才缺乏，相关的职业技能培训相对滞后。专业技术人才引进力度还不够，人才服务环境不够优越，人才流动性大。创新人才不足，企业自主创新能力不足。

四、推动柳州螺蛳粉产业高质量发展研究

（一）深化改革为柳州螺蛳粉产业高质量发展破除机制障碍

坚持创新、协调、绿色、开放、共享的新发展理念，以问题为导向，进一步深化供给侧结构性改革，紧紧围绕柳州螺蛳粉全产业链的市场需求变化，以保障有效供给，提高收益为主要目的，提高供给质量、生产效率和市场竞争力，推进柳州螺蛳粉产业升级、结构调整、系统优化、体制改革、机制创新和发展方式转变。充分发挥党委和政府的领导协调作用，搭建好"有形之手"，完善柳州螺蛳粉标准化体系、构建产业发展平台、搭建品牌传播体系，积极发挥政府在资源配置中的重要作用，突出牵线搭桥、规划引领、合理布局、解决重大公共问题等的作用，编制柳州螺蛳粉全产业发展规划，全局性、战略性思考柳州螺蛳粉产业的发展，深刻认识到柳州螺蛳粉产业与发达地区特色产业发展的巨大差距，加强对产业的正向引导，强化政策扶持，建立柳州螺蛳粉产业发展部门联席会议，及时协调解决产业发展中的困难和瓶颈问题，将部门优势转化为发展优势。深入开发柳州螺蛳粉全产业链的资源优势，推进柳州螺蛳粉一二三产业融合发展和城乡互动发展，完善农业政策支持，将资源优势转换为经济优势。深化"放管服"改革，建设服务型政府，优化政府服务，营造规范、高效、廉洁、便民的政务环境，推进"互联网＋政务服务"，大力推进"不见面审批（最多跑一次服务）"改革，持续新增"照证一窗通"事项，实行"管家式"服务，启用食品生产许可证"电子证件"。在企业商标和品牌培育、使用、保护上为企业提供上门服务。建立全产业链网格化的监管体系，建立重要原材料和产品的"可追溯"体系，确保产业健康有序发展。

（二）创新发展为柳州螺蛳粉产业高质量发展提供原动力

深化"互联网＋""螺蛳粉＋"等新业态、新模式向纵深发展，迎合新生代对刺激、新鲜产品的消费，在消费侧形成新需求，在供给侧形成新产业，延伸柳州螺蛳粉产业链，完善始端、终端产品链条，开发绿色、健康、高端等高附加值产品。大力实施创新驱动发展战略，强化技术支撑。强化柳州螺蛳粉产业科技源头创新，依托柳州螺蛳粉检验检测中心，打造国家级重点实验室，完善和提升全产业链的检验检测能力，为柳州螺蛳粉全产业链产品质量安全和产业撰写升级提供技术保障和技术服务。创建区级工程技术研究中心，联合高校科研院所等，产学研紧密结合，加强柳州螺蛳粉加工技术及标准化研究研发，加强柳州螺蛳粉系列产品创新及特色食品开发、饮食文化挖掘及包装设计、营销策划等。加快推进螺蛳粉产业科技成果转化，推动柳州螺蛳粉产业园区升级，培育建设一批高新技术企业，推动产业科技创新，为园区入园企业提供完善的科技服务，推进国家现代农业产业园科技创新。支持柳州螺蛳粉产业原材料配套种养农业标准化生产技术示范基地建设等，支持柳州螺蛳粉原材料种养殖、原材料加工、科技研发平台等项目建设，鼓励柳州螺蛳粉全产业自主创新，加大研发投入，建立新型的产学研模式。

（三）协调发展是柳州螺蛳粉产业高质量发展的内在要求

构建以柳州螺蛳粉为核心的全产业链发展模式，促进一二三产业融合发展。打造柳州螺蛳粉产业园，围绕柳州螺蛳粉创建国家级现代农业产业园，建设柳州螺蛳粉特色小镇。以柳州螺蛳粉为核心，不断向两端延伸产业链条，提升价值链、提高附加值，构建全产业链发展模式。上游原材料是制约柳州螺蛳粉产业发展的主要瓶颈，深度结合乡村振兴战略，以市场为导向，开展螺蛳、竹笋、大米、木耳、豆角等原材料的种养殖示范基地建设，引进和培育螺蛳、酸笋、腐竹、豆角等原材料加工龙头企业，为柳州螺蛳粉提供绿色、优质、安全的原材料，进一步提升螺蛳、酸笋等特色农产品精深加工水平，积极开发特色营养健康的功能性食品，适应市场和消费升级需求。发展乡村旅游新业态，积极打造"一县一品""一村一品"特色农产品，开发创意农业、乡村旅游、休闲农业、民族风情、田园综合体、农家乐、民宿等，加快现代农业与旅游、电商、文化体验、健康养生等产业的深度融合，完善柳州螺蛳粉产业园4A级旅游景区的功能。推进电子商务、快递物流、餐饮服务、科技文化、金融旅游等产业的发展壮大，实现柳州螺蛳粉产业的可持续发展。

（四）构建标准化体系是柳州螺蛳粉产业高质量发展的必要前提

构建产业标准化体系，推动产业链标准化、品牌化发展，提高柳州螺蛳粉产业发展的质量效益和竞争力。建立柳州螺蛳粉全产业链标准化体系，围绕原辅料、工艺、设施设备、产品、服务等环节制定和修订有特色有创新的企业标准和团体标准，完善标准化体系建设。成立柳州螺蛳粉标准技术委员会，加强对柳州螺蛳粉产业标准化体系建设的组织领导、技术研究和标准建立，建立全产业链的标准体系。实施商标品牌发展战略，打造区域公用品牌和国际商标品牌。用好"柳州螺蛳粉"地理标志证明商标，开展"柳州螺蛳粉"地理标志证明商标授权使用管理工作，维护"柳州螺蛳粉"地理标志证明商标。申请注册"柳州螺蛳粉"集体商标和马德里商标。支持柳州螺蛳粉及附属配套衍生产品申报"三品一标"和广西名牌产品。建立广西柳州螺蛳粉质量检验中心，申报国家产品质量检验中心，在全产业链的能力提升建设、科研项目、检测水平、经验管理等方面给予技术支撑和服务保障。支持柳州螺蛳粉生产企业全面推广运用 ISO9001 质量管理体系认证等国际先进标准，支持全产业链推行质量管理体系、食品安全管理体系、HACCP（危害分析及关键点的控制）认证，增加优质产品服务和供给。

（五）激活市场是柳州螺蛳粉产业高质量发展的关键

正确运用"看不见的手"，坚持以市场为导向，发挥市场在资源配置中的决定性作用，激发创新创业活力，释放消费潜能，搞活市场流通，强化政府的宣传推广作用，搭建传播平台，充分利用名人效应、移动互联网、手机 App 等进行宣传推介，提升柳州螺蛳粉及配套衍生产品的知名度影响力。深化"互联网＋"推进柳州螺蛳粉配套及衍生产品触网上市，重点推动上游农产品、农产品加工制品等上行，继续拓宽和创新柳州螺蛳粉网上拓市渠道，促进跨境电商快速发展，支持柳州螺蛳粉通过跨境电子商务零售出口。开拓线下拓市渠道，充分利用国内外大型的展会、交易会、论坛等，参展参会、组织展中展等，传播品牌，开拓市场。定期举办柳州螺蛳粉美食节、米粉产业发展大会、柳州螺蛳粉产业发展论坛等形式多样的活动，创新发展实体新零售，鼓励推广应用线上线下相结合的营销模式，鼓励境外开设实体门店。鼓励产品入驻商超、高铁、车站等，不断提升品牌影响力。

（六）加强人才队伍建设是柳州螺蛳粉产业高质量发展的重要支撑

加强柳州螺蛳粉全产业链的人才队伍建设，为柳州螺蛳粉产高质量发展提供智力支撑。开展柳州螺蛳粉职业技能培训，申请柳州螺蛳粉专项职业能力项目开发以及纳入就业再就业资金职业技能培训和鉴定的补贴范畴，开展柳州螺蛳粉相关业务培训。推动柳州螺蛳粉人才小高地建设，建立柳州螺蛳粉产业特聘专家制度，参照自治区特聘专家制度，设置柳州螺蛳粉产业各项技术开发的特聘专家岗位，聘请专家为柳州螺蛳粉产业服务。加强柳州螺蛳粉产业链条上的农业领域、工业领域、电子商务、科技研发等方面的专家或院士等高层次人才引进力度，为柳州螺蛳粉产业高质量发展提供重要保障。加强支农干部队伍建设，选派一批"懂经营、善管理、有责任、有担当"扶贫干部，强化农技专业人才引进和培养，鼓励柳州螺蛳粉产业链方面的领军人才，担任生产技术顾问，为产业链发展提供人才技术支撑。

2018年
广西蓝皮书
广西经济形势
分析与预测

高质量发展篇

柳州实现绿色发展的路径与对策

柳州市发展改革委课题组

柳州市地处广西地理中心，毗邻广东、湖南、贵州、云南、四川等省，是以工业为主、综合发展的区域性中心城市和交通枢纽，是山水景观独特的历史文化名城。作为老工业基地，柳州已有近百年的工业史，2018年上半年工业经济总量超过广西的1/5，已形成汽车、钢铁、机械三大支柱产业，四大传统优势产业及六大战略性新兴产业并存的现代工业体系，规模以上工业企业达836家。作为广西第一大工业城市，20世纪八九十年代甚至是21世纪初期，以重工业为主的粗放型经济发展在给柳州带来经济效益、助推广西经济发展的同时，对环境也造成了严重污染，酸度最高时降水pH值低于4，酸雨率高达98.5%，被列为全国四大酸雨区之一。

面对严重污染，柳州市委、市政府深刻反思，下定决心摒弃"以牺牲环境为代价来换取发展经济"的路子，开启了重现碧水蓝天的"治污之路"。"十五"期实施了"碧水蓝天"工程，重点对大气污染源整治；"十一五"期，坚持"三个同步"（即工业发展与环境保护同步推进、宜居城市与国民经济同步发展、城乡人民生活水平与经济社会发展水平同步提高）理念，投入100多亿元治理污染。"十二五"期，在"三个同步"基础上提出建设"五美五好"柳州目标（山水美、环境美、形象美、气质美、和谐美和人人都有好发展、家家都有好保障、个个都有好身体、天天都有好心情、户户都有好生活)。"十三五"期,柳州更加自觉践行习近平总书记"绿水青山就是金山银山"的理念,全面落实新发展理念,实施创新驱动、绿色崛起、城乡一体、开放带动、共享发展五大战略,将绿色发展摆在更加突出的位置。2017年,全市森林覆盖率达65%,柳江河常年保持国家地表水Ⅲ类标准,市区环境空气质量持续改善,大气中二氧化硫浓度达到国家二级标准后持续下降。

十多年的努力探索和实践证明,柳州历届市委、市政府坚持立足工业城市这个最大的实际,把发展经济与环境保护统一起来,成功化解了经济发展与生态环境之间的矛盾,实现了经济效益、社会效益与环境效益的内在统一,污染防治与生态保护的有机结合,生态与经济实现良性互动发展,不仅保持了经济持续健康发展,社会大局和谐稳定,而且实现了从"酸雨之都"到山清水秀、生态宜居城市的华丽转变,先后获得"中国节能减排二十佳城市""中国人居环境范例奖""国家园林城市""国家森林城市""国家卫生城市""全国绿化模范城市""全国低碳城市"等荣誉称号,走出了一条经济效益、生态效益与民生效益和谐统一的绿色转型之路。

一、以创新驱动为抓手,着力构建绿色化工业体系

工业是柳州的命脉,是柳州的立市之本,一直以来,柳州工业以传统制造业为主,工业产业结构中,高污染、高耗能、高排放产业比重大,产业节能降耗和升级转型难度大。针对这一难题,柳州坚持"破"与"立"结合,统筹空间、规模、产业三大结构,依靠创新驱动带动工业转型升级,推进具有柳州特色的绿色新型工业化道路,实现了工业的绿色发展和快速增长。2017年,全市工业总产值突破5000亿元,增长7.5%,进入了新的发展阶段。

(一)探索创新驱动新路径

以创新驱动为主导,全力突破工业生态环境容量有限、生态效率低下的发展瓶颈,通过结构调整、技术进步、管理水平提高等各项创新,打造创新驱动可持续发展的生态绿色工业发展模式。一是加大政策体系支撑力度。2002年确立"再造一个工业柳州",打破工业传统发展模式,走上了"柳州制造"向"柳州创造"的转变之路;2008年进一步确立以自主创新和生态环保为标志的柳州特色新型工业化道路,向"柳州智造"升级迈进。大力推进十大工业结构调整工程,积极谋划全市性供给侧结构性改革总体方案和"补短板"行动计划,推动工业增长由主要依靠增加物质资源消耗向主要依靠科技进步、劳动者素质提高、管理创新转变。二是加大技术更新改造和科技研发力度。建立"政府引导、企业主体、社会参与"的技改投入机制,技术更新改造不仅提高了工业发展质量和效益,更是带动了支柱产业规模和竞争力显著提高,2017年,柳

州汽车产销量均超过 250 万辆，位居全国城市第三，产销量接近全国的 1/10。具有自主知识产权的产品产值占全市工业总产值的 1/3，新产品产值率始终保持在 25%~30%，战略性新兴产业占全市工业比重达 12%，"两化"融合总体水平位居广西第一。

（二）树立产城融合新标杆

抓住柳州列为全国优化资本结构试点城市和全国新型城镇化试点城市的机遇，通过搬迁一批、改造一批、关停一批、整治一批等"四个一批"的方式，启动污染行业的整合重组，并对工业布局进行科学重塑，树立了产城融合新标杆。一是引导企业"退城进郊""退城入园"。将污染物排放超过总量指标的工业企业分期分批实施搬迁，进行异地技术改造、重建或扩建，并对搬迁的企业给予享受优惠政策，而对于一些治理无望、污染严重、影响人民生活的重污染企业，坚决实施关闭。二是将工业园区作为产城融合的承载地。重点加强园区基础设施和各项配套服务功能。针对园区引进的工业项目严把"环保关"，对于不符合环保要求、选址不符合主体功能区规划的项目，一律不予立项。目前，全市园区经济总量占全市比重达 68%，集聚能力进一步提升。三是打造产城融合示范区。围绕产业发展需求完善城镇功能，以产业的增长促进城镇的扩张，将柳东新区打造成为产业发展和城市发展新的战略承载地。在上汽、一汽、东风和重汽等国内四大汽车集团整车生产基地带动下，2017 年柳东新区规模以上工业总产值完成 854.3 亿元，增长 12.44%；财政收入 37.85 亿元，增长 23.48%，汽车产能突破百万辆。同时，一流的教育、医疗、体育文化设施等先后布局建成，柳东新区获批国家产城融合示范区。

（三）开辟循环经济新板块

摆脱以往拼物资消耗、追求外延扩张的经济发展方式，在加大节能减排，淘汰落后产能的同时，探寻新路径以相对较小的资源环境代价，加快实现工业发展效益的提升。一是加大节能减排投入。重点从打造绿色生态工业入手，建立资源节约型技术体系。从 2008 年起，柳州市财政每年设立节能减排专项资金 2000 万元，用于"资源节约型技术体系"建设。二是强力推进节能降耗。持续抓好钢铁、化工、水泥、造纸、制糖等重点工业领域、重点用能企业、重点节能项目等"三大节能重点"，确保增产不增污，促进企业适应环保要求提升可持续发展能力。"十二五"期间，柳州单位地区生产总值能耗下降 25.06%，单位工业增加值能耗下降 38.87%，化学需氧量、氨氮、二氧化硫、氮氧化合物排放量分别消减 18.65%、17.55%、16.97%、21.73%，超额完成自治区下达的节能任务，全面完成"十二五"减排目标。柳钢在投入 100 多亿元抓工业发展的同时，又投入 70 多亿元抓环境治理，产能从 100 万吨发展到

1400多万吨，但污染排放量却大大降低。三是积极发展循环经济，构建"低碳+"产业体系。从构建低碳产业体系、调整能源结构、加强低碳基础建设，柳州按照"低碳+产业""低碳+能源""低碳+建筑""低碳+交通"等方式，重点在冶金、化工、建材等行业发展以热电联产、余热余压利用为重点的循环经济模式，鼓励企业加大对"三废"的综合利用，培育一批循环经济示范企业和示范行业。目前，柳州已成为国家低碳试点城市、国家循环经济示范城市。

二、以打造生态家园为目标，全面构建绿色化城市体系

柳州市区青山环绕，水抱城流，享有"世界第一天然大盆景"的美誉。多年来，柳州坚持以打造生态家园为目标，高质量推进城市彩化、绿化、美化建设，不断完善城市功能，优化城市管理，全面构建绿色化城市体系，城市品质大幅提升，"山清水秀地干净"的城市品牌得到进一步巩固。

（一）打造花园城市和生态园林城市

一是积极推进"生态花园、五彩画廊"花园城市建设，城市道路、公园、街头游园、石山、柳江沿岸等绿化景观不仅得到了提升，还初显了"全市绿树成荫、常年景观丰富、四季花开不断"的城市绿化新景象。二是深入推进"花园城市"2.0版建设，重点打造"紫荆花城"品牌。当前，柳州市区种植洋紫荆达到26万株，"紫荆花城"成为城市新名片，"画卷柳州"城市品牌正逐渐形成，每年4月到柳州看紫荆花已成为一种时尚。根据"一花为主、多花过渡"的构思，在每个季节确立一个"当家花旦"。春天以紫荆花为主，此外还有黄花风铃木、毛杜鹃、美丽红千层、木棉进行春季的多花互动。在秋季景观的打造方面，发掘了美丽异木棉，从8月中旬第一朵花开，到12月都还有花在陆陆续续开放。秋季的互动花卉还有八月桂、三角花。夏季的主打花卉是蓝花楹，互动花卉有黄槐、小花紫薇。冬季以红花羊蹄甲为主花。三是加强公园绿地建设，实现市民出门平均300米至500米以内有休闲绿地、公园或广场。从2007年起，在广西率先实行市属公园全部免费开放，此后新建的城市公园亦全部免费。四是实施城市林业生态圈工程。实施以市城区为中心、半径45公里的城市林业生态圈建设工程，大力推进城市街道造林绿化、石山造林及封山绿化、公园和公共绿地造林绿化等建设项目，使生态圈内净增森林面积达2.7万公顷。五是加大投入建设湿地公园。目前，柳州已规划在柳北区、柳东新区和柳江区打造3个湿地公园，已对位于柳北区沙塘镇的千亩湿地公园工程勘察进行招投标。按照规划，柳北区千亩湿地公园规划总用地面积约7030亩，拟打造成为国内一流的湿地公园，为野生动物繁衍生息提供良好的自然环境。

（二）提升市容市貌管理水平

一是加大基础设施建设和市容环境综合治理力度。开展市容环境综合整治

"百日大会战"，确保"道路分黑白、黄土不见天、栅栏现本色、花木露真容"。加强城市污水和垃圾处理设施建设，城市生活污水处理率达到90%以上，生活垃圾处理率达到100%。对建筑垃圾全密闭化运输，有效解决了运输撒漏污染城市、产生扬尘污染空气的问题。二是创新开展打击违法占地、违法建设"飓风行动"。建立控制和查处违法建设的网格化信息系统，建立城管、国土、住建、公安等部门联动查处机制和联合动态巡查制度，"十二五"期间，全市共拆除违法建设面积达528万平方米，全程未发生一起群体性事件，这一成功做法得到了自治区党委及住建部的肯定和推广。同时，从2008年起，以政府"零负债、零收益"的方式，按照"政府组织、群众自愿、就地安置、以小房换大房"的原则，先后实施改制企业职工危旧房集中区改造、国有大企业危旧房改造和危旧房改住房改造等惠民工程，2008—2016年累计投入150亿元，惠及115家企业的5万多名职工，不仅解决一大批产业工人的实际困难，而且极大地改善了市容市貌，同时在改善困难职工住房条件、保持经济平稳运行、促进房地产市场健康发展等方面发挥了积极作用，对我国保障性住房体系建设也是一种有效探索。三是长期致力于提升城市管理水平。深入推进城区管理体制改革，从2003年至今进行了五次改革。在广西率先成立行政审批局，对分散在各部门的管理职责进行整合，重点加大对垃圾污染、大气污染、水体污染、噪声污染集中综合整治力度。

（三）推进绿色低碳示范建设

突出绿色交通、绿色建筑、绿色产业与生活融合三大重点。一是打造绿色公共交通示范。积极推广慢行交通基础设施，串联衔接各种交通方式，在广西率先建设BRT城市公交、水上巴士公共交通系统和公共自行车租赁系统等城市绿色交通工程，城市步行和自行车交通系统改造工程入选"国家城市步行和自行车交通系统示范项目"。修建了长达30公里的环江滨水自行车道，成为市民休闲观光的胜地。2013年，国家交通运输部确定柳州为国家"公交都市"示范工程第二批创建城市。二是打造绿色建筑示范。从2016年起，柳州市区范围内所有新建建筑项目全面执行绿色建筑标准，目前，全市完成绿色建筑施工图审查备案面积200多万平方米，设计阶段节能标准执行率达到100%，施工阶段节能标准执行率达到97%。三是打造绿色产业与生活融合示范。依托柳州新能源汽车产业优势，建成一批新能源汽车示范小区。同时，在公共区域设立新能源汽车专用停车位、允许新能源汽车共享使用公交专用道、柳产新能源汽车在公共停车场免费停放等一揽子优惠政策，推进新能源汽车应用，减少尾气排放，倡导绿色出行。新能源汽车推广使用，而充电桩稀缺、充电耗时长是阻碍新能源汽车消费的瓶颈，一些消费者对此存在"里程焦虑"，而上汽通用五菱出品的 E100，用普通的三角插座就可以充电，充满就可以跑 160 公里，柳州采取"政企三级联动"推广这种新能源汽车，政府部门在小区划定专门的新能源汽车车位，并安装上插座，给新能源汽车使用者充电。

三、以保障环境民生为根本，全面构建绿色化治理体系

深入贯彻落实习近平总书记"环境就是民生，青山就是美丽，蓝天也是幸福""像抓经济建设一样抓生态文明建设""像保护眼睛一样保护生态环境，像对待生命一样对待生态环境"等发展理念，走出了一条具有柳州特色的环境民生之路。

（一）坚持绿色发展道路，打造生态屏障

从 20 世纪末到 21 世纪初，柳州在发展方式、发展道路上经历一场思想解放大讨论和思想解放大运动。这场思想解放运动使柳州根本上破除"保护生态环境与经济发展对立""先污染后治理"等观念，牢固树立"绿水青山就是金山银山"的生态发展理念，绿色发展成了政府的重要考核指标，使柳州走上了绿色化发展道路，建立柳州的绿色生态屏障。一是科学划定主体功能区。全面实施主体功能区规划，控制城市开发强度，把柳州北部的柳城、融安、融水、三江四个县划为重点生态功能区，严格控制工业准入。全面推进省级空间规划试点工作，科学划定"三区三线"（城镇、农业、生态空间以及生态保护红线、永久基本农田、城镇开发边界），不断提升国土空间管控水平，强化生态空间保护。二是大规模推进石漠化治理。对区域内的石漠化分布区进行综合治理，石漠区生态环境明显改善，植被逐渐恢复，森林覆盖率已得到提高，水土流失得到根本控制。三是发展生态经济。推广无污染清洁化工业生产，加快发展新能源汽车、新型建材、新型装备制造，不断构建工业生态产业链，打造了一批生态工业园、循环经济产业园。大力发展绿色工业、绿色农业和绿色服务业等绿色产业体系，形成了绿色、低碳、循环可持续发展的产业体系和经济模式。

（二）坚持科学化治理，确保青山常在

柳州市属于典型的喀斯特岩溶地貌，市区被群山环抱，城内随处可见石山孤峰突兀。20 世纪 70 年代前后，城市周边大大小小的采石场众多，市区周边原本满目葱茏的青山经过开采导致山体残破、乱石裸露，形成一道道"城市伤疤"。为改变山体盲目过度开发的状况，2006 年，柳州开展了山体环境恢复治理工程，确保"秃头"山体"生发"还绿。一是狠下决心整治各类采石场。通过严格实行矿产规划确定的开采分区管理制度，以关停并转等方式把已有的采石场逐步向集中开采区并拢，实行规模化、集约化开采，避免大面积破坏自然景观。二是加强对山体进行"清危"和"复绿"。重点清理危岩，巩固安全山体边坡。同时，采用"厚层基材"喷播植生等技术，使原本满目疮痍的"灰

山"披上绿色外衣。三是加强对山体进行亮化和美化。2007 年以来持续大力推进山体夜景灯光工程,根据市区重点景观地带山体的不同特点,安装各类夜景灯光约 3000 盏,同时,充分利用现有山体现状,通过建造公园、瀑布等人工景观进行亮化、美化,形成山、水、林与城形神相融,人文与自然和谐共生的美丽城市景观。

(三)坚持生态型治理,做足碧水文章

大力实施"百里柳江"市区河段环境综合治理,确保穿城而过长达 108 公里的柳江河"进城清出城也清"。2006 年秋,温家宝总理到柳州视察时,曾高度赞扬柳州"山清水秀地干净"。一是创新理念高标准规划。提出打造"21 世纪现代山水工业城市",以建设"百里柳江,百里画廊"为切入点,实施《柳州市水污染治理工作计划》《"百里柳江"景观控制性规划》等行动计划,全面推进柳江市区河段滨水地区的高起点规划和高标准建设。二是提升柳江水域综合治理手段。整合部门力量成立水上执法队,开展 24 小时动态监测,从源头上大幅减少了柳州市区废水污染物总体排放量。柳江河饮用水保护河段常年保持国家地表水Ⅲ类水质标准,部分河段达到Ⅱ类水质标准,河水环境功能区水质达标率 100%,在广西 37 条河流 93 个重点河段水体水质评价中位居第一,柳江水域综合治理成了全国工业城市河流治理的典范。三是打造"百里柳江,百里画廊"景观带。通过实施人工瀑布群、环江滨水大道、柳州文庙等沿江景观项目建设,将城市型旅游与沿江土地利用相结合,打造融城市风貌、历史文化、民俗风情、水上休闲、生态环境为一体的百里柳江沿江观光景观带,使之成为彰显柳州山水园林城市特色的魅力名片,江边垂钓、亭台对歌、环江骑行、碧波帆影,柳江画廊已成为百姓休闲出行、欢娱健身的乐园,F1 摩托艇世锦赛、国际摩联水上摩托世锦赛、中美划水对抗赛、内河帆船赛……一系列水上体育赛事让"百里柳江"声名远播,使柳州赢得了"水上娱乐运动之都""中国民俗休闲之都"等荣誉称号。

(四)坚持规范化治理,打好蓝天保卫战

20 世纪八九十年代酸雨造成的经济损失以及被动式的应对治理成本每年高达数十亿元。柳州痛定思痛,下决心彻底改善大气环境。一是全面开展大气污染防治行动。以防治可吸入颗粒物(PM10)污染为重点,采取严把审批关、加强工业企业大气污染治理、强化机动车污染防治、实行环境信息公开等措施,柳州市区空气质量优良天数连续多年保持良好态势,2016 年空气质量优良天数 316 天,优良率达到 86.3%。二是在广西率先建立 PM2.5 监测系统。2012 年,在广西率先建立 PM2.5 监测系统,建设实时在线监测点位 6 个,监测数据每天向社会发布,并同步发送到与之联网的广西环保厅和环保部,成为广西首个向社会发布 PM2.5 监测数据的城市，也成为全国第一批公布监测 PM2.5 的城市之一。三是全面管控导致酸雨的二氧化硫排放。建立二氧化硫排放许可证管理系统，向 100 多家二氧化硫污染源的重点监控企业颁发了二氧化硫排放许可证，对总量控制区内的重点二氧化硫排放源全部纳入有效的监控和管理，使柳州市在二氧化硫污染控制工作方面走在了全国前列，酸雨率得到了有效控制。当前柳州的酸雨率也由最高的 98.5％下降到最优时的 11.3％，远优于国家 20％的标准。

四、以"新战场"抒写新篇章，打造绿色发展新高地

党的十八大以来，柳州市更加牢固树立"创新、协调、绿色、开放、共享"的发展理念，继续统筹推进经济、政治、文化、社会、生态文明五位一体建设，特别是贯彻落实绿色发展理念，更加注重工业化、城市化和环境保护协调发展，打造宜居城市成效更加明显，"柳州经验""柳州模式"已成为全国瞩目的焦点。而柳州绿色发展的新战场——北部生态新区，更让人瞩目。北部生态新区这一片柳州城市"留白"的开启，从无到有、从纸上概念到真实具象，深刻诠释了柳州人努力在广西率先实现全面建成小康社会、建成西江经济带龙头城市战略目标上的脚踏实地和敢为人先。

说起新区，人们并不陌生。从全国看，有雄安新区、浦东新区、滨海新区、两江新区等。柳州是城乡二元结构比较明显的城市，特别是三江、融水、融安等北面四县，农民人均收入长期以来处于较低水平，发展也只是在有限的空间闪转腾挪。因此，要加快发展就必须"反弹琵琶"，跳出固有思维，寻找和拓展新的发展空间。而柳州市的北部，这块上风上水的位置，走入了决策者的思想，一个伟大的构想便一点一点绘在白纸上，落到了规划实处。

工业柳州从不贸然进军，每一次转型都有着深刻的历史和现实需要。20 世纪中叶，由于传统制造业的引进和发展形成产业集聚，大量外来劳动力和人口的涌入，柳州渐渐集聚成生产型的专业城镇。21 世纪初，房地产快速开发改变了柳州城镇形态和空间结构，基础设施条件得到改善，公共服务水平不断提升，城镇开始由生产型专业城镇转变为生产和生活兼备的多功能复合型城镇。"十二五"期以来，柳州坚持走以人为本、四化同步、优化布局、生态文明、文化传承的新型城镇化道路。即以人的城镇化为核心，以提高质量为关键，以体制机制改革为动力，加快推进户籍制度改革，提升城市综合承载能力，制定完善土地、财政、投融资等配套政策，充分释放新型城镇化蕴藏的巨大内需潜力，为经济持续健康发展提供持久强劲动力。

柳州北部生态新区于 2017 年 6 月挂牌成立，主要是柳州市北环高速以北、柳江河—三柳高速（凤山段）—沙埔河以东、改道后 323 国道（东泉—鸡公山

国道）以南、屯秋铁路（洛埠—东泉规划城市道路）以西，包括现有柳北区管辖的沙塘镇、石碑坪镇，柳城县管辖的东泉镇、沙埔镇，以及柳城县凤山镇、社冲乡小部分区域，加上现隶属柳城县的柳城华侨农场、隶属广西水产畜牧兽医局的走马种畜场，规划面积约 680 平方公里的区域范围。

"健康中国 2030""一带一路""中国制造 2025"……时下，新经济、新机遇、新动能为众多改革的"拓荒者"提供了思路。广西作为 21 世纪海上丝绸之路和丝绸之路经济带有机衔接重要门户，而柳州作为广西工业中心城市和区域中心城市，同时也是西江经济带龙头城市，积极对接国家的产业政策，利用自身优势积极打造国家重要的先进制造业基地势在必行。新形势下，北部生态新区作为柳州的"北大门"，不仅是柳北城镇带的桥头堡，更是城市向北发展、带动北面四县县域经济发展的重要节点。眼下，柳州已在柳东新区布局了"汽车城"、柳南区布局了"机械城"、柳北区布局了"钢城"，涉及社会民生的"生态城"自然落在北部生态新区这块处于柳州主城区的上风上水的区域。柳州市北部生态新区紧紧围绕"智能、生态"战略定位，大力发展智能制造、高端装备制造、轨道交通、工业机器人及生态环保等产业，是柳州走绿色发展之路的重要实践。